MACEDONIA
Philippi
Abdera
Thessalonice
HELLESPONTUS
THESSALIA
LEMNUS
Ilium / Troia
EPIRUS
Assus
MYSIA
Pergamum
ASIA
CORCYRA
Pharsalus
LESBUS
EUBOEA
Magnesia
Actium
Smyrna
LYDIA
Delphi
CHIUS
Thebae
Ephesus
Patrae
Marathon
SAMUS
Megara
Athenae
ACHAIA
CARIA
Corinthus
ARCADIA
Mycenae
Miletus
Argus
Olympia
DELUS
Cos
Cnidus
Sparta
Rhodus
CRETA
0
100
200 km
DACIA
Hister
MOESIA
Pontus
Euxinus
THRACIA
Byzantium
BITHYNIA
PONTUS
CEDONIA
ARMENIA
GALATIA
Halys
CAPPADOCIA
Mare
Pergamum
ASIA
Parthi
Magnesia
Athenae
Tarsus
Corinthus
Miletus
MESOPOTAMIA
ACHAIA
CILICIA
Antiochia
Tigris
ASSYRIA
Aegaeum
RHODUS
SYRIA
Euphrates
CYPRUS
CRETA
Damascus
Babylon
um
Caesarea
Hierosolyma
IUDAEA
Masada
Alexandria
ARABIA
YRENAICA
AEGYPTUS
Nilus
Sinus
Arabicus

Cursus Brevis

Texte und Übungen

Herausgegeben von Dr. Gerhard Fink und Prof. Dr. Friedrich Maier

Bearbeitet von Dieter Belde, Dr. Gerhard Fink, Prof. Andreas Fritsch, Hartmut Grosser, Rudolf Hotz, Prof. Dr. Friedrich Maier, Wolfgang Matheus, Andreas Müller, Peter Petersen, Hans-Dietrich Unger, Andrea Wilhelm

Berater: Dr. Karl Bayer

C.C. Buchner
Lindauer
Oldenbourg

CURSUS BREVIS – Unterrichtswerk für Latein

herausgegeben von Dr. Gerhard Fink und Prof. Dr. Friedrich Maier

und bearbeitet von

Dieter Belde, Dr. Gerhard Fink, Prof. Andreas Fritsch, Hartmut Grosser, Rudolf Hotz, Prof. Dr. Friedrich Maier, Wolfgang Matheus, Andreas Müller, Peter Petersen, Hans-Dietrich Unger, Andrea Wilhelm

Berater: Dr. Karl Bayer

Illustrationen: Michael Heinrich, München

Das Papier ist aus chlorfrei gebleichtem Zellstoff hergestellt, ist säurefrei und recyclingfähig.

1. Auflage 2000

Druck 15 14 13 12 11
Die letzte Zahl bezeichnet das Jahr des Drucks.
Alle Drucke dieser Auflage sind untereinander unverändert und im Unterricht nebeneinander verwendbar.

Umschlagkonzept: Mendell & Oberer, München
Umschlag: Lutz Siebert-Wendt, München
Lektorat: Andrea Forster, Amelie v. Graevenitz
Herstellung: Johannes Schmidt-Thomé
Satz und Reproduktionen: Satz+Litho Sporer KG, Augsburg
Druck: Firmengruppe APPL, aprinta druck GmbH, Wemding

ISBN 978-3-7661-**5305**-0 (C. C. Buchners Verlag)

ISBN 978-3-87488-**605**-5 (J. Lindauer Verlag)

ISBN 978-3-637-87693-4 (Oldenbourg Schulbuchverlag)

Einführung

Der CURSUS BREVIS wurde auf der Grundlage der seit fast dreißig Jahren erfolgreichen CURSUS-Reihe speziell für alle Formen des kürzer angelegten Lateinunterrichts entwickelt.

Daher wurden **die Texte** in zunehmend engerer Anlehnung an antike Originale **zum größten Teil neu entworfen**. Ihre Inhalte wecken, wie die Erprobung im Unterricht zeigte, das Interesse der Schülerinnen und Schüler, die **maßvollen Anforderungen** erlauben eine zügige Arbeit. Zur besseren Les- und Übersetzbarkeit sind alle Texte weitestgehend kolometrisch angeordnet.

Insgesamt ist der Lehrgang dem Gebot der **Ökonomie und Effektivität** verpflichtet.

Der Stoff wurde auf das Wesentliche reduziert und auf **20 Lektionen** verteilt; weitere fünf dienen als erste Lektüre. Das **Lernvokabular** umfasst knapp **900 Wörter und Wendungen**, die **gleichmäßig auf die Lektionen verteilt** sind und in der Reihenfolge ihres Vorkommens im L-Text angeführt werden, was dessen abschnittweise Behandlung erleichtert.

Eigennamen sind in einem eigenen Verzeichnis alphabetisch gesammelt und erläutert.

Neue Stoffe und neue Vokabeln sind ausschließlich in den Lesestücken enthalten. Der Übungsteil dient nicht der weiteren Stoffvermittlung, sondern nur der Vertiefung. Für die Hinführung zum Neuen bieten die E-Texte einen besonders leichten Einstieg, da sie auf vertraute Inhalte und bekannte Vokabeln zurückgreifen.

Jede Lektion von 1 bis 20 umfasst sechs Seiten im Buch. Von diesen enthält die erste das Lesestück und Impulse zur Texterschließung. Die zweite dient der Illustration und Information, die dritte bringt ein abwechslungsreiches Übungsangebot, die vierte das anregende Unterhaltungsprogramm der „*Satura lanx*". Weitere zwei Seiten bieten den Lektionswortschatz und – als eine gewiss willkommene Neuerung – **Lerntipps und Merkhilfen** verschiedener Art. Besondere Aufmerksamkeit gilt hier den modernen Fremdsprachen. Erworbenes Wissen der Schüler wird so für den Lateinunterricht fruchtbar gemacht und zugleich wird gezeigt, welchen Nutzen Lateinkenntnisse beim Erlernen vor allem der romanischen Sprachen bringen.

Nach jeweils fünf Lektionen ist als Ruhepause eine *Repetitio Generalis* eingeschoben. Ihr Übungsangebot erlaubt es, die Erreichung der gesteckten Lernziele zu überprüfen und anhand spezieller Trainingssequenzen in die Technik des Übersetzens einzuführen.

Eine weitere Neuerung ist die **Systematische Begleitgrammatik**, die als eigener Band zum Lehrbuch gehört. Sie verbindet die Vorzüge lektionsbegleitender Stoffdarbietung mit lektionsübergreifender Synopse, indem sie, der Sequenzeinteilung des Buchs folgend, in vier Blöcken den Lernstoff nach dem Dreischritt Wort – Satz – Text präsentiert.

Die Themen der Lesestücke sind so ausgewählt, dass ungeachtet der Kürze des Lehrgangs möglichst viele Bereiche der Antike von ihnen erfasst werden: Privatleben und Politik, Mythos und Historie, Rechtswesen und Romkritik, Rede und Ethnographie, Drama und Philosophisches. Die Lektionen 21 bis 25 schlagen einen thematischen Bogen vom 1. nachchristlichen Jahrhundert bis an die Schwelle der Neuzeit.

Das Autorenteam, das Rückmeldungen aus der Praxis gerne berücksichtigt, bittet Lehrer/innen und Schüler/innen ihre Wünsche und Beobachtungen dem federführenden Verlag* mitzuteilen. Es dankt allen für solche Mühe im Voraus.

---

*Oldenbourg Schulbuchverlag, Lektorat Alte Sprachen, Postfach 80 13 60, 81613 München.

Inhaltsverzeichnis

Hinweise zur Benutzung des Buches

T Texterschließende Aufgaben

i Informationen

E Einführungen in den neuen Grammatikstoff

2 Übungen zum Stoff der Lektion

▶ Kennzeichnung eines Arbeitsbeispiels in den Übungen

? Kennzeichnung einer Lücke im Text, die nicht im Buch ausgefüllt werden soll.
Der Text sollte ins Heft übertragen werden, sodass die Lücken dort ergänzt werden können.

Ü Übung in den Abschnitten „Übersetzen mit System". In diesen Übungen wird das gerade Erläuterte gefestigt.

Leicht ableitbare Wörter, die z. T. auch nicht in späteren Lektionen gelernt werden, sind wie folgt gekennzeichnet: z. B. *circo*[1].

Erschließbare Komposita bereits gelernter Vokabeln sind durch Bindestrich gekennzeichnet, z. B. *con-venerunt*: *con-* (zusammen) und *venerunt* (sie sind gekommen).

Die Erklärung einer Vokabel, die nicht zum Lernwortschatz gehört, aber in den Fußnoten einer früheren Lektion schon einmal erläutert ist, erfolgt nur durch einen Verweis auf die entsprechende Lektion, z. B. *Heus* (↗ 2 L): Diese Wendung wurde in den Fußnoten zum Lektionstext 2 erläutert.

Eigennamen werden nicht an der jeweils gegebenen Stelle erklärt, sondern im Eigennamenverzeichnis.

Im Circus Maximus

(In Anlehnung an Ovid, Ars amandi I 135–148)

Im Circus Maximus, der größten Rennbahn Roms, wartet unter mehr als 140 000 Zuschauern ein junger Mann namens Quintus Domitius Lepidus darauf, dass der Kaiser persönlich die Veranstaltung eröffnet.

„Ave, Caesar!“, populus clamat.
„Ave, Caesar!“, clamat et Quintus Domitius, nam imperator apparet,
Marcus Ulpius Traianus Caesar Augustus!
Nunc imperator populum appellat;
turba non clamat, sed imperatorem audit.
Traianus autem magnum spectaculum promittit.
Tum turba denuo[1] clamat, nam pompa[2] clara venit:
Veniunt Iuppiter, summus deus, et Iuno, summa dea,
veniunt Apollo et Diana, Neptunus et Ceres
ceterique magni dei magnaeque deae.
Homines laeti sunt et plaudunt et deos deasque salutant.
Clamor magnus est.
Nunc et Quintus plaudit, nam simulacrum Veneris[3] apparet.
Ibi enim est Flavia et Quintus Flaviam amat.
Ah! Et Flavia plaudit!
Nunc Quintus ridet et laetus est,
nunc spectacula placent!

---

1) **dēnuō**: wieder, von neuem 2) **pompa** f: Bilderprozession (*Vor Beginn der Veranstaltungen im Circus wurden die Bilder der wichtigsten Götter in feierlichem Zug hereingetragen.*)
3) **simulācrum Veneris**: das Bild der Venus

T

- *Gliedern Sie den Text und zeigen Sie, wer oder was jeweils im Mittelpunkt eines Abschnitts steht.*
- *Welche Wörter verbinden die einzelnen Abschnitte?*
- *Was will Quintus, was Flavia durch den Beifall für Venus ausdrücken?*

Circus Maximus

Der *Circus Maximus* war kein ‚Zirkus' im heutigen Sinn, sondern die größte (*maximus*) von insgesamt vier Pferderennbahnen im alten Rom. Aufgrund der erhaltenen Überreste kann man berechnen, welche Ausmaße der Circus zur Zeit des Kaisers Trajan hatte: Er maß ca. 620 x 150 m und bot Platz für ca. 150 000 Zuschauer. Die Arena selbst war 580 m lang und 79 m breit. Sie wurde durch einen 335 m langen und 7–11 m breiten Mittelstreifen (*spina*) in zwei Bahnen geteilt. Diese *spina* war mit Altären, Obelisken und Statuen geschmückt. An beiden Enden dienten je drei Kegel (*metae*) als Wendemarken. Die Spiele begannen am frühen Morgen mit einer feierlichen Prozession, der *pompa circensis*, die vom Kapitol über das *Forum Romanum* zum *Circus Maximus* zog: Voran ging der Beamte, der für die Spiele verantwortlich war, gefolgt von den Wagenlenkern und Musikanten sowie Priestern, die Bilder von Gottheiten mit sich führten.

Wagenrennen, Szenenfoto aus dem Film „Ben Hur".

Circus Maximus.

Danach konnte das Rennen beginnen: Die Startplätze der vier bis zwölf Wagen wurden ausgelost. Sobald der Leiter der Spiele ein weißes Tuch als Startsignal auf die Rennbahn fallen ließ, wurden die Boxen geöffnet. Die Gespanne (meist Viergespanne, *quadrigae*) stürmten auf der rechten Bahn zur ersten Wendemarke. Dann ging es auf der Gegengeraden zur nächsten Wendemarke. Die Gesamtstrecke musste insgesamt siebenmal durchfahren werden. An den Rennen beteiligten sich vier Mannschaften: die Weißen, Blauen, Grünen und Roten. Auf diese Mannschaften oder auch auf einzelne Wagenlenker wurde gewettet. Die Sieger erhielten hohe Preisgelder und manche wurden regelrechte Stars.

E Ordnen Sie nach folgendem Schema: der …, die …, das …

Diskus, Tuba, Aquarium, Firma, Serum, Radius, Solarium, Markus, Julia, Cornelia, Maximum, Humus, Terrarium, Claudia, Minimum, Bonus, Mensa, Zirkus, Arena, Fokus

1 Ordnen Sie nach Singular und Plural.

imperatorem, spectacula, turba, deae, populi, clamores, deos, hominem, imperatores, clamorem, turbam, populos, deam, populum

2 Kombinieren Sie.

1. Dea	clara sunt.
2. Spectacula	clarus est.
3. Imperator	clara est.

3 Welches Subjekt kongruiert mit dem Prädikat?

1. (Homo/Homines) plaudunt.
2. (Turba/Turbae) clamat.
3. (Summus deus/Summi dei) apparet.
4. (Imperator/Imperatores) rident.

4 Bestimmen Sie die Satzglieder und Satzgliedteile.

1. Imperator magnum spectaculum promittit. 2. Clamor magnus est. 3. Nunc turba laeta est. 4. Homines laeti sunt; plaudunt et deos deasque salutant. 5. Ibi enim dei deaeque apparent.

5 Welche Fortsetzung passt?

1. Imperator (apparet/promittit/magnus).
2. Turba (laeta sunt/laeta est/placet).
3. Homines salutant (dei/deos/deus).
4. Spectacula (magna est/laeta sunt/cetera sunt).

6 Ordnen Sie nach Wortarten.

populus, laetus, summus, deus; spectaculum, autem, clamorem, tum, nam; audit, et, plaudit, amat, est

7 Übersetzen Sie.

1. Quintus apparet.
2. Turba clamat, homines laeti sunt.
3. Nunc Quintus turbam appellat.
4. Sed turba non audit, clamor magnus est.
5. Nam Quintus non promittit magna spectacula, imperator non est.

Die zwölf olympischen Götter
übernahmen die Römer von den Griechen. Als olympisch werden sie bezeichnet, weil der Sitz der Götter auf dem griechischen Berg Olymp gewesen sein soll. Ihre Namen leben heute in verschiedenen Bereichen weiter.

♃

Jupiter
(gr. Zeus), Göttervater, Gott des Blitzes und des Donners.

Juno
(gr. Hera), Frau und Schwester Jupiters, Göttin der Frauen, der Ehe und der Geburt.

Apollo von Belvedere, Vatikanische Museen, Rom.

Apollo
(gr. Apollon), Gott des Lichts und der Wissenschaften, der Heil- und Weissagekunst.

Kapitolinische Venus, Kapitolinische Museen, Rom.

♀

Venus
(gr. Aphrodite), Göttin der Schönheit und der Liebe.

Diana
(gr. Artemis), Mond- und Jagdgöttin, Tochter des Jupiter und der Latona, Zwillingsschwester des Apollo.

Mars
(gr. Ares), Gott des Krieges, Sohn des Jupiter und der Juno.

♂

Die Geburt der Venus, Sandro Botticelli (1445–1510), Uffizien, Florenz.

Außer diesen drei Paaren gehören zu den olympischen Göttern: Neptun (gr. Poseidon) und Minerva (gr. Athene), Vulkan (gr. Hephaistos) und Vesta, Merkur (gr. Hermes) und Ceres (gr. Demeter). Informieren Sie sich – z. B. in einem mythologischen Lexikon – über diese Gottheiten und stellen Sie sie kurz der Klasse vor.

Treffpunkt Forum

(In Anlehnung an Plinius, Epistulae II 14)

Zentrum des öffentlichen Lebens in Rom war das Forum; dort fanden unter anderem auch Gerichtsverhandlungen statt, die allgemein zugänglich waren. Junge Leute, die Rhetorik studierten, kamen gern dorthin, um von berühmten Anwälten zu lernen. So will auch Marcus Manilius (M) dabei sein, wenn Gaius Caecilius Plinius Secundus einen Mandanten verteidigt. Unterwegs trifft Marcus mehrere Bekannte: Aulus Sulpicius Rufus (A), Gaius Licinius (G) und Demetrius (D), einen Gast aus Griechenland.

M (Aulum videt et salutat): Heus[1], Aule, quo vadis?
A: In forum vado,
nam in basilica Iulia Gaius Plinius, orator clarus, causam agit
pro Publio Rabirio.
M: Et ego Plinium audire studeo – sed quid video?
Ibi, pro basilica, Gaius cum Demetrio sedet et ludit!
A: Heus[1], amici, quid agitis?
G: Sedemus et ludimus, ut vides.
M: Et cur non in basilica estis, cur Plinium non auditis?
G: Plinius nondum causam agit.
A: Magnum autem clamorem e basilica audio.
Nonne unus e ceteris oratoribus claris causam agit?
Num erro?
G: Erras, Aule. Agunt enim adulescentuli[2] …
M: Derisor[3] es, amice!
Clamantne homines fortasse sine causa?
G: Non sum derisor[3] neque homines sine causa clamant:
Accipiunt[4] enim pecuniam ab adulescentulis[2].
D: Pecuniam? Quid audio? Ubi sumus? Non est mos in Graecia …
G (ad Demetrium): Mos fortasse Romanus est,
sed nomen[5] e Graecia venit:
Eiusmodi homines Sophokleis[6] appellamus.
D (audit nomen[5] et ridet)
M: Quid est, cur rides? Non intellego …
A: Neque ego intellego, sed ibi venit Plinius!
G: Nonne Plinium audire studemus?

---

1) **heus**: hallo 2) **adulēscentulus** m: ganz junger Mann 3) **dērīsor** m: Spötter, Witzbold
4) **accipiunt**: sie bekommen 5) **nōmen** n: Name, Bezeichnung 6) ↗ Eigennamenverzeichnis

T
- *Sammeln Sie Wörter und Wendungen, die sich dem Sachfeld Rhetorik (Redekunst) zuordnen lassen, und ordnen Sie sie den Bereichen „Der Redner“ und „Sein Publikum“ zu.*
- *An welchen sprachlichen Merkmalen erkennt man, dass es sich bei diesem Text um einen Dialog handelt?*

Forum Romanum

Wer heute das *Forum Romanum* betritt, braucht ziemlich viel Fantasie um sich den Zustand zur Zeit des Kaisers Trajan vorzustellen: Allzu viel ist im Laufe der Jahrhunderte zerstört worden.

Ursprünglich befand sich an der Stelle des späteren *Forum Romanum* ein sumpfiges Tal, an dessen Rändern die Bewohner der umliegenden Hügel ihre Toten bestatteten. Außerdem durchquerte eine viel benutzte Straße dieses für die Besiedlung ungeeignete Gebiet. Erst durch den Bau eines Entwässerungskanals (der *cloaca maxima*) im 6. Jh. v. Chr. wurde das Sumpfgebiet trockengelegt. Von da an entwickelte sich die Senke sehr schnell zum religiösen, politischen und wirtschaftlichen Zentrum der Sieben-Hügel-Stadt: Zahlreiche Tempel entstanden im Laufe der Zeit entlang der Hauptachse, der *Via Sacra*, und um das Forum herum, z. B. für Saturn, Vesta, Concordia und das Zwillingsbrüderpaar Castor und Pollux. Der Senat versammelte sich in der *Curia* oder in einem der Tempel. Auf dem Forum fanden die Volksversammlungen statt, von der Rednertribüne (*rostra*) aus versuchten Politiker das Volk zu beeinflussen. Große Hallen (*basilicae*) wurden errichtet, in denen Gerichtsverhandlungen stattfanden und wo außer Händlern auch Lehrer mit ihren Schülern Schutz vor Sonne oder Regen suchten. Überall gab es kleine Läden (*tabernae*), in denen man Schmuck, Parfüm und vieles andere kaufen konnte. Würstchenhändler und Wasserträger boten ihre Waren an. Das Forum war das Zentrum des täglichen Lebens. Auch wenn man nichts zu tun hatte, wurde es einem dort nie langweilig.

Rekonstruktion des Forum Romanum, Soprintendenza alle Antichità, Rom.

Das Forum Romanum heute.

E Quintus cum Aulo in Circo Maximo est. Laetus est, nam amat in circo[1] esse, imperatorem audire, cum ceteris hominibus clamare et plaudere. Aulus autem laetus non est.

Q: Quid est, Aule? Cur laetus non es? Nonne amas in circum[1] venire? Ego laetus sum, nam spectacula amo.
A: Et ego, sed ...
Q: Ibi sunt Lucius et Marcus; rident et plaudunt. Heus (↗ 2 L), amici. Quid ridetis? Cur plauditis? Estisne laeti?
L: Sumus, amice, nam pompa (↗ 1 L) placet et deos deasque salutamus.
M: Laetum spectaculum promitto.

1 *in, auf, an, nach*
Begründen Sie, warum Akkusativ oder Ablativ steht.

1. Imperator in circo[1] apparet.
2. Et Quintus in circum[1] venit.
3. Turba in circo[1] est.
4. Cur homines in forum vadunt?
5. In foro turba clamat.

2 Welche Formen lassen sich mit *cum*, *pro* oder *de* verbinden?

oratore, quo, agere, ego, studeo, more, homo, populo, dea, spectacula, deis, populis, foris, amicis, vadis, agis, ludis, pecunia

3 Welche Wörter leiten eine Frage ein?

ave, quo, num, enim, -ne, tum, ibi, sed, quid, cur, ubi, nonne, -que

4 Irrläufer
Welches Wort passt nicht in die Vierergruppe?

vado – ego – intellego – studeo
audis – clamas – spectaculis – venis
venitis – estis – clamatis – promittis
summus – clamamus – placemus – agimus
esse – fortasse – studere – ludere

5 Stellen Sie die Sätze entsprechend dem Satzmodell graphisch dar.

1. Homines sine causa clamant.
2. Marcus in forum vadit.
3. Nunc laetus est.

6 Welche Grundfunktion hat der Ablativ jeweils?

1. Gaius cum Demetrio ludit.
2. Turba in basilica clamat.
3. Aulus clamorem e basilica audit.

7 Wer spricht, Quintus oder Flavia?

1. „Spectacula placent, laeta sum."
2. „Clarum oratorem video."
3. „Nondum in forum vado, laetus non sum."

Das Forum Romanum
könnte in der Antike so wie in dieser (gezeichneten) Rekonstruktion ausgesehen haben. Ordnen Sie die Beschreibungen der Gebäude und Orte den jeweiligen Zahlen zu; in der Reihenfolge 1 bis 17 entsteht als Lösungswort eine Bezeichnung für Rom.

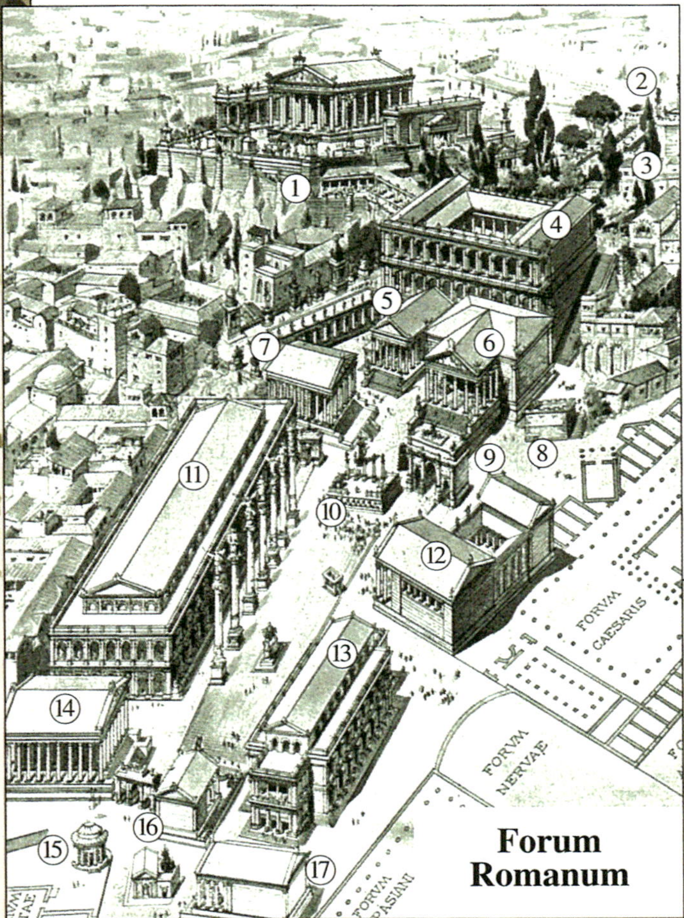

1 Jupiter-Tempel
2 Juno-Tempel
3 Kapitol
4 Tabularium
5 Tempel des Vespasian und des Titus
6 Concordia-Tempel
7 Saturn-Tempel
8 Carcer
9 Triumphbogen des Septimius Severus
10 Rostra
11 Basilika Julia
12 Curia Julia
13 Basilika Aemilia
14 Tempel des Castor und Pollux
15 Vesta-Tempel
16 Cäsar-Tempel
17 Tempel des Antoninus und der Faustina

I Der Tempel für die Göttin der Ehe.

E Zu Ehren des militärischen Erfolgs eines Kaisers errichtet.

E Die Halle, die von Gaius Iulius Caesar wieder aufgebaut wurde.

E Der Tempel für einen römischen Kaiser und seinen Sohn.

D Der Tempel für den Gegenspieler von Asterix.

S Die kleinere Halle.

H Der Tempel für den altrömischen Gott des Ackerbaus; nach ihm ist der zweitgrößte Planet benannt.

G Das Podium, auf dem Politiker Reden hielten.

U Das Gefängnis.

T Der Tempel für ein Kaiserehepaar.

E So heißt auch das Parlamentsgebäude der USA.

A Der Tempel für die römische Göttin des Herdfeuers.

L Das Rathaus.

T Der Tempel für ein göttliches Zwillingspaar.

S Der Tempel für den Vater der Götter.

B Das Staatsarchiv, in dem die Aufzeichnungen „auf Tafeln“ aufbewahrt wurden.

N Der Tempel für die Gottheit der Eintracht; so nennen sich auch manche Sportvereine.

Auf Leben und Tod

(In Anlehnung an Seneca, Ep. mor. 7)

Im Kolosseum, der größten Arena Roms, finden gerade Gladiatorenkämpfe statt.
Die meisten Zuschauer sind genauso begeistert dabei wie Lucius Cornelius Lentulus. Er hat Philodemus, einen Geschäftspartner aus Zypern, überredet ihn zu begleiten und ist fest davon überzeugt, dass dieser es nicht bereuen wird.

In Colosseo multi homines sedent.
Dum gladiatores in arenam veniunt turbamque salutant,
alii Barbatum gladiatorem clarum magno clamore incitant[1], alii Syrum:
„Audi, Syre! Pete Barbatum gladio!
Vaca timore, es bono animo!
Agedum[2], occide Barbatum!
Cur nondum pugnas?"
Tamen Syrus Barbatum petere dubitat – et Barbatus Syrum observat.
Lentulus autem clamat:
„Pugnate tandem! Cur dubitatis? Num gladios timetis? –
O dei, audite!
Occidite cunctos gladiatores malos non solum hic, sed cunctis locis!"
Tandem Barbatus Syrum gladio petit et turba clamat:
„Cave, Syre! Cave Barbatum!"
Philodemus non clamat, neque enim pugna gaudet.
Dum Syrus et Barbatus alter alterum[3] gladiis vulnerare student,
de moribus Romanis deliberat:
„Cur Romani eiusmodi spectaculis gaudent?
Cur cuncti ludis Colosseum petunt?
Cur rident, dum homines alios homines occidunt?
Cur misericordia vacant?"
Subito Lentulus clamat: „Habet! Habet[4]!"
Syrus iacet, Barbatus victoria gaudet,
turba victorem laetis clamoribus laudat.
Philodemus autem Colosseo cedit.
Et Lentulus? „Graecus est Philodemus; Graecos non intellego.
Non pugnis, non ludis gaudent, athletas[5] solum laudant.
Ego nolo[6] Graecus esse."

---

1) **incitāre**: anfeuern 2) **agedum**: los! 3) **alter alterum**: einer den anderen, sich gegenseitig, einander 4) **habet**: „er hat (etwas abbekommen)", er ist getroffen (*So rief die Menge, wenn ein Gladiator verwundet worden war.*) 5) **āthlēta** m: Athlet, Sportler 6) **nōlō**: ich möchte nicht/kein …

T
- *Mit welchen sprachlichen Mitteln versucht das Publikum die Gladiatoren zu beeinflussen? Zeigen Sie die jeweils verfolgte Absicht auf.*
- *Erklären Sie, warum Philodemus anders reagiert als die große Masse der Zuschauer.*

Gladiatorenkämpfe

Das im Jahre 80 n. Chr. von Kaiser Titus eingeweihte *Colosseum* war das größte Amphitheater der antiken Welt: Das 48 m hohe, 188 m lange und 156 m breite elliptische Gebäude fasste 50 000 Zuschauer. Sie konnten vor der Sonneneinstrahlung durch riesige Sonnensegel geschützt werden.

In der Arena des Kolosseums fanden Gladiatorenkämpfe und Tierhetzjagden statt, wie sie ursprünglich bei Leichenspielen zu Ehren Verstorbener üblich gewesen waren. Doch daran dachten die Zuschauer in der Kaiserzeit wohl kaum mehr.

Als Gladiatoren wurden zum Tode Verurteilte, Kriegsgefangene und Sklaven ausgebildet, dazu Freiwillige, die das Risiko liebten und den Ruhm der Arena suchten. In Kasernen, die eher Gefängnisse waren, lernten sie die verschiedenen Kampfarten kennen.

Ein Kampftag begann mit einem Festzug (*pompa*). Wenn die Gladiatoren vor der Ehrenloge des Kaisers angekommen waren, blieben sie stehen und grüßten: *„Ave, Caesar, morituri te salutant!“* (Heil dir, Cäsar! Die Todgeweihten grüßen dich!). Damit gaben sie zu verstehen, dass sie ohne Rücksicht auf ihr eigenes Leben kämpfen wollten.

Kolosseum

Innenansicht des Kolosseums.

Nach einem Trompetensignal kämpften sie paarweise, in Gruppen oder in Massen gegeneinander oder gegen Tiger, Löwen, Nashörner und andere wilde Tiere, die nur zu diesem Zweck importiert wurden. Über das Schicksal verletzter, kampfunfähiger Gladiatoren entschieden die Zuschauer.

Der Spielgeber konnte dann dem Schiedsspruch des Publikums folgen und den Unterlegenen durch Heben des Daumens begnadigen. Der gesenkte Daumen bedeutete den Tod.

Obwohl sich Philosophen wie Seneca (1. Jh. n. Chr.) und später die christlichen Kirchenväter diesem Gemetzel von Mensch und Tier widersetzten, wurden die Gladiatorenspiele erst im 5. Jh. n. Chr. verboten: So sehr liebte das Publikum diesen Nervenkitzel.

Übungen 3

E C. Licinius cum Demetrio pro basilica sedet. Tum M. Manilius apparet, non est laetus. Gaius amicum magno clamore salutat: „Es laetus, amice, et ride, veni et lude nobiscum[1]!"
Sed Marcus: „Ego ludere non amo. Vadite mecum[1] in basilicam, amici! Ibi adulescentuli (↗ 2 L) causas agunt."
Et Gaius: „Eiusmodi oratores non audio."
Nunc T. Sulpicius e basilica venit et clamat: „Venite, amici, videte, salutate oratorem clarum Plinium!"

1) **nōbīscum/mēcum**: mit uns/mit mir

1 **Schreiben Sie aus dem Lektionstext 3 alle Ablative heraus** und bestimmen Sie die Grundfunktion.

2 **Alles Ablativ?**

multis, petis, gladiis, animis, occidis, cunctis, locis, venis, plaudis, deis, ceteris, magnis, estis, ludis

3 **Akkusativ – Ablativ – oder beides?** Ordnen Sie die lateinischen Präpositionen:

a, ad, cum, ab, de, e, in, pro, sine, ex

4 **Schreiben Sie die Imperative heraus.**

observa, pugna, causa, erra, pete, lude, victore, timore, amate, timete, clamore, clamare, audi, loci, petivi, veni, ludi

5 **Welche Wortverbindungen sind möglich?**

gladio, pugna, oratores, animum, deis, imperatore, spectacula, moribus, homo, timorem, mos, hominem, causam

bono, bonus, bonum, boni, bonis, bonos, bona

6 **Diese Römer!**

1. Philodemus Graecus est; non intellegit Romanos. 2. „Cur Romani spectaculis gaudent? 3. Cur Colosseum petunt? Cur misericordia vacant? 4. Cur sine causa clamant? 5. Cur Colosseo non cedunt? 6. Cur laetis clamoribus victores laudant? 7. Ego eiusmodi ludis non gaudeo."

7 **Setzen Sie an der passenden Stelle ein und übersetzen Sie.**

sine causa, e basilica, cum Demetrio, pro basilica, timore, magno clamore, bono animo

1. Gaius ■ sedet. 2. Ibi ■ ludit. 3. Subito magnum clamorem ■ audiunt. 4. Multi homines ■ e basilica veniunt. 5. Gaius ■ non vacat. 6. Sed Demetrius: „Es ■ ! 7. Homines ■ clamant. Est mos Romanus!"

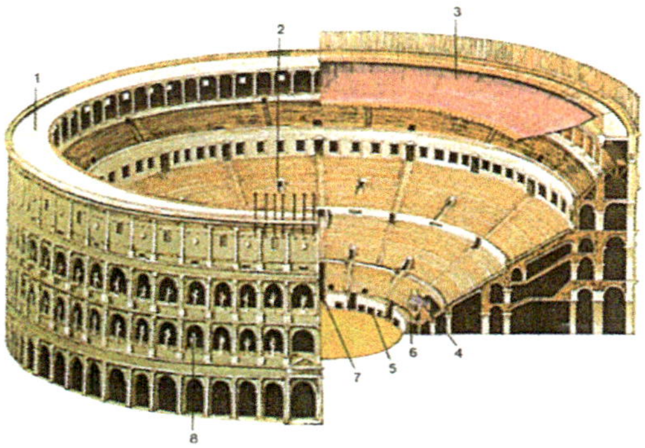

Rekonstruktion des Kolosseums.

1 Der Dichter Martial (ca. 40–102 n. Chr.) preist das Kolosseum mit folgenden Worten:

Jedes mit noch so viel Arbeit und Aufwand errichtete Bauwerk verblasst (*cedit*) angesichts des Amphitheaters unseres Kaisers (*Caesareum amphitheatrum*); von diesem einen Bauwerk (*unum opus*) wird die Geschichte stellvertretend für alle anderen (*pro cunctis*) sprechen.

Wie beurteilen Sie vom heutigen Standpunkt aus die Einschätzung Martials?

Schnitt durch das Kolosseum, Kupferstich von Nicholas Beatrizet.

Stade de France in St. Denis, 1998 für die Fußballweltmeisterschaft gebaut.

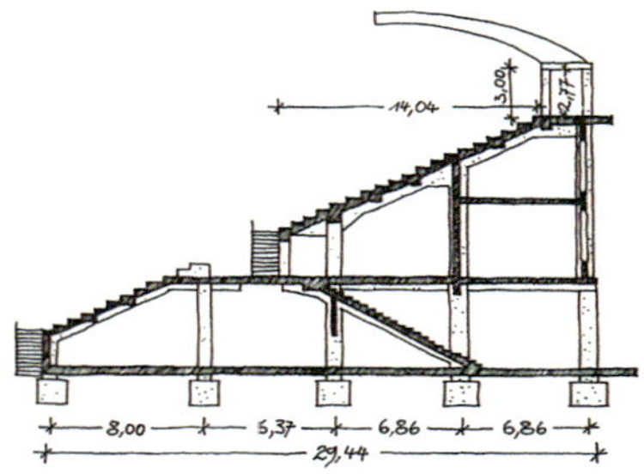

Schnitt durch das Wiener Stadion.

2 Vergleichen Sie die Abbildungen der modernen Fußballstadien mit denen des Kolosseums: Welche Gemeinsamkeiten und Unterschiede stellen Sie fest?

3 Der römische Philosoph Seneca schreibt in einem Brief an seinen Freund Lucilius:

Nichts ist für einen guten Charakter (*boni mores*) schädlicher als das Zuschauen bei bestimmten Veranstaltungen (*spectacula*). Grausam und weniger menschlich komme ich wieder nach Hause, denn sie sind reines Abschlachten von Menschen (*homicidium* < *homo, occidere*). Die Masse will keine kunstvollen Gladiatorenkämpfe, sondern den Kampf ohne Helm und Schild. Schützende Rüstungen und Fechtkunst verhindern nur den schnellen Tod. „Stich ihn, schlage, brenne ihn!“, das sind die Anfeuerungsrufe der Masse. Der Tod ist immer das Ende der Kämpfer.

Peitschenkämpfer.

Zwei kämpfende Gladiatoren mit Schiedsrichter.

Nehmen Sie Stellung zu der Kritik Senecas, der in seiner Zeit ein einsamer Rufer blieb. Vergleichen Sie mit der heutigen Zeit.

Ein Gast geht in die Luft

(In Anlehnung an Petron, Satyricon 57)

Marcus Cornelius Cinna, ein reicher, aber wenig gebildeter Freigelassener, hat Gäste zum Abendessen eingeladen. Er unterhält sie mit ziemlich albernen Witzen, was einen der anwesenden Sklaven zum Lachen bringt. Einer der Gäste, ein reizbarer Mensch namens Gripus, legt daraufhin los:

„Quid video, quid audio? Tu rides, homo?
Unde venis, vervex[1],
et cur non caves iram domini tui?
Ego libertus sum et mercator; homo inter homines vivo.
Tu autem quis es, cuius filius?
Num patris honesti? Dubito. Nihil es nisi Cinnae servus.
Itaque tacere et audire et parere debes, furcifer[1]!
Tu tamen rides, verbero[1].
Ah, vix me teneo.
Pater autem familiae te non reprehendit.
Ubi sumus, amici? Cur non reprehendimus malos mores servorum?
Laeti ludunt, rident sermones hominum honestorum;
neque domino suo neque dominae suae parent!
Ecce[2] servus nequam[3]!
Cui paret?
Quem timet?
Quid curat?
Nos quidem haec[4] intellegimus,
neque tamen servos nostros reprehendimus.
O dei, ubi vos estis?
Cur nos non auditis neque descenditis?
Cur dubitatis? Patres enim …"
Tum Marcus Cornelius pater familiae: „Quid clamas, Gripe?
Homines sumus, non dei. Tu quoque homo es.
Tace igitur apud nos, mihi pare! Iam ceteris hospitibus meis molestus es."
Et profecto Gripus clamare desinit; haec[4] tamen fremit[5]:
„Verbero, vervex, furcifer[1]!"

---

1) **vervex, furcifer, verberō**: *römische Schimpfwörter* (*etwa*: Hammel, Galgenstrick, Watschengesicht) 2) **ecce**: sieh nur! 3) **nēquam**: nichtsnutzig 4) **haec**: dieses, das 5) **fremere**: knurren, brummen

T

- *Was sieht Gripus als Pflicht der Sklaven, was als sein Herrenrecht an?*
- *Wie kommt die Erregung des Gripus sprachlich zum Ausdruck?*

Sklaven

Gelage mit Musik und Tanz, Stich (um 1880) von Carl Gehrts.

Während eines Gastmahls durften die Sklaven keine Miene verziehen, geschweige denn lachen oder reden. Sie hatten einfach nur da zu sein und die Herrschaften und deren Gäste zu bedienen. Eine durchschnittliche Familie besaß in der Regel mehrere Sklaven für verschiedene Dienste im Haus.

Personen von gesellschaftlichem Ansehen, die nur zehn Sklaven hatten, wurden schon im 1. Jh. v. Chr. bedauert. Leute, die ihren Reichtum zur Schau stellen wollten, hatten bis zu 200 Sklaven in ihrem städtischen Haushalt: Köche, Kammerdiener, Servierer, Sänftenträger, Schreiber, Sekretäre, Vorleser, Bibliothekare usw. Sklaven bekamen in der Regel ein Taschengeld, Trinkgelder des Herrn oder der Gäste und gelegentlich auch eine Gewinnbeteiligung für ihre Arbeit. Über dieses kleine Vermögen konnten sie selbst bestimmen: Einige wenige besaßen sogar selbst Sklaven. Ganz anders sah das Leben der Sklaven auf den großen Landgütern in Süditalien oder Sizilien, in den Bergwerken oder Fabriken aus. Dort wurden sie wie Maschinen für besondere Aufgaben eingesetzt und einer eisernen Disziplin unterworfen.

Sklaven waren Eigentum ihres Herrn, ein lebender Sachwert, den man kaufen und verkaufen konnte. Der Herr hatte sogar das Recht seine Sklaven zu töten. Erst unter Kaiser Hadrian (117–138 n. Chr.) wurde dieses Recht eingeschränkt. Von wenigen Ausnahmen abgesehen waren die Herren jedoch ohnehin bestrebt die Arbeitskraft ihrer Sklaven zu erhalten.

Römer beim Mahl mit Sklaven, Grabstele des Titus Iulius Tuttius, Römisch-Germanisches Museum, Köln.

Zur Zeit Kaiser Trajans gelangten wegen des Dakien-Feldzugs viele Kriegsgefangene nach Rom, die als Sklaven verkauft wurden, doch war das Angebot auf dem Sklavenmarkt insgesamt eher gering. So kam es dann sogar vor, dass in Rom Sklaven gekidnappt und auf Landgüter verschleppt wurden.

E Philodemus: „Quo vadis, amice?“
Cornelius: „In Colosseum vado; veni mecum! Tibi magnum spectaculum promitto.“
Ph: „Vos Romanos et mores vestros non intellego. Vos gladiatoribus claris plauditis, vobis placet victoria gladiatoris boni, mihi autem pugnae gladiatorum non placent. Nos Graeci non gladiatori, sed athletae (↗ 3 L) bono plaudimus et laudamus victorias magnorum athletarum. Nostri athletae alter alterum (↗ 3 L) non occidunt, misericordiam turbae non petunt.“
C: „Te, Philodeme, audio, neque tamen animum tuum intellego. Ego gladiatoriis[1] solum ludis gaudeo – ut cuncti amici mei.“

1 Sortieren Sie nach Genitiv und Dativ. Was bleibt übrig?

venis, libertis, domini, audi, patris, amicis, sermonis, dei, clamori, ibi, ceteri, populo, homo, quo, laudo, timori, cuncti, animi, victoris, victoriis, filiis, hospitis, petis

2 Wählen Sie das passende Pronomen aus.

1. Observamus (tu/tibi/te).
2. Peto (mihi/tu/vos).
3. Timeo dominum (me/mei/meum).
4. Promittimus (tu/tibi/te) pecuniam.
5. (Noster/Nostra/Nostrum) domina molesta est.
6. Reprehendo servos (me/meos/meum).
7. (Quis/Cui/Quem) dei amant?

3 Suchen Sie die Wörter heraus, mit denen eine Frage eingeleitet wird,
und ordnen Sie sie nach Wortarten.

unde, nihil, vix, quis, nisi, quidem, quid, itaque, num, quem, cur, quo, nonne, tandem, cui, cum, -que, autem, -ne, tum, cuius, ubi, dum

4 Welche Sätze haben die gleiche Struktur?

1. Domini mores servorum reprehendunt.
2. For Brutus is an honourable man. (Shakespeare)
3. Have you prayed tonight? (Shakespeare)
4. Die Elemente hassen das Gebild von Menschenhand. (Schiller)
5. Nam Gripus honestus mercator est.
6. Clamantne homines sine causa?

5 Ist das ein Leben?

1. Davi servi dominus malus est. 2. Nam dominus servos familiae reprehendere non desinit. 3. Cuncti iram domini timent. 4. Igitur cuncti domino parent. 5. Hospitibus quoque eiusmodi dominus molestus est.

6 Verbindung gesucht
Probieren Sie alle Möglichkeiten.

homin- clamor- caus- gladi- spectacul-	-am, -ae, -e, -i, -um, -o, -a

1 Guten Appetit!

Gemälde von Edward A. Armitage (19. Jh.): Darstellung eines kaiserlichen Banketts.

Diese Speisen könnten neben anderen als Menü gereicht worden sein:

Gebratene Haselmäuse, in Honig eingemacht und mit Mohn bestreut

Pfaueneier aus Kuchenteig, gefüllt mit einer Ammer in gepfeffertem Eidotter

Schweineeuter

Eisgekühlter Pudding, mit Honig übergossen und mit Erbsen- und Bohnenbrei garniert

Wildschwein, gefüllt mit lebenden Vögeln

Bärenkeule

Ein ganzes Schwein, gefüllt mit Würsten

2 Diese römischen Rezepte könnten Sie selbst einmal ausprobieren:

Gekochtes Huhn im eigenen Saft

Stoße Pfeffer, Kümmel, ein wenig Thymian, Fenchelsamen, Minze und Raute, [...] gieße Essig dazu, gib Datteln dazu und zerstampfe es. Schmecke mit Honig, Essig, Liquamen und Öl ab. Gib das abgekühlte und abgetrocknete Huhn dazu, das du damit übergossen servierst.

Heiße Kirschfladen

Drücke vier eingeweichte Brötchen gut aus, zerkleinere die Masse und mische sie mit 3 Esslöffeln Mehl, 1/8 l Milch, 2 Eiern, Honig und Zimt. Gib ca. 250 g entsteinte Kirschen dazu. Erhitze Backfett in der Pfanne, knete den Teig zu kleinen Fladen und backe sie von allen Seiten goldgelb.

3 Ordnen Sie die deutschen Bezeichnungen der Lebensmittel den lateinischen zu.

Bei richtiger Zuordnung bleiben drei deutsche Wörter übrig. Warum wohl?

piper – feniculum – persicum – vinum – ostrea – sal – caseus – asparagus – nux – caulis – petroselinum – sinapi(s) – dactylus – cucurbita – oleum

Öl – Kohl – Spargel – Kartoffel – Käse – Fenchel – Avocado – Wein – Dattel – Senf – Nuss – Auster – Pfirsich – Salz – Pfeffer – Petersilie – Tomate – Kürbis

Diebe in den Thermen!

Gaius Flaminius kommt von einem Besuch der Trajansthermen nach Hause und berichtet:

… per thermas ambulabam et ubique amicos meos quaerebam.
Ah, quot homines ibi erant, quantum clamorem audiebam!
Neque tamen inter tot homines unus ex amicis erat.
Iam thermis cedebam,
 cum subito Titum vidi.
In bibliotheca sedebat et legebat.
Ego Titum magno cum gaudio salutavi et rogavi:
„Vidistine unum ex amicis?“
„Non vidi“, inquit, „nam Ovidium legebam.“
Sed ego: „Satis legisti. Nunc veni mecum in frigidarium[1]!“
Titus paruit, bibliothecario[!] Ovidium dedit mecumque venit.
Tum in apodyterio[2] vestimenta[3] deposuimus frigidarium[1]que petivimus.
Non diu ibi mansimus,
 quod aqua frigidissima[4] erat.
 Postquam frigidarium[1] reliquimus,
in apodyterio[2] vestimenta[3] quaesivimus.
Subito Titus clamavit:
„Vae[!] mihi! Homines mali me vestimentis[3] spoliaverunt!
Non iam ibi sunt,
 ubi fuerunt, ubi deposui!
Iam me paenitet[5] tibi paruisse.“
 Postquam diu frustra quaesivimus,
Davum servum vocavi et ad Titi parentes misi:
„Tu, Dave“, inquam, „curre, nam Titus vestimentis[3] eget[6].“
Davus statim cucurrit;
ego autem soleas[7] quaesivi, neque tamen inveni,
 quamquam diu quaesivi.
Tum iram non iam tenui, nam novae fuerunt.
„O dei“, clamavi, „quot homines mali Romae sunt!“

---

1) **frīgidārium, -ī** n: kaltes Bad 2) **apodytērium, -ī** n: Umkleideraum 3) **vestīmentum, -ī** n: Kleidungsstück 4) **frīgidissimus, -a, -um**: eiskalt 5) **mē paenitet**: es reut mich, ich bereue 6) **egēre** (m. Abl.): (etwas) dringend brauchen 7) **solea, -ae** f: Sandale

T
- *Welche Tempora begegnen im erzählenden Teil des Textes, welche in den eingeschobenen wörtlichen Reden?*
- *Welche Informationen über das Unterhaltungsangebot in den Thermen lassen sich dem Text entnehmen? Ergänzen Sie, was nicht genannt ist, aus* ***i***.

Die Caracalla-Thermen (1899), Sir Lawrence Alma-Tadema, Privatsammlung.

Caracalla-Thermen.

i Thermen

Für die Römer war der Besuch der öffentlichen Bäder nicht nur ein Freizeitvergnügen. Da die meisten Wohnungen in Rom keinen Wasseranschluss hatten, richtete man schon im 2. Jh. v. Chr. Badehäuser ein. Die erste wirklich große Thermenanlage wurde ungefähr 20 v. Chr. erbaut: ein prachtvoller Bade- und Freizeitkomplex, der erst durch die Kaiserthermen Neros übertroffen wurde. Kaiser Titus baute 80 n. Chr. noch größere Thermen, die wiederum Kaiser Trajan überbot: Diese 109 n. Chr. eröffnete riesige Badeanstalt erstreckte sich über eine Fläche von 337 x 296 Metern; sie war im Inneren mit wertvollen Marmoreinlegearbeiten und Statuen ausgestattet.

Die Thermen waren aber nicht nur Badeanstalten mit Schwimmbad und Sauna. Sie umfassten auch Gärten, Höfe für Sport und Spiel (*palaestrae*), ja sogar Bibliotheken und Museen.

Zwischen dem Kaltbaderaum (*frigidarium*) im Norden und dem Warmwasserbad (*caldarium*) im Süden lag ein mäßig erwärmtes Gewölbe (*tepidarium*). Das wegen seiner Größe meist nicht überdachte *frigidarium* enthielt ein Schwimmbecken. Das Warmwasserbad und die Schwitzkammern wurden von einer Unterflurheizung (*hypocaustum*) erwärmt, die Wände mithilfe von Hohlziegeln, in denen die heiße Luft hochstieg.

Die Thermen öffneten in der Regel erst am späten Vormittag. Bis zur Mitte des 1. Jh.s n. Chr. waren die Badeanstalten für Frauen und Männer zu verschiedenen Zeiten geöffnet. In der *palaestra* hingegen unterhielten sich Frauen und Männer mit verschiedenen Ballspielen, trieben Metallreifen und trainierten mit Hanteln gemeinsam.

E *C. Aemilius Brutus trifft Gripus, der am Tag zuvor eine Verabredung hat platzen lassen, und fragt erbost:*

„Quid egisti, Gripe? Ubi fuisti? Cur non venisti?“
„Iram tene! Fui apud M. Cornelium Cinnam. Multi et clari hospites ibi fuerunt; itaque non veni. Sed audi: Cuncti laeti eramus et ridebamus, clamor magnus erat. Subito Cinna apparuit et nos cunctos salutavit. Ego ceteros hospites observabam: alii tacebant et Cinnam audiebant, alii ridere non desinebant. Subito unus e servis risit neque dominus servum nequam (↗ 4 L) reprehendit.“
„Quid tum egistis, Gripe?“
„Non dubitavimus fremere (↗ 4 L): ‚Verbero, vervex, furcifer (↗ 4 L)‘.“

1 Kombinationen
Welche Ergänzungen sind jeweils möglich?

sede-, curre-, audi-, vide-, ama-, time-	-ba- -vi-	-nt, -m, -t, -mus, -stis, -sti, -tis

2 Präsens – Imperfekt – Perfekt?
Ordnen Sie.

vocavit, reliquit, quaeritis, currimus, deposuit, legitis, legistis, mansimus, invenis, tacebat, debet, debebat, gaudes, clamant, placuit, amabat, errant, dubitabant, quaerunt, eram

3 Drillinge gesucht
Suchen Sie jeweils drei Formen, die in Person und Numerus übereinstimmen.

► Drilling: amo – sedebam – rogavi (1. P. Sg.)

ambulo	eras	legit
mittit	iacebatis	debuimus
es	pugnabant	erraverunt
petunt	currebat	quaesivi
tacemus	deponebam	fuisti
dubitatis	desinebamus	timuistis

Es gibt einen besonderen Drilling. Inwiefern?

4 Eindeutig Perfekt?
Bestimmen Sie jede Form.

vidimus, venit, paruit, vidisti, legerunt, mansit, currit, misit, invenis, audimus, plaudimus, petimus, reprehendimus, descenditis, desinitis, legit

5 Übersetzen Sie und begründen Sie den Tempuswechsel.

1. Per forum ambulabam cum amico nostro.
2. Magnum clamorem hominum audiebamus.
3. Ubique homines laetos videbamus. 4. Tum cum amicis ludum gladiatorum petivimus.
5. Ibi gladiatores magno clamore pugnabant.
6. Diu pugnam observabamus. 7. Subito alius alium gladio vulneravit. 8. Tum turba clamavit et victorem laetis clamoribus laudavit.
9. Nos autem ludo cessimus.

Damals und heute
Vieles aus der Zeit der Römer findet sich auch bei uns.

1 **Vergleichen Sie die Aqua-Therme mit den römischen Thermen:**
Was von der Badeeinrichtung der Römer findet sich wieder?

2 **Erklären Sie die Verwendung der Begriffe, denen lateinische Wörter zugrunde liegen**
(z. B. durch Synonyme oder Umschreibung).

1. Die Ausstellung ist ein Forum für Künstler aus aller Welt.
2. Die Kinder haben ein Riesenspektakel veranstaltet.
3. Der Appell an sein Gewissen hat etwas bewirkt.
4. Sie sind sehr intelligent.
5. Seine Dominanz ist unerträglich.
6. Ich wurde ambulant behandelt.
7. Die Mülldeponie wird geschlossen.
8. Bist du frustriert?
9. Das sind Relikte aus der Vergangenheit.
10. Das ist ein absolutes Novum.

3 **Nennen Sie Begriffe, die von folgenden lateinischen Wörtern abgeleitet sind:**

studere videre legere currere mittere

Übersetzen mit System (I)

1. Die wichtigsten Signale stehen am Ende veränderlicher Wörter.

rid- | es
Bedeutungsteil Signalteil

du | lach- | st

plaud- | unt
Bedeutungsteil Signalteil

sie | klatsch- | en | Beifall

dubitav- | erunt
Bedeutungsteil Signalteil

sie haben | gezögert

orator- | em
Bedeutungsteil Signalteil

den | Redner

spectacul- | a
Bedeutungsteil Signalteil

(die) | Schauspiel- | e

Ü: Trennen Sie und stellen Sie entsprechend dar.

hospitis – quaeris – invenerunt – filias – tacent – deponimus – multos – morem – fora – ambulavistis – timetis

2. Allerdings ist der Signalteil nicht immer eindeutig; oft müssen Sie WENN-DANN-Entscheidungen treffen, z. B.

Wenn ein Wort auf *-um* endet, das zur Konsonantischen Deklination gehört,	z. B. hospitum	dann kann es sich nur um einen G. Pl. handeln.
Wenn ein Wort auf *-o* endet, das ein Verb ist,	z. B. audio	dann kann es sich nur um die 1. P. Sg. handeln.
Wenn ein Wort auf *-i* endet, das zur o-Deklination (*-us*) gehört,	z. B. servi	dann kann es sich nur um einen G. Sg. oder einen N. Pl. handeln.
Wenn ein Wort auf *-is* endet, das ein Verb ist,	z. B. intellegis/ intellegitis	dann kann es sich nur um die 2. P. (Sg. oder Pl.) handeln.
Wenn ein Wort auf *-a* endet, das zur a-Deklination gehört,	z. B. turba	dann kann es sich nur um einen N. Sg. oder einen Abl. Sg. handeln.

Ü: Ermitteln Sie die Wortart, die Deklination / Konjugation und übersetzen Sie. Mehrdeutige Formen (!) bestimmen Sie nach ihren verschiedenen Deutungen.

▶ morum → Substantiv → Konsonantische Deklination → der Sitten
▶ iaceo → Verb → ē-Konjugation → ich liege
▶ ibi → Adverb → dort

nostrum (!) – sermonum – nondum – summum (!) – tum – meum (!) – solum – victorum
molesto (!) – debeo – peto – ego – profecto – teneo – quanto (!) – subito – invenio – vado
boni (!) – ibi – mori – honesti (!) – nisi – novi (!) – eiusmodi – patri
clamoris – ceteris (!) – satis – desinis – mittitis – multis (!) – occidis – pugnis (!) – quaeris – quis – cedis – patris – filiis (!) – intellegitis – sermonis
alia (!) – voca – fora (!) – dubita – aqua (!) – spectacula – ira (!) – frustra – roga – victoria (!)

3. Erleichterung der Formenbestimmung durch den „Lottozettel“

Unveränderliches Wort? ? Veränderliches Wort? ?
Deklinierbar? ? Konjugierbar? ?

	Nomen										Verb													unver-änder-lich
	Kasus					Numerus		Genus			Person			Numerus		Tempus			Modus			Genus verbi		
	N.	G.	D.	Akk.	Abl.	Sg.	Pl.	M	F	N	1	2	3	Sg.	Pl.	Präs.	Impf.	Perf.	Ind.		Imp.	Akt.		
▶ 1												x			x			x	x			x		
▶ 2					x	x		x																
▶ 3			x		x		x	x	x	x														
▶ 4													x		x		x		x			x		

▶ 1 vocavistis; 2 patre; 3 laetis (D. oder Abl.); 4 quaerebant

Ü: Üben Sie nun nach dem Prinzip des „Lottozettels“ an folgenden (teilweise mehrdeutigen) Formen:

1. gaudeo 2. homo 3. bono 4. intellego 5. pro 6. sermo 7. subito
8. hominis 9. pugnis 10. intellegitis 11. intellexistis 12. venitis 13. magnis 14. fuistis 15. clamatis
16. veni 17. gladii 18. mihi 19. egi 20. homini 21. ceteri 22. spectaculi 23. ubi 24. cui 25. apparui
26. dum 27. aliarum 28. clarum 29. dominum 30. ceterorum 31. cum 32. gaudium 33. mercatorum

Ü: Übersetzen Sie. Bei mehrdeutigen Formen beachten Sie den Kontext.

1. Traianus populo magnum spectaculum promisit. – 2. Ego ad te veni; nunc tu ad me veni! – 3. Nos bonum solum spectaculum videre studemus. – 4. Quid audio? Cur servus domino non paret? – 5. Turba spectaculis iam satis plausit.

4. Die „Pendelmethode“

Gaius Flaminius per thermas [ambulabat].

Gaius Flaminius ging durch die Thermen spazieren.

Postquam in bibliotheca Titum amicum salutavit, bibliothecam reliquit.

Nachdem er in der Bibliothek seinen Freund Titus begrüßt hatte, verließ er die Bibliothek.

Tum magnam turbam hominum et multos homines laetos vidit.

Dann sah er eine große Schar von Menschen und viele fröhliche Menschen.

1. Im deutschen Hauptsatz nimmt das Prädikat in der Regel die zweite Position ein (Mein Freund **kommt** heute zu mir).
2. Im deutschen Gliedsatz nimmt in der Regel das Subjekt die zweite Position ein, das Prädikat steht am Ende (Mein Freund kommt, weil **er** mich etwas fragen **will**).
3. Deshalb muss man beim Übersetzen eines lateinischen Satzes ins Deutsche **„pendeln“**, wie das Schaubild zeigt.

Übungen

1 Wählen Sie die im Deutschen erforderliche Präposition.

► gladio pugnare
(Lösung: **mit** dem Schwert kämpfen)

timore vacare: ■ Angst frei sein – victoria gaudere: sich ■ den Sieg freuen – victoriae studere: sich ■ den Sieg bemühen – Roma cedere: ■ Rom weggehen – clamore laeto: ■ fröhlichem Geschrei – cunctis locis: ■ allen Orten – cavere turbam: sich ■ der Masse hüten

2 Immer länger

►

delibera	vi	sti	s

(Lösung: delibera – deliberavi – deliberavisti – deliberavistis: überlege – ich habe überlegt – du hast überlegt – ihr habt überlegt)

clamo	r	i	bus
clama	t	is	–
imperator	e	m	–
es	t	e	–

3 Welche Wörter gehören nach der KNG-Regel zusammen?

In lateinischen Sätzen gehören oft Wörter zusammen, die völlig verschiedene Wortenden haben (▶ homo bonus). Schreiben Sie den folgenden Text in Ihr Heft. Kennzeichnen Sie die Wörter, die zusammengehören, farbig. Zeichnen Sie die „Pendelschwünge". Übersetzen Sie dann.

1. Apud Cinnam magnus clamor est. 2. Gripus enim clamat: „Ego mercator honestus sum. Et quid servi sunt? Nihil! 3. Per Romam currunt, nihil agunt, dominos suos non audiunt. 4. Cuncti servi homines mali sunt." 5. Sed unus ex hospitibus claris Gripum reprehendit: 6. „Quantus clamor est hic! Tace! Tu homo es, non deus. Tu ceteris hospitibus clamore tuo iam satis molestus fuisti!"

4 Kleiner Unterschied – große Wirkung

Übersetzen Sie.

1. Nonne **cavetis** homines malos? **Cavete** homines malos!
2. In Capitolio **sumus**. Capitolium est **summus** Romae locus.
3. **Tandem** venisti, amice; **tamen** nondum cuncti amici apparuerunt.
4. **Dum cum** amico ambulo, subito pecuniam in via[1] inveni.
5. Quintus **nondum** ad nos venit; Quintus **non iam** ad nos venit. Id[2] mihi non placet.

1) **in viā**: auf der Straße 2) **id**: das

5 Kombinieren Sie.

Fügen Sie die Bedeutungsteile und die Signalteile so zusammen, dass sprachrichtige Formen entstehen.

ceter – eg – intelleg – iace – descend –
isti – bam – i – is – ebas
dubita – serv – lus – lud – quaer –
um – vi – is – ebam – it

6 Zuordnung

Ordnen Sie die hervorgehobenen Verben ihren Konjugationsklassen zu; nennen Sie jeweils den Inf. Präs. Akt. bzw. die 1. P. Sg. Ind. Präs. Akt.

Ferien

1. Tum **placet legere**, **ludere**, amicos **videre**, nihil **agere**, nihil **timere**. 2. Tum in caupona[1] **sedemus** multosque sermones **audimus**; heri[2] quoque ibi **sedimus**, sermones **audivimus**, nihil **egimus**. 3. Postquam alii amici **apparuerunt**, **ambulavimus**; dum **ambulamus**, cuncti **tacebant**, nihil aliud **petebant**. 4. **Studete** inter alia gaudia et eiusmodi gaudia **quaerere**!

1) **caupōna, -ae** f: Gasthaus 2) **herī**: gestern

7 Welcher Satz passt zum Satzmodell A, welcher zu B, welcher zu C?

1. Subito Titus clamavit: 2. „Homines mali me spoliaverunt." 3. Nunc timor Titi magnus est.

(A)

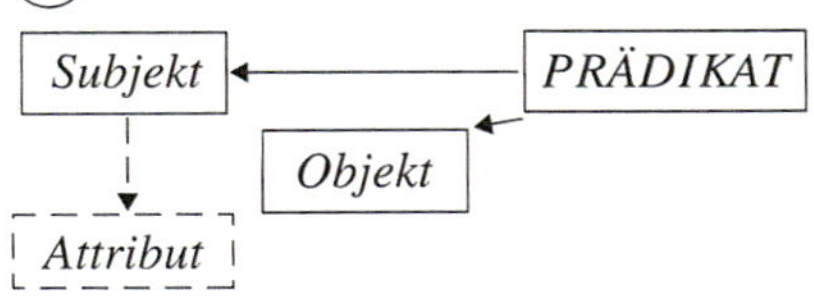

(B)

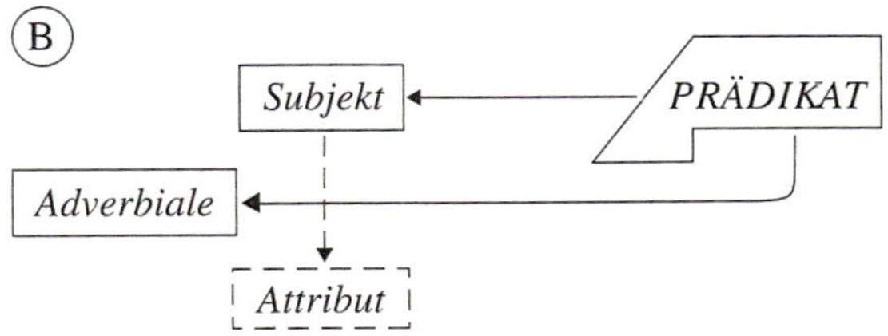

(C)

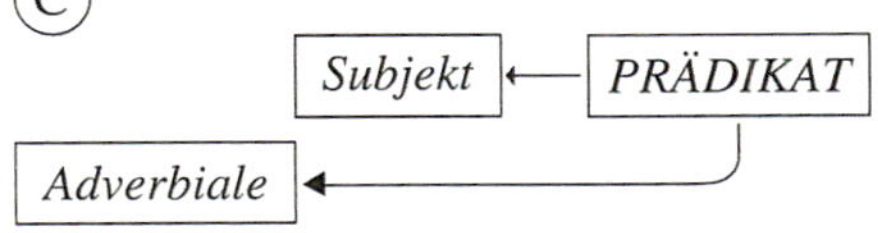

Familienglück?

(Nach Sueton, Divus Augustus 63–65)

An der berühmten Ara Pacis, die 9 v. Chr. eingeweiht wurde, ließ Kaiser Augustus seine Familie abbilden – neben Göttern und Gestalten der Sage, wie z. B. Äneas, dem Stammvater des römischen Volkes.
Decimus Sestius, der einem Freund aus Patavium die dargestellten Personen erklärt, geht auch auf ihre Schicksale ein:

„Ecce[1] ara clara,
ara laudata,
ara ab Augusto Paci deae aedificata!
Hic videmus imperatorem ipsum cum Agrippa amico,
ibi Iuliam, Augusti pulchram filiam Agrippae in matrimonium[2] datam – et ecce[1]:
Hic est Gaius Caesar, Agrippae et Iuliae filius!
Eum Augustus cum Lucio fratre adoptavit[!],
eos iam pueros magnis honoribus ornavit,
quod ipse filium non habebat.
Neque tamen nepotibus amatis diu gaudebat,
nam ei vita cesserunt adulescentes.
Et quid de Iulia?
Eam Augustus post mortem Agrippae Tiberio privigno[3] in matrimonium[2] dedit,
quamquam eum non amavit moresque eius saepe reprehendit.
Cum eo viro Iulia nonnullos annos vixit,
dum is ab Augusto laesus Italia cessit.
Iulia autem a Tiberio relicta cum amicis suis vitam inter gaudia agebat,
nam tum libera erat.
Tum, ut audivi, alios viros amabat et Tiberii necem parabat.
Itaque a patre in parvam insulam transportata est,
ubi vitam miseram vivebat.
Paucis annis post tertius[4] filius eius et una ex filiis in alias insulas missi sunt.
Neque eis neque Iuliae filiae Augustus veniam dedit a multis saepe rogatus.
Immo vero eis cunctae vitae dulcedines[5] negatae sunt.
Tam severus in suos fuit imperator Augustus!
Neque aliter Iuliam liberosque eius appellare solebat quam carcinomata[6] sua."

---

1) **ecce**: schau! 2) **in mātrimōnium**: in die Ehe, „zur Frau" 3) **prīvīgnus, -ī** m: Stiefsohn
4) **tertius, -a, -um**: der/die/das dritte 5) **dulcēdō, -dinis** f: Annehmlichkeit 6) **carcinōmata** (n Pl.): Krebsgeschwüre

T • *Die Ara Pacis diente der Selbstdarstellung des Kaiserhauses; insofern zeigt sie eine „heile Welt". Wo wird der schöne Schein durch die Erklärungen des Sestius zerstört?*
• *Erstellen Sie anhand des Textes einen Stammbaum der Familie des Augustus.*

Augustus – ganz privat

Sueton (ca. 75 – ca. 150 n. Chr.) hat in seiner Biographie des Augustus viel über das Privatleben des ersten römischen Kaisers geschrieben. Schon damals interessierten sich nämlich viele Menschen mehr für den „Klatsch am Kaiserhof" als für die Politik und ihre Hintergründe.

Sueton beschreibt Augustus als einen Mann von außergewöhnlicher Schönheit: Er hatte blonde, leicht gelockte Haare und helle, glänzende Augen, in denen manche Leute eine göttliche Kraft vermuteten. Er war nicht ganz 1,70 m groß und sein Leben lang von schwacher Gesundheit. Kälte und Hitze machten ihm zu schaffen und als Sonnenschutz trug er sogar im Winter einen Hut.

An Essen und Trinken stellte er keine großen Ansprüche: Besonders schätzte er einfaches Brot, kleine Fische, handgepressten Kuhmilchkäse und frische Feigen. Wein trank er sehr wenig.

Zur Entspannung angelte er oder spielte mit Würfeln und Nüssen. Leidenschaftlich befasste er sich mit der Redekunst. Obwohl er die Fähigkeit besaß aus dem Stegreif zu sprechen, zog er es vor, seine Reden sorgfältig vorzubereiten. Um mit Auswendiglernen keine Zeit zu verlieren las er sie dann lieber ab.

Er interessierte sich sehr für griechische Literatur und Philosophie, sprach aber nicht fließend Griechisch. Wie alle Römer beachtete er mit abergläubischer Furcht gute und schlechte Vorzeichen. Bei Donner und Blitz befiel ihn panische Angst, sodass er immer und überall ein Robbenfell als Abwehrmittel mit sich führte. Sowohl auf seine eigenen Träume als auch auf die fremder Personen achtete er genau, da sie sich gelegentlich bewahrheitet hatten.

Augustus von Primaporta (um 20. v. Chr.), Vatikanische Museen, Rom.

Ara Pacis (Grundsteinlegung 13 v. Chr.), Mitglieder der kaiserlichen Familie.

E

C. Flaminius geht suchend durch die Thermen.

C: „Vidistine Titum, Dave?“
D: „Neque eum neque servum eius vidi. Fortasse ab hominibus malis occisus est.“
C: „Cave, serve miser, et tace!“
Subito clamor: „Videte me miserum! Soleis (↗ 5 L) spoliatus sum!“
Et alius: „Ubi sunt vestimenta (↗ 5 L) a me hic deposita?“
Dum cuncti eas soleas eaque vestimenta quaerunt, Gaius: „Veni mecum“, inquit, „Dave!“ et loco cessit.
Is autem apodyterium (↗ 5 L) petivit; ei enim in animo erat ibi soleas vestimentaque cum ceteris quaerere. Sed ubique quaesita inventa non sunt.

1 Welche Aufgabe erfüllen die Adjektive?

1. Ad thermas novas ambulabam et ubique amicos meos quaerebam. 2. In bibliotheca Titus sedebat et legebat. 3. Laetus eum salutavi. 4. Is autem laetus non erat, sed: „Homo miser sum. 5. Nam frater meus adulescens vita cessit. 6. Cuncti eum amaverunt; homo honestus erat.“

2 PPP – oder nicht?

honesto – laudato
laeti – laesi
molestum – missum
multos – depositos
quantas – relictas

3 Achtung: Partizip!

1. Iulia mores Tiberii, viri non amati, saepe reprehendit. 2. Tandem is ab Augusto laesus Italia cessit. 3. Iulia autem a Tiberio relicta cum amicis suis vitam inter gaudia agebat. 4. Alios enim viros amabat. 5. Itaque a patre in parvam insulam transportata vitam miseram vivebat.

4 Ordnen Sie zu (nur eine Form aus dem Kasten passt ins Gleichungssystem).

► is : ? = vir : virum (Lösung: ? = eum)

sermo : sermone = is : ?
pugna : pugnam = ea : ?
ei : ? = mores : moribus
ea : ? = pax : pace
honores : honoribus = ? : eis
locis : loca = eis : ?

? =
ea, ea, eo, eam, eis, ei

5 Stellen Sie alle bisher gelernten unveränderlichen Wörter zusammen und ordnen Sie sie nach ihrer Aufgabe im Satz.

6 Bilden Sie Sätze und übersetzen Sie.

1. ab, aram, Augusto, aedificatam, cuncti, deae, homines, laudant, Paci
2. Augustus, adoptatum[1], cum, magnis, Caesarem, fratre, Gaium, honoribus, ornavit
3. animo, amati, adulescentes, ab Augusto, ex, cesserunt, nepotes, vita

Die Frau in Rom

Die folgenden Textausschnitte und Abbildungen geben Ihnen Informationen zum Leben einer Frau in Rom und zu ihrer rechtlichen und gesellschaftlichen Stellung.

a) Auf welche Fragen, die Sie zu diesem Thema haben, finden Sie hier eine Antwort?

b) Verfassen Sie mithilfe dieser Informationen einen kurzen Text über dieses Thema.

c) Sammeln Sie gemeinsam weitere Fragen.

1 Die Vorfahren wollten, dass die Frauen, auch wenn sie volljährig sind, wegen ihres Leichtsinns unter Vormundschaft stehen. Wenn also jemand für seinen Sohn und seine Tochter im Testament einen Vormund bestimmt hat und beide zur Geschlechtsreife gelangt sind, endet für den Sohn die Vormundschaft, die Tochter aber steht weiter unter Vormundschaft. Nur die Vestalinnen sollten nach dem Willen der Vorfahren frei sein.

(Aus einem Rechtstext des 2. Jh.s n. Chr.)

2

Bildniskopf (mit Lockentoupet), 90–100 n. Chr.

3

Sog. „Bikini-Damen", Mosaik, Villa Casale.

4 Aus welchem Grund begrüßen die Frauen ihre Verwandten mit einem Kuss? Der Genuss des Weines war den Frauen verboten und, damit es nicht verborgen bleiben konnte, wenn eine Wein getrunken hatte, wurde die Sitte des Küssens eingeführt.

(Polybios, griech. Schriftsteller, ca. 200–120 v. Chr.)

5 Nach unseren Moralvorstellungen ist manches, was bei den Griechen als verwerflich gilt, durchaus ehrenwert. Denn wer unter den Römern schämt sich seine Frau zu einem Gastmahl mitzubringen? Oder wessen Matrone („Mutter der Familie") hat nicht die erste Stelle im Haus inne und hält sich in Gesellschaft auf?

(Nepos, röm. Schriftsteller, 100–25 v. Chr.)

6

Münze für eine Kaiserin, Livia als Justitia.

7

„Damenmode": Abbildung von Römerinnen mit Stola und Mantel.

8 Wenn du deine Frau beim Ehebruch erwischst, darfst du sie ungestraft töten. Ihr räumt jedoch das Gesetz nicht das Recht ein dich auch nur mit dem kleinen Finger zu berühren, wenn du fremdgegangen bist.

(Cato (nach Gellius), röm. Politiker und Schriftsteller, 234–149 v. Chr.)

9 Fremder, wenig ist es, was ich sagen will; bleib stehen und lies!
Hier ist das traurige Grab einer schönen Frau.
Die Eltern haben ihr den Namen Claudia gegeben.
Ihren Mann hat sie von ganzem Herzen geliebt,
zwei Söhne hat sie geboren; den einen lässt sie auf der Erde zurück,
den anderen nimmt sie mit unter die Erde.
Sie war angenehm beim Gespräch und hatte auch einen anmutigen Gang;
das Haus hat sie gehütet, die Wolle gesponnen.
Ich bin fertig, geh weiter!

(Eine Grabinschrift aus dem 2. Jh. v. Chr.)

Flucht aus Troja

(Nach Vergil, Aeneis II 268–804)

Auf der Ara Pacis sieht man auch einen Mann beim Opfer. Es ist Äneas, der Sage nach der Stammvater der Römer, dessen Standfestigkeit und Pflichtbewusstsein der Dichter Vergil in seiner Äneis rühmt.
Als ein Griechenheer nach langer Belagerung die kleinasiatische Stadt Troja durch List eroberte, soll Äneas mit wenigen Begleitern entkommen sein und nach langer Irrfahrt in Italien eine neue Heimat gefunden haben.
Von jener Nacht, in der Troja unterging, lässt der Dichter seinen Helden selbst erzählen:

„Nox erat somnoque me dederam,
cum subito Hectoris imago apparuit et:
‚Fuge‘, inquit, ‚Aenea, nam hostis habet muros!
Tu autem cape sacra novamque patriam quaere!‘
Imago vix cesserat, cum somno excussus[1] clamorem virorum audivi.
Statim gladium capio patriamque servare cupio – sed frustra!
Iam Graeci per cunctas vias urbis captae currunt,
iaciunt tela, occidunt viros, virgines rapiunt!
‚Quid‘, inquam, ‚si mea quoque domus[2] iam capta,
si Creusa, mulier amata, iam rapta,
si pater senex cum parvo Iulo occisus est?‘
Subito Helenam illam aspexi,
quae ex arce fugerat et se ad aram Vestae servaverat.
Eam, quod causa cunctorum malorum fuerat, occidere cupivi,
sed dea Venus apparuit et: ‚Quid facis‘, inquit, ‚Aenea?
Haec mulier, cuius vitam petis, innoxia[3] est
et innoxius[3] est Paris, qui eam rapuit.
Ira deorum hos muros, hanc urbem evertit[4]!
Tu autem fuge novamque patriam quaere!‘
His verbis motus domum[2] meam peto meosque servare cupio.
‚Tu, pater‘, inquam, ‚cape sacra; ego te feram[5];
vos autem, Creusa et Iule, venite nobiscum!‘
Sed pater negavit et: ‚Fugite‘, inquit, ‚et relinquite me!
Senex sum et sine patria vivere nolo[6].‘
Dum haec dicit, in vertice[7] Iuli flammam innoxiam[3] aspicimus.
Tum pater: ‚O Iuppiter! Hoc signo me mones movesque.‘
Nos autem laeti, quod pater motus erat, per noctem ex urbe fugimus.“

---

1) **excussus, -a, -um**: aufgeschreckt 2) **domus** (Akk.: domum) f: Haus 3) **innoxius, -a, -um**: unschuldig; unschädlich 4) **ēvertere**: zerstören, vernichten 5) **feram**: ich werde tragen 6) **nōlō**: ich will nicht 7) **vertex, -ticis** m: Scheitel

T
- *Ein Held darf eigentlich nicht fliehen. Wie wird im Text begründet, dass Äneas nach anfänglichem Widerstreben doch die Flucht ergreift?*
- *Inwiefern ist bei den Ereignissen, die ihn zur Flucht bestimmen, eine Steigerung erkennbar?*
- *Durch welche sprachlichen Mittel wird diese Steigerung unterstrichen?*

Die Feuersbrunst im Borgo, Gemälde aus den Stanzen Raffaels, Vatikanische Museen, Rom.

Trojanisches Pferd.

Römische Gründungssagen

Da die Römer über ihre Frühgeschichte keine gesicherten Kenntnisse hatten, entwickelten sie im Laufe der Jahrhunderte Sagen, die schließlich für wahr gehalten wurden. Nach der Äneas-Sage waren nach Italien eingewanderte Trojaner die Vorfahren der Römer. Die Sage von Romulus und Remus machte die beiden zu Söhnen des Mars. Beide Sagen verschmolzen im Laufe der Zeit miteinander:

Bei der Eroberung Trojas (angeblich 1184 v. Chr.) floh Äneas auf den Rat seiner Mutter, der Göttin Venus, mit seinem Vater Anchises, seinem Sohn Iulus und einigen Gefährten aus der Heimat. Seine Frau Kreusa hatte er bei der Flucht aus dem brennenden Troja verloren. Nach langen Irrfahrten landete er, wie es ihm bestimmt war, an der Küste der italischen Landschaft Latium, wo er vom König Latinus gastfreundlich aufgenommen wurde und sogar dessen Tochter Lavinia zur Frau bekam. So wurde er der rechtmäßige Erbe des latinischen Königsthrones. Als Äneas starb, übernahm sein Sohn Iulus die Herrschaft und gründete eine neue Hauptstadt, Alba Longa. Hier herrschten rund dreihundert Jahre Könige aus dem Geschlecht des Äneas über die Latiner, bis Numitor, der König von Alba Longa, von seinem Bruder Amulius entmachtet wurde. Um die Geburt eines Thronerben zu verhindern ließ Amulius die Tochter Numitors, Rea Silvia, zur Vestalin weihen, da sie so nicht heiraten durfte. Dennoch gebar sie dem Gott Mars Zwillinge, Romulus und Remus. Diese ließ Amulius in einem Korb auf dem Tiber aussetzen. Der Korb strandete am Fuß des palatinischen Hügels. Dort fand eine Wölfin die Kinder und säugte sie. Später wurden sie von dem Hirten Faustulus und seiner Frau erzogen. Als sie erwachsen waren, setzten sie ihren Großvater Numitor wieder als König ein und beschlossen, an dem Ort, wo sie gerettet worden waren, eine neue Stadt zu gründen. Der Sage nach geschah dies im Jahre 753 v. Chr.

E Neque Gaius ille, qui ab Augusto adoptatus[1] erat, neque Lucius, quem imperator cum fratre adoptaverat[1], diu honoribus, quibus ornati erant, gaudebant, nam adulescentes vita cesserunt: hic ad Massiliam, ille in Asia. Augustus autem post mortem eorum, quos amaverat, Postumum et Tiberium adoptavit[1], quamquam neque huius neque illius mores amabat. Paucis annis post Postumum, cuius vita ei non iam placebat, in insulam transportavit et Tiberium, cui filiam in matrimonium (↗ 6 L) dederat, laesit. Is autem Iuliam, ex qua liberos non habebat, reliquit.

1 Drillinge gesucht

huic	illum	eas
hunc	illi	eius
has	illud	id
huius	illas	ei
hoc	illius	eum
haec	illa	ea

2 Vokabelkurztest: Welches Wort passt?

1. Nocte (signo/somno/imagini) me do.
2. Hostes (tela/verba/mala) iaciunt.
3. Hostis (noctem/muros/necem) habet.
4. Augustus filiae (pecuniam/veniam/patriam) non dedit.

3 Was passt wo?

Fügen Sie die Relativsätze an der passenden Stelle ein.

1. Paris ■ filius Priami erat.
2. Helena ■ causa cunctorum malorum fuerat.
3. Aeneam ■ dea Venus monuit.
4. Creusa ■ in urbe relicta erat.
5. Hector ■ iam occisus erat.

A. , cuius imago Aeneae in somno apparuit,
B. , qui Helenam occidere cupivit,
C. , qui Helenam rapuerat,
D. , quae a Paride rapta erat,
E. , quam Aeneas servare cupivit,

4 Vierlinge (4 x KNG-Kongruenz)

► illam mulierem – hunc patrem

illa	mortem	–	huic	adulescente
illi	fratre	–	hanc	servo
illam	mulier	–	hoc	virgo
illo	viri	–	haec	necem
illi	liberto	–	hi	senes

5 Irrläufer

erat – debuerat – dixerat – egerat
via – urbe – verba – dea
qui – hi – si – ceteri
hosti – muri – nocti – seni
rape – iace – more – audi

6 Was passt wo?

Ergänzen und übersetzen Sie.

non laesam – e somno raptus – ab hostibus captam

1. Aeneas sacra servare cupivit.
2. Subito Aeneas Helenam aspexit.
3. Aeneas urbem cum parvo Iulo et patre sene reliquit.

Irrfahrten

Der Trojaner Äneas begab sich nach der Zerstörung der Stadt durch die Griechen auf die Suche nach einer neuen Heimat und fand sie nach langer Irrfahrt in Italien. Der Grieche Odysseus, König von Ithaka, wollte nach Kriegsende in seine Heimat zurücksegeln – doch erst nach 10-jähriger Irrfahrt kam er dort an.
Nach den Beschreibungen des römischen Dichters Vergil in seiner *Aeneis* und des griechischen Dichters Homer in seiner *Odyssee* könnte der Weg der beiden so verlaufen sein:

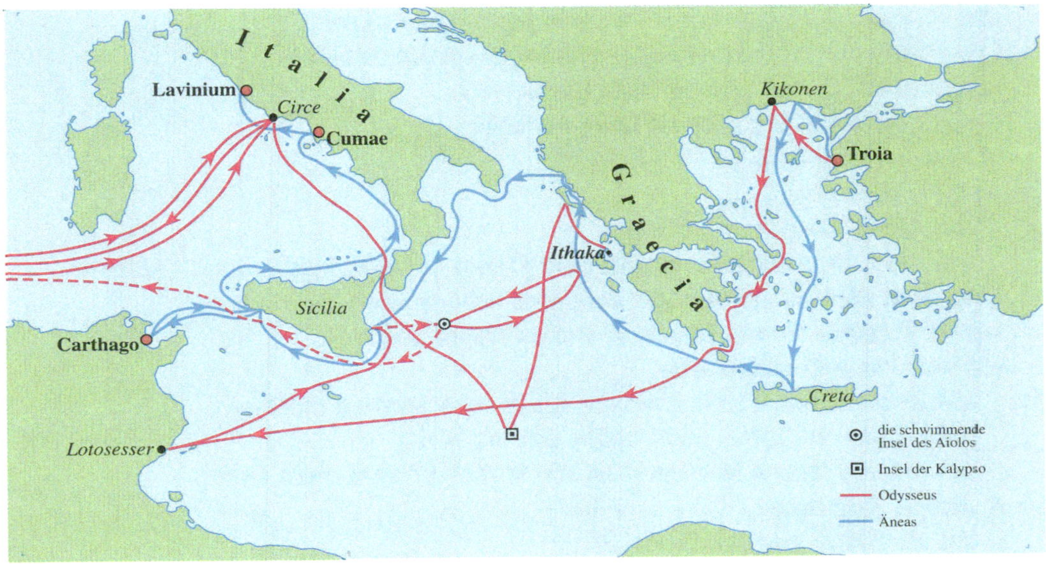

Der Gesang der Sirenen

Eines der bekanntesten Abenteuer des Odysseus ist die Begegnung mit den Sirenen. Die Sirenen waren Meeresdämonen, halb Frau, halb Vogel. Sie lockten die vorbeifahrenden Seefahrer mit ihrem lieblichen Gesang an, sodass die Schiffe an den Klippen zerschellten. Odysseus verschloss seinen Gefährten die Ohren mit Wachs und ließ sich selbst an dem Mast des Schiffes festbinden um so dem Gesang der Sirenen gefahrlos lauschen zu können.

Vasenbild (475–450 v. Chr.)

a) Welche Eigenschaften des Odysseus können Sie in dieser Geschichte erkennen?
b) Dieses Abenteuer ist zu einem Begriff geworden. Erklären Sie seine Verwendung in der Schlagzeile.

> Folgt er dem Lockruf der Sirenen?
> (Theaterschauspieler hat Angebot aus Hollywood.)

Informieren Sie sich über die anderen Abenteuer des Odysseus, z. B. in Nacherzählungen der griechischen Sagen. Vielleicht wollen Sie auch eine Odysseus-Ausstellung machen, bei der Sie zu den einzelnen Abenteuern Schautafeln gestalten könnten.

Blick in die Zukunft

(Nach Vergil, Aeneis VI 756–890)

Während der langen Irrfahrt des Äneas stirbt der alte Anchises. Sein Sohn aber steigt hinab ins Totenreich, wo ihm der Schatten des Vaters die künftige Größe seines Volkes verkündet.

Aeneas,
qui tandem in Italiam venerat,
cum Sibylla ad inferos[1] descendit
patremque in sedibus beatis de sorte gentis suae rogavit.
Qui filium summo cum gaudio salutatum secum duxit et:
„Nunc tibi“, inquit, „eas animas monstrabo,
quas deus suo tempore ad lucem vocabit,
et te tua fata docebo.
Videbis illos reges,
qui Albae Longae regnabunt,
qui arces in montibus ponent, Nomentum et Gabios urbemque Fidenam.
Haec tum nomina erunt, nunc sunt sine nomine loca.
Iam tibi cuncta dicam, tu autem audies stupebis[2]que –
sed iam venit Romulus ille,
qui Romam bonis ominibus condet suoque nomine dicet,
qui urbem moenibus turribusque circumdabit,
qui primus regum Romanorum erit et multa opera clara faciet –
et hic est Augustus,
qui magna vi Aegyptios vincet
finesque imperii propagabit[3]
summoque cum gaudio gentium orbi terrarum pacem dabit.
Vis[4]ne Tarquinium videre, regem superbum, Brutumque,
qui Tarquinium ex urbe pellet et in civitate libera primus consul erit?
Vis[4]ne videre Scipionem illum,
qui de Hannibale triumphum aget,
Catonemque, illum severis moribus virum, ceterosque consules claros et duces et imperatores?
Tu enim, Aenea, auctor novae gentis eris
eique genti, populo Romano, ceterae gentes parebunt.
Imperia Romanorum iusta erunt pacemque et mores populis dabunt.
Victis parcent,
superbos autem debellabunt[5].“

---

1) **ad īnferōs**: zu den Unterirdischen, in die Unterwelt 2) **stupēre**: staunen 3) **prōpāgāre**: ausdehnen 4) **vīs**: du willst 5) **dēbellāre**: (im Krieg) niederringen, bezwingen

T

- *An welchen sprachlichen Merkmalen ist erkennbar, dass es sich bei den Worten des Anchises um eine auf Wirkung hin angelegte, sorgfältig formulierte Rede handelt?*
- *Umschreiben Sie mit eigenen Worten die Aufgaben, die dem römischen Volk zugewiesen werden.*

Äneas mit Sibylle in der Unterwelt (ca. 1600), J. Brueghel d. Ä., Musée des Beaux-Arts, Budapest.

i Äneas in der Unterwelt

Vergil lässt Äneas mit der Sibylle von Cumae in die Unterwelt hinabsteigen: In der Nähe des Avernersees bei Neapel betreten sie das Reich Plutos und Proserpinas. In der Vorhalle wohnen schreckliche Gespenster, wie die Trauer, die Gewissensbisse, die Angst, die Zwietracht mit ihren Schlangenhaaren, der Krieg und der Tod. Großen Schrecken jagen dem Äneas ein hundertarmiger Riese und eine fürchterlich zischende Schlange ein. Doch die Sibylle belehrt ihn, dass das alles nur körperlose Schatten seien. Weiter führt ihr Weg zum Unterweltfluss Acheron. Am Ufer drängen sich die Seelen der Verstorbenen um sich von dem grausigen Fährmann Charon über den Fluss zum Tor der Unterwelt bringen zu lassen, wo Zerberus wacht, der Höllenhund mit drei Köpfen und Nattern am Hals. Die Sibylle betäubt ihn mit drei opiumgetränkten Honigkuchen. Nun müssen Äneas und seine Führerin trostlose Gegenden durchqueren: Hier wimmern die Seelen bei der Geburt gestorbener Kinder, dort warten die zu Unrecht zum Tod Verurteilten auf ein gerechtes Urteil. Nahe bei ihnen bereuen Selbstmörder ihre Tat und auf den Feldern der Tränen leiden die aus Liebeskummer Gestorbenen. Als Äneas all die bei der Schlacht um Troja gefallenen Helden trifft, will er mit ihnen sprechen, doch die Sibylle drängt ihn weiterzugehen. Nun gabelt sich der Weg: Links liegt der von einer dreifachen Mauer und einem Flammenfluss umgebene Tartarus. Die Schreie der dort bestraften Sünder übertönen das Tosen des Flusses. Rechts führt der Weg zum Elysium, den Gefilden der Seligen (*sedes beatae*), d. h. dem Aufenthaltsort der Gerechten und Frommen. Hier endlich trifft Äneas seinen Vater Anchises, der ihm die Seelen seiner Nachkommen und der künftigen großen Männer Roms zeigt.

E

Aeneas: „Tu, pater“, inquit, „cape sacra! Patriam relinquemus; tempus est fugere Graecos. Qui iam per cunctas vias urbis currunt, iam multos occiderunt neque dubitabunt nos occidere cunctos.“
Sed pater: „Non fugiam, non veniam vobiscum, non relinquam patriam, sed hic manebo.“
Tum Aeneas: „Quid faciemus, pater, si tu hoc tempore hic manebis? Tum neque Creusa neque Iulus laeti erunt, neque ego laetus ero, immo vita nostra misera erit sine te. Debeo novam patriam quaerere neque te a morte servare dubitabo.“

1 Suchen Sie alle Futurformen heraus.

sedes, duces, doces, reges, pones, condent, vincent, pellent, parcent, movent, movetis, dicetis, datis, mittetis, inventis, lectis, ponam, monstrabam, animam, regem

2 Neutrum?

amica, tempora, fata, regna, nomina, omina, opera, terra, moenia, mala, patria, sacra, tela, via, verba, flamma, signa, serva, ara, venia, orna, ea, vita

3 Anschluss gesucht

1. Hic adulescens est Augustus.
2. Ille est Brutus.
3. Hic videmus Scipionem.
4. Hic venit Aeneas.
5. Hic apparet Romulus.
6. Ibi videmus Didonem.

A. Quam Aeneas reliquit.
B. Cuius victoria de Hannibale magna erit.
C. Qui Cleopatram vincet.
D. Cui urbs Roma nomen debebit.
E. Qui Tarquinium, regem superbum, ex urbe pellet.
F. Quem dei auctorem novae gentis facient.

4 Sortieren Sie nach Wortarten und bestimmen Sie.

turri, vi, paci, dedi, ei, fratri, honori, habui, viri, nonnulli, fini, fati, vixi, audi, servi, liberi, si, hosti, sedi, fini, duci, regi, orbi, ibi, uni, nisi, ubi

5 Vokabelkurztest

1. In sedibus beatis vivunt (animae/luces/reges).
2. Romulus Romam condet bonis (nominibus/operibus/ominibus).
3. Romulus multa (opera/moenia/tempora) clara faciet.
4. Augustus orbi terrarum (pacem/ducem/auctorem) dabit.
5. Romani populis (mores/vires/fines) dabunt.

6 Alles Zukunft

Bilden Sie Sätze und übersetzen Sie.

1. Brutus	urbem	de sorte sua	aget.
2. Scipio	patrem	populis	dabunt.
3. Aeneas	regem superbum	ex urbe	dicet.
4. Romani	triumphum	suo nomine	pellet.
5. Romulus	pacem	de Hannibale	rogabit.

Romulus und Remus
sollen im Jahr 753 die Stadt Rom gegründet haben. Wie es dazu kam und wieso die Stadt Rom heißt, erfahren Sie, wenn Sie die richtige Reihenfolge der Textabschnitte A–H wieder herstellen. Ordnen Sie auch die Abbildungen I und II den Textabschnitten zu.

Quos Mars servavit: Ad ripam[1] ap-pulsi a lupa[2] inventi et nutriti[3] sunt.

1) **rīpa, -ae** f: Ufer 2) **lupa, -ae** f: Wölfin 3) **nūtrire**: ernähren

A

Tum eis locis, ubi inventi erant, novam urbem condere deliberaverunt. Remus autem, dum Romulus muros aedificat, fratrem risit, quod muri non iam erant moenia, et eos transiluit[1].

1) **trānsilīre (trānsiliō, trānsiluī)**: überspringen

B

I Holzschnitt aus dem 16. Jh.

Tum Romulus ira motus fratrem occidit et novam urbem suo nomine dixit.

C

Post mortem patris Amulius Numitorem fratrem, qui tum rex erat, ex urbe pepulit, filium Numitoris occidit, Ream Silviam fecit Virginem Vestalem[1]. Virginibus enim Vestalibus[1] liberos habere non licebat[2].

1) **Virgō Vestālis, Virginis Vestālis** f: Vestalin (*Priesterin der Vesta*) 2) **licet**: es ist erlaubt

E

Amulius, postquam Ream Silviam filios habere audivit, servos eam in carcerem[1] ab-ducere et filios eius occidere iussit[2]. Servi autem eos in corbe[1] positos in aquam miserunt.

1) **carcer, -eris** m: Kerker 2) **iubēre (iubeō, iussī, iussum)**: befehlen

D

Qui adulescentes Numitorem senem con-venerunt, qui nepotes de Amulio rege malo docuit. Statim Romulus et Remus cum nonnullis amicis eum gladiis petiverunt et occiderunt.

F

Non multo post inventi sunt a Faustulo pastore[1], qui eos educavit[2] et eos Romulum et Remum appellavit.

1) **pāstor, -ōris** m: Hirt 2) **ēducāre**: erziehen, aufziehen

G

II

Amulius autem erravit, nam Reae Silviae apparuit Mars et „Non diu“, inquit, „misera eris, non diu Amulius regnabit, nam tu habebis filios, qui eum pellent et occident.“ Et profecto Rea Silvia geminos[1] habuit, quorum pater erat Mars.

1) **geminī, -ōrum** m: Zwillinge

H

Geschriebenes Recht für Rom

(Nach Livius II 44 und III 31 ff.)

Die Römer waren davon überzeugt, ein besonders ausgeprägtes Rechtsempfinden zu haben. Trotzdem ging es in ihrem jungen Staat oft ziemlich ungerecht zu, denn die herrschende Adelsschicht legte das überlieferte Gewohnheitsrecht willkürlich aus und wollte von geschriebenen Gesetzen nichts wissen. Dafür traten energisch die Volkstribunen ein.

Acribus verbis tribuni cum patribus agebant,
et unus ex eis, C. Terentilius Arsa:
„Celeri“, inquit, „auxilio opus est,
nam discordiae patrum et plebis finem non faciemus nisi legibus scriptis.
Quid, si plebs crudelibus iudiciis patrum mota iterum urbe cedet?
Quid, si eam non iam unius viri verba movebunt?
Menenium Agrippam illum dico,
qui animos hominum fabula clara monuit.
Brevi tempore equites celeres hostium venient urbemque capient!
Iam duces eorum apud omnes Etruriae populos clamant
magna quoque imperia mortalia esse.
Putant enim nobis duo pericula imminere:
Seditionem[1] et discordiam,
quae iam multas et magnas urbes perdiderunt.
Cavete igitur, patres!
Necesse est vos plebi leges scriptas concedere,
quae omnibus civibus utiles erunt!“
Constat patres saluti communi consuluisse legesque concessisse.
Postquam inter patres et tribunos de legibus convenit,
statim tres legati in Graeciam missi sunt.
A quibus claras illas Solonis leges
et aliarum Graeciae civitatum iura descripta[2] esse traditum est.
Quas leges,
postquam legati Romam reverterunt[3],
viri prudentes correxerunt
et magna cum exspectatione[4] hominum decem tabulas in foro posuerunt.
Postero[5] anno illis decem tabulis duas novas adiectas[6] esse apparet.
Itaque Romani eas leges ‚duodecim tabulas‘ vocare solebant.

1) **sēditiō, -ōnis** f: Aufruhr 2) **dēscrībere** (**dēscrībō, dēscrīpsī, dēscrīptum**): abschreiben
3) **revertī**: ich kam zurück 4) **exspectātiō, -ōnis** f: Erwartung, Spannung, Anteilnahme
5) **posterus, -a, -um**: folgend 6) **adicere** (**adiciō, adiēcī, adiectum**): hinzufügen

T
- *Welche Wörter und Wendungen begegnen in diesem Text besonders häufig?*
- *Inwiefern bestimmen sie seinen inneren Aufbau?*
- *Wo enthält die Rede des Tribunen kaum verhüllte Drohungen?*
- *Welchen Rückschluss auf das Selbstverständnis der Römer erlaubt der Satz:* „Quas leges … viri prudentes correxerunt.“?

Patrizier und Plebejer

Nach der Abschaffung des Königtums im Jahre 510 v. Chr. fiel die Herrschaft über Rom ganz dem patrizischen Adelsstand zu. Da nur Adlige Priester werden konnten und allein die Priester das mündlich überlieferte Gewohnheitsrecht kannten, fühlte sich die nichtadlige Bevölkerung der Willkür des Adels ausgeliefert. Die von den Patriziern als *plebs* bezeichnete große Menge der Bevölkerung war aber nicht mittellos: Freie Grundbesitzer aus der *plebs* besaßen beträchtliche Vermögen und außer den unselbstständigen Bauern gab es plebejische Gewerbetreibende und Handwerker.

Als Folge der zunehmenden Macht Roms konnte der Kriegsdienst nicht mehr allein von den adligen Rittern (*equites*) geleistet werden. Man musste auch Plebejer dazu heranziehen. Diese wiederum forderten entsprechend ihrer militärischen Leistung auch Anteil an der Macht. Die Patrizier wehrten sich gegen derartige Ansprüche durch rücksichtslose Ausnützung ihrer politischen und militärischen Mittel.

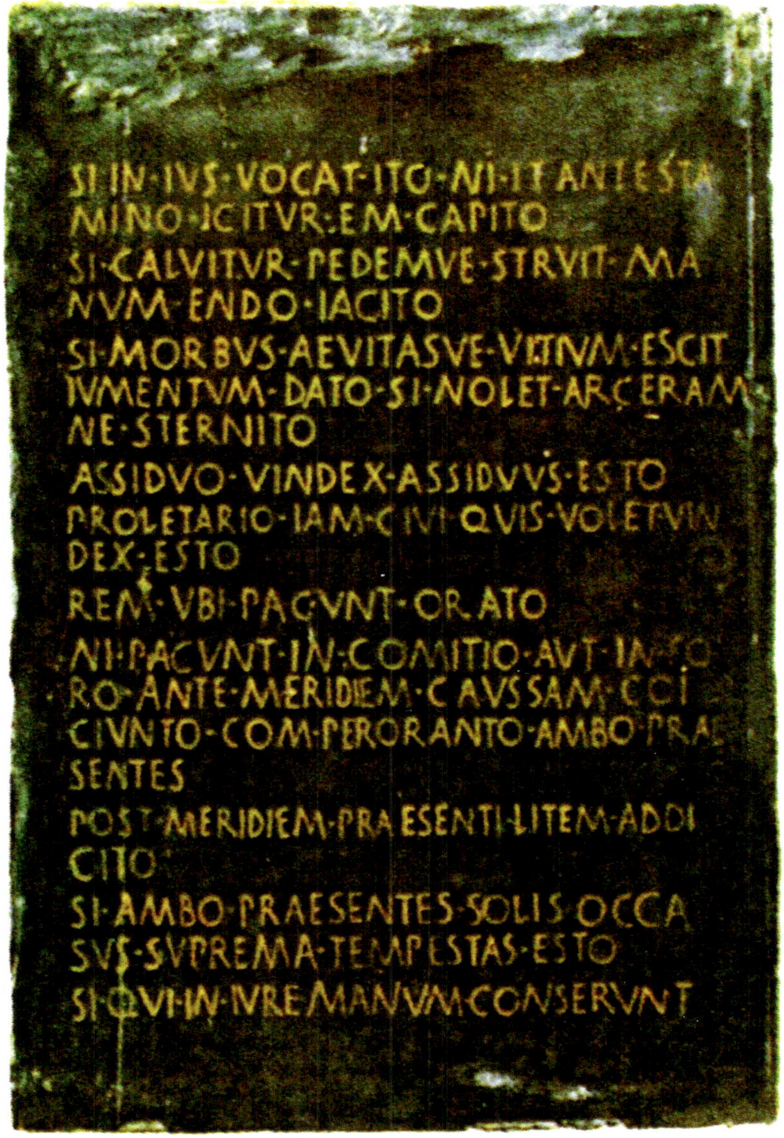

Nachbildung der ersten Tafel des Zwölftafelgesetzes, Museo della Civiltà Romana, Rom.

Dagegen organisierten die Plebejer ihre Opposition: Sie wählten sich eigene Anführer, die Volkstribunen (*tribuni plebis*). Diese beriefen Volksversammlungen (*concilia plebis*) ein, die – zunächst nur für die Plebs gültige – Beschlüsse (*plebiscita*) fassten. Das stärkste Machtinstrument der Plebs war aber der Auszug aus Rom (*secessio*), eine Art Streik, der die Stadt politisch und militärisch lahm legte.

Durch eine solche *secessio* erzwang die Plebs die Abfassung und Veröffentlichung von zwölf Gesetzestafeln im Jahre 450 v. Chr. und hatte damit einen wichtigen Sieg im Kampf um ihre rechtliche Gleichstellung mit den Patriziern errungen. Aber erst 287 v. Chr. erlangten die *plebiscita* für das ganze Volk und nicht nur für die Plebs Gesetzeskraft.

E Omnes homines vita cedunt, nam omnibus hominibus mors est communis, omnes homines mortales sunt. Post mortem patris et Aeneas, qui omni tempore patrem in omne tempus vivere cupiverat, intellexit omnes homines esse mortales. Tamen patrem denuo (↗ 1 L) vidit. Hominibus quidem ad inferos (↗ 8 L) descendere non licet[1], sed legimus Aeneam ad inferos descendisse patremque de sorte suae gentis rogavisse et ei monstratas esse animas non omnium, sed multorum regum, ducum, consulum imperatorumque Romanorum.

1) **licet**: es ist erlaubt

1 Überprüfen Sie die Kongruenzmöglichkeiten.

acri, mala, celere, laetam, crudelia, severo, brevem, magnum, mortalis, parva	auxilium, noctem, viae, tribuno, anima, moenia, turri, vi, iudicia, fabulam

2 Was ist grammatisch nötig?

Opus est … celeri auxilio, legi bonae, iure acri, prudentibus legatis, brevi fabula, iudicii celeris, bona lege

3 Suchen Sie alle Akkusative heraus.

noctem, quidem, tandem, decem, tela, sacra, via, moenia, captum, consulum, iterum, nondum, triumphum, hoc, regem, regnabam, turrim, statim, opus, salus, ius, equites, leges, condes, prudens

4 AcI – oder?

1. Omnes homines beati esse cupiunt.
2. Parentes liberos suos beatos esse cupiunt.
3. Causam agere saepe dubitavimus.
4. Mortales pericula non cavere solent.
5. Prudentes cives multa pericula communi saluti imminere putant.

5 Welcher Infinitiv passt?

1. Apparet Romulum urbem novam (condere/condidisse).
2. Traditum est Hannibalem a Scipione (vicisse/victum esse).
3. Constat Brutum primum consulem in libera civitate (esse/fuisse).

6 Alles AcI!

1. Tribunus magna pericula Romanis imminere dicit. 2. Discordiam iam multas urbes perdidisse clamat. 3. Et profecto magnas urbes discordia perditas esse constat.
4. Romanos tres legatos in Graeciam misisse eosque leges claras quaesivisse traditum est.
5. Quas leges omnibus civibus utiles fuisse apparet.

7 Nur Zahlen!

Ordnen Sie die Zahlen den Zahlzeichen zu. Welche Fremdwörter werden mithilfe dieser Zahlen gebildet? (↗ Anhang zur Systematischen Begleitgrammatik, *Tab. III*)

I, II, III, X
duo, decem, unus, tres

1 Gleiches Recht für alle

Inschriften am Sozialgericht Nürnberg.

Wie beurteilen Sie diese Rechtsvorschriften? Vergleichen Sie mit der heutigen Zeit.

3 Iustitia

So wird die Iustitia oft dargestellt. Erklären Sie diese Darstellung.

2 Recht bleibt Recht

ius

- **publicum** – *Öffentliches Recht*
- **privatum** – *Privatrecht*
  - **naturale** – *Naturrecht*
  - **gentium** – *Völkerrecht*
  - **civile** – *Recht für die Bürger eines bestimmten Staates*

4 *Ius commune* für Europa?

Das römische Recht war die Grundlage für ein *ius commune*, das bis Ende des 18. Jh.s galt. Danach nahmen die Staaten Europas in ihre eigenen Gesetzbücher – das berühmteste war der *Code civil* Napoleons von 1804 – die Begrifflichkeit und eine Vielzahl von Regelungen des römischen Rechts auf. Auch aus den Texten des deutschen Bürgerlichen Gesetzbuches (BGB) von 1900 sprechen zum Teil wörtlich römische Juristen.

Ein Rechtsfall – damals und heute

Üble Gerüche

Der Rechtsgelehrte Aristo beschied, dass es nicht mit dem Recht vereinbar sei, wenn aus einem Betrieb für Käsezubereitung (*taberna casiaria*) Dämpfe zu höher gelegenen Gebäuden aufstiegen. Zugleich sagte er, dass es auch nicht erlaubt sei, wenn Wasser oder sonst irgendetwas zu niedriger gelegenen Gebäuden geleitet werde (*immittere*). Denn mit seinem Gebäude könne jemand nur insoweit machen, was er wolle, als er nichts in ein fremdes Gebäude eindringen lasse, bei Dämpfen sowie Wasser handele es sich aber um eine Einleitung (*immissio*). Er sagt also, dass derjenige, der den Betrieb für Käsezubereitung von der Gemeinde Minturnae gemietet hat, von einem darüber liegenden Anwohner daran gehindert werden könne, Dämpfe aufsteigen zu lassen, dass allerdings die Gemeinde aufgrund des Mietvertrags zur Zahlung einer Entschädigung herangezogen werden könne.

1. Wie beurteilen Sie diese Rechtsauffassung?
2. Wie würde in einem vergleichbaren Fall Ihrer Einschätzung nach heute entschieden?

a) Die Dämpfe seien unwesentliche Beeinträchtigungen, die hinzunehmen seien.
b) Da die Gemeinde das Gebiet als durchmischtes Wohngebiet ausgewiesen habe, seien die Beeinträchtigungen ortsüblich und unvermeidbar; allerdings liege eine Wertminderung vor, die über eine Ausgleichszahlung abzugelten sei.
c) Der Mietvertrag ist nichtig, da die Gemeinde nur solche Gewerbebetriebe ansiedeln dürfe, die nicht zu einer Beeinträchtigung der Nachbarn beitrügen.

Hannibal ad portas!

(Nach Livius XXII 49–55)

Mehrmals in seiner Geschichte war das Römische Reich aufs Höchste bedroht, doch nie war die Gefahr größer als 216 v. Chr. nach der vernichtenden Niederlage bei Cannae, wo Rom an die 50 000 Mann verlor. In dieser Katastrophe zeigte sich eine besondere Eigenschaft der Römer: Constantia.

Ad Cannas ab Hannibale, duce Carthaginiensium, totus fere exercitus Romanus
caesus est, tantadem[1] civium sociorumque pars.
In caesis erant et Aemilius Paullus consul et consulum quaestores
et multi tribuni militum, praeterea magna pars senatus.
Capta sunt ea pugna tria milia peditum et equites mille et quingenti.
E castris Romanis ad quattuor milia hominum et pauci equites,
quibus satis virium et animi erat, evaserunt.
Romam autem nuntiatur
neminem civium, neminem sociorum e clade fugisse,
sed occidione[2] occisum esse cum ducibus exercitum.
Numquam in urbe Roma tantum timoris et tumultus fuit,
numquam tantus luctus[3] mulierum.
Ubique clamor audiebatur,
ubique homines fatum crudele timebant.
Tum a Publio Furio Philo et Manio Pomponio praetoribus patres in curiam
Hostiliam vocantur.
Diu patres, diu magistratus nihil consilii, nihil auxilii inveniunt et pro certo habent
ab Hannibale post clades exercituum Romanorum iam impetu urbem peti ipsam.
In tantis periculis Quintus Fabius Maximus,
cui multum prudentiae, multum constantiae erat,
patres monuit et inter alia:
„Nemo", inquit, „de illa clade iam certa audivit.
Scimus autem mala saepe rumoribus[4] augeri.
Certe nobis nuntiabitur partem exercitus evasisse
et ex tanta multitudine militum nonnullos fugisse.
Proinde[5] tollite timorem hostium in urbe, arcete matronas publico,
facite silentium[6] per urbem, ponite custodes ad portas!
Neque enim servabimur,
nisi Hannibal ab urbe arcebitur.
Dum moenia salva manebunt,
neque nos vincemur neque Roma expugnabitur!"

---

1) **tantusdem, tántadem, tantundem**: ebenso groß 2) **occīdiō, -ōnis** f: Gemetzel, Blutbad 3) **lūctus, -ūs** m: Trauer 4) **rūmor, -ōris** m: Gerücht 5) **proinde**: also 6) **silentium facere**: für Ruhe sorgen

T

- *An welchen sprachlichen Merkmalen wird erkennbar, dass der Charakter des Berichts sich allmählich verändert?*
- *Mit welchen Mitteln unterstreicht Livius das Ausmaß der Katastrophe?*
- *Worin zeigen sich die* prudentia *und* constantia *des Q. Fabius Maximus?*

Karthago

Die Phönizier (lat. *Poeni*), deren Heimat das Gebiet um die Stadt Tyros im heutigen Libanon war, gründeten um 814 v. Chr. Karthago als Handelsstützpunkt an der Küste des heutigen Tunesien. Diese Stadt war nur eine ihrer vielen Kolonien, gewann aber aufgrund ihres hervorragenden Hafens schnell an Bedeutung und überflügelte bald andere phönizische Städte, wie z. B. Utica. Als Alexander der Große 332 v. Chr. Tyros zerstörte, wurde Karthago zum neuen Mittelpunkt der phönizischen Seemacht, die auch auf den Inseln des westlichen Mittelmeeres und in Südspanien Fuß fasste.

Inzwischen hatte sich die römische Republik vom Stadtstaat zu einer Großmacht entwickelt; trotzdem störte sie den Handel Karthagos zur See nicht. Vielmehr legte Rom Wert auf gute Beziehungen zu der reichen Handelsmetropole, bis im Jahre 264 v. Chr. aufgrund eines Konfliktes um eine Kleinstadt im Nordosten Siziliens, Messana (heute: Messina), der Erste Punische Krieg ausbrach, der 241 v. Chr. für Karthago mit dem Verlust von Sizilien, Sardinien und Korsika endete.

Die Schlacht bei Cannae, Hans Burgkmair d. Ä. (1473–1531), Alte Pinakothek, München.

Doch Karthago erstarkte wieder und dehnte seine Macht auf Spanien aus. Hamilkar, dessen Nachfolger Hasdrubal und schließlich Hamilkars Sohn Hannibal, der nach der Überlieferung als Kind seinem Vater geschworen hatte ewig ein Feind der Römer zu sein, eroberten Spanien bis zum Ebro, auch die mit Rom verbündete Stadt Sagunt. So sah sich Rom gezwungen Karthago den Krieg zu erklären. Hannibal ergriff überraschend die Initiative und zog über die Pyrenäen und die Alpen: Mit ungefähr 40 000 Soldaten und 37 Kriegselefanten war er im Frühjahr 218 v. Chr. aufgebrochen. Als er im Oktober die Poebene erreichte, standen ihm nur noch 26 000 Mann und wenige Elefanten zur Verfügung. Die römischen Feldherren glaubten die geschwächte Armee Hannibals leicht besiegen zu können. Sie mussten aber zwei bittere Niederlagen (am Ticinus und an der Trebia) hinnehmen, da sie der karthagischen Kriegsführung nicht gewachsen waren. Hannibal verstärkte seine Armee mit Kelten aus Norditalien und zog weiter nach Süden …

Hannibal, Marmorbüste (3. Jh. v. Chr.), Museo del Prado, Madrid.

Dass die Karthager nach ihrem Triumph bei Cannae Rom nicht sofort angriffen, wurde bereits in der Antike als kriegsentscheidender Fehler Hannibals angesehen.

E Romae multos magistratus fuisse constat, quorum summi erant consules. Qui cum ceteris magistratibus saluti civitatis consulebant. Diu patribus solum licebat[1] magistratum petere. Itaque plebeii[1] quoque honoribus magistratuum ornari cupiebant, sed magistratus eis negabantur.
Itaque Terentilius Arsa in senatu: „Tribuni", inquit, „plebi conceduntur, cur autem hic magistratus unus conceditur? Vobis quidem nomina gentium clararum sunt, cur autem soli[1] honoribus ornamini? Cur non et nos, quibus satis pecuniae est, honoribus ornamur?"
Tum Q. Fabius: „Tace, Arsa! Nisi desines, capieris et ex urbe pelleris."
Is autem: „Ira senatus non prohibebor[2] iusta dicere. Tribunum vi ex urbe pelli non licet[1] idque senatui satis constat."

1) **licet**: es ist erlaubt 2) **prohibēre**: hindern

1 Chamäleon *-us*
Ordnen Sie nach Deklinationsklassen und Wortarten.

impetus, tempus, laudatus, dominus, malus, ius

2 Was passt noch?

Magna pars … senatus, socius, tempus, somnus, exercitus, magistratuum, murus, peditum, constantiae, publicum

3 Immer *-um*
Sortieren Sie, bestimmen Sie und geben Sie jeweils die Bedeutung an.

consilium, magistratuum, cum, auxilium, omnium, periculum, dum, legum, civium, gentium, fatum, moenium, nondum, iterum, imperium, triumphum, telum, solum

4 Partner gesucht!

sciet – caedi – clamor – peditis – expugnari – auctor – monstrabit – fori – traditis – caperis – monstratis – audiris

5 Entscheiden Sie: Aktiv oder Passiv?

1. Scimus mala saepe consilio bono (augere/augeri).
2. Pro certo habemus neminem e clade (servavisse/servatum esse).
3. Nemo Romanis (nuntiat/nuntiatur) partem militum e clade fugisse.
4. Saepe Romam nuntiatum est exercitus Romanos hostes (victos esse/vicisse).
5. In tantis periculis patres, quibus multum constantiae erat, cives (monebantur/monebant).

6 Noch ganz benommen

1. Aeneas: „Tot animae mihi monstratae sunt. 2. Sed quis Romam condet? 3. Quis illum regem superbum ex urbe pellet? 4. A quo Aegyptii magno impetu vincentur? 5. Nunc mihi prudentia, nunc consilio bono opus est. 6. Sed nihil certi habeo, nihil auxilii mihi paratur. 7. Quis tot animis nomina dabit?"

1 Im römischen Staat

gab es – Anfang des 2. Jh.s v. Chr. – mehrere Ämter, die die Politiker in der Regel in einer festgelegten Reihenfolge, dem *cursus honorum*, durchliefen.

duo censores
(alle fünf Jahre gewählt, fast immer ehemalige Konsuln)
- Schätzung des Vermögens und Registrierung der Bürger,
- Finanzaufsicht (Ausgleich des Staatshaushaltes),
- „Sittenwächter" (Einhaltung der herkömmlichen Verhaltensweisen, des *mos maiorum*).

duo consules
(jährlich gewählt, Mindestalter 43)
das höchste Staatsamt:
- Leitung aller Staatsgeschäfte,
- Vorsitz im Senat,
- Heerführung.

Die Jahre werden nach ihren Namen benannt.

dictator
(von einem der Konsuln nach Ausrufung eines Notstands durch den Senat für höchstens sechs Monate eingesetzt)
- Leitung aller Staatsgeschäfte mit uneingeschränkter Befehlsgewalt (*summum imperium*).

sex praetores
(jährlich gewählt, Mindestalter 40)
anfangs nur ein *praetor urbanus*:
- Vertreter der Konsuln bei deren Abwesenheit und zuständig für die Rechtsprechung;

später Ergänzung durch einen *praetor peregrinus*:
- zuständig für Rechtsstreitigkeiten zwischen römischen Bürgern und Fremden;

danach weitere vier Prätoren für die
- Verwaltung der Provinzen.

quattuor aediles
(jährlich gewählt, Mindestalter 37)
zuständig für drei Bereiche:
- *cura urbis* (öffentliche Ordnung, Verkehr, Märkte, Bäder usw.),
- *cura annonae* (Getreide- und Ölversorgung, Getreideverteilung, Aufsicht über Speicher und Magazine),
- *cura ludorum* (Ausrichtung öffentlicher Spiele).

quaestores
(jährlich gewählt; Mindestalter 31)
anfangs nur zwei Quästoren:
- Gehilfen der Konsuln,
- Verwaltung der Staatskasse,
- Archivierung der Senatsbeschlüsse;

später eine unbegrenzte Zahl so genannter Provinzquästoren:
- Vertretung des Statthalters,
- zuständig für Marktgerichtsbarkeit und Verwaltung der Gelder.

decem tribuni plebis
(jährlich und nur von der *plebs* gewählt; Plebejer)
- Interessenvertreter des einfachen Volkes,
- Einspruchsrecht (*Veto*) gegen Beschlüsse des Senats und Amtshandlungen aller Beamten, auch gegen Entscheidungen der eigenen Kollegen,
- Leitung der Volksversammlung, deren Beschlüsse seit dem 3. Jh. v. Chr. Gesetzeskraft hatten,
- Rechtsprechung innerhalb der Plebs.

Das Amt und die Person galten als unverletzlich (*sacrosanctus*).

2 Politischer Wortschatz

Insbesondere im Bereich Staatswesen sind viele heute gebräuchliche Begriffe von lateinischen Wörtern abgeleitet. Bei einigen hat sich die Bedeutung jedoch gewandelt.
Nennen Sie jeweils die Grundbedeutung und erklären Sie, was man unter dem davon abgeleiteten Wort heute versteht.

censor → Zensur
civis → Zivilist
imperium → Imperialismus
pax → Pazifismus

rex → regieren
senatus → Senat
consul → Konsul
dictator → Diktator

magistratus → Magistrat
patria → Patriotismus
pars → Partei

Übersetzen mit System (II): Vom Wort zum Satz

Das Übersetzen eines Satzes ist ein Arbeitsprozess, der schrittweise erfolgt.
Dabei wird „der lateinische Code geknackt“, indem man
- einzelne Formen bestimmt,
- zusammengehörige Ausdrücke sucht (Kongruenzen ermittelt),
- die syntaktischen Funktionen der einzelnen Satzglieder klärt.

Dies ist ein erster Zugang zur Erschließung des Satzes, die in eine „Rohübersetzung“ münden kann. Den zweiten Schritt nennt man Rekodieren; hier wird die „Rohübersetzung“ der einzelnen Teile an den deutschen Code angepasst und zu einem Ganzen zusammengefügt.

► Marcus somno se dat: „Marcus gibt sich dem Schlaf hin“ entspricht nicht dem deutschen Code. Rekodierung: „Marcus legt sich schlafen“ oder „Marcus geht schlafen“.

Ü: „Stirb du für mich!“

König Admetos von Phera sollte nach dem Willen der Götter in jungen Jahren sterben. Apollo jedoch erwirkte das Zugeständnis, dass Admetos verschont werden solle, wenn ein anderer Mensch bereit sei für ihn zu sterben. Darauf hoffte Admetos:

1. „Necesse est“, inquit, „me vivere. 2. Nisi vivam et regnabo, nemo mortalium saluti communi consulet. 3. Mihi solum satis virium erit populum miserum e periculis servare.“ 4. Sed frustra Admetus a parentibus auxilium petivit. 5. Ei enim dixerunt se[1] suam vitam perdere et sic[2] filii vitam servare nolle[1]. 6. Tum Alcestis mulier haec fere dixit: 7. „Admete, tu si morte rapieris, mihi quoque omnia vitae gaudia rapientur. 8. Morte mea multum timoris periculique a populo arcebo; itaque pro te vita cedam, quamquam duos liberos habeo, quos amo.“ 9. Profecto dei Alcestidis vitae non pepercerunt; mortem non fugit. 10. Admetus tristis[3] erat, quod mulierem amiserat[4]. 11. Tandem ab Hercule audivit eum ipsum cum Morte pugnavisse eique mulierem eripuisse[5].

---

1) **sē … nōlle**: dass sie nicht … wollten 2) **sīc**: so; auf diese Weise 3) **trīstis, -e**: traurig 4) **āmittere (āmittō, āmīsī, āmissum)**: verlieren 5) **ēripere (ēripiō, ēripuī, ēreptum)**: entreißen

Dekodieren Sie den Text nach der Methode „Vom Wort zum Satz“ in folgenden Schritten:

1. **Ermittlung von Prädikat(en) und Subjekt(en)**: Ermitteln Sie für Satz 1, 3, 9 und 10 diese Satzglieder.
2. **Formenbestimmung mithilfe des „Lottozettels“**: Bestimmen Sie folgende Formen:
   Satz 2: vivam, mortalium, saluti, consulet. Satz 3: erit, periculis. Satz 4: parentibus, petivit. Satz 6: haec. Satz 7: morte, rapieris, omnia, vitae. Satz 8: timoris, arcebo. Satz 9: pepercerunt, fugit.
3. **Bestimmung der syntaktischen Funktion von einzelnen Kasus, Infinitiven und präpositionalen Verbindungen**: Welche syntaktische Funktion hat der Akkusativ in Satz 3 (populum miserum), Satz 4 (auxilium), Satz 6 (haec), Satz 9 (mortem)? Welche syntaktische Funktion hat der Genitiv in Satz 2 (mortalium), in Satz 3 (virium), in Satz 5 (filii), in Satz 8 (timoris)?
4. **Ermittlung der Konnektoren**: Erklären Sie, welche Erwartungen die Konnektoren in Satz 5, 9 und 11 auslösen. Sammeln Sie alle präpositionalen Verbindungen.

Welche Teile der Rohübersetzung entsprechen nicht dem deutschen Code? Ändern Sie sie und fertigen Sie eine Gesamtübersetzung an.

Übungen

1 Dädalus und Icarus
Verfahren Sie, wie auf Seite 52 dargestellt.

1. Minos, rex insulae Cretae, Daedalum libertate[1] spoliaverat et eum in insula re-tinebat. 2. Ira motus Daedalus haec fere deliberavit: „Liber esse studeo omnique tempore studebo; itaque fugiam. 3. Quod mihi concessum non est per mare[2] in patriam amatam venire, necesse erit me Icarumque filium alia via fugere.“ 4. Itaque consilium novum cepit alas[3]que sibi filioque fecit. 5. Harum auxilio per aera[4] fugerunt. 6. Neque tamen Icarus servatus est. 7. Quamquam enim a patre monitus erat, puer levitate[5] motus ardorem solis[6] non satis cavit, in mare[2] praecipitavit[7], vitam perdidit.

1) **lībertās, -ātis** f: Freiheit 2) **mare, maris** n: Meer 3) **āla, -ae** f: Flügel 4) **āēr, āeris** m (Akk. Sg. āera): Luft 5) **levitās, -ātis** f: Leichtsinn 6) **ārdor sōlis**: die Hitze der Sonne 7) **praecipitāre**: abstürzen

2 Zeitverhältnisse im AcI: Gleichzeitigkeit – Vorzeitigkeit

Scio Sciebam Scivi (Sciveram)	te timere. (GZ) te *timuisse.* (VZ)	Ich weiß,	dass du Angst hast. (GZ) *dass du Angst gehabt hast/hattest.* (VZ)
		Ich wusste/habe (hatte) gewusst,	dass du Angst hattest/gehabt hast. (GZ) *dass du Angst gehabt hattest.* (VZ)

Stellen Sie im folgenden Text das jeweilige Zeitverhältnis fest. Übersetzen Sie und wählen Sie die sinnrichtigen deutschen Tempora.

1. Iam legistis Gaium Flaminium per thermas **ambulavisse**. Dixerat se[1] ibi multos homines **vidisse** neque tamen inter tot homines unum ex amicis **fuisse**.
2. Apud Vergilium poetam[2] legimus Hectoris imaginem Aeneae **apparuisse** eumque **monuisse**: „Fuge!“ His verbis Hector addiderat[3]: „Apparet hostem iam **habere** muros.“
3. C. Terentilius Arsa apud patres dixit legibus scriptis **opus esse**: „Iam scitis, iam audivistis patriae duo pericula **imminere**: seditionem (↗ 9 L) et discordiam.“
4. Traditum est leges Athenarum et aliarum Graeciae civitatum Romae **correctas esse** decemque tabulas in foro **positas esse**.

1) **sē**: dass er … 2) **poēta, -ae** m: Dichter 3) **addere** (**addō, addidī, additum**): hinzufügen

3 *-um*: Warum?
Erklären Sie jeweils das ***-um***.

Opus clar-	**um**	video.
Puerum e periculo servat-	**um**	esse audio.
Clamor mulier-	**um**	magnus erat.
Mos erat hostem capt-	**um**	gladio spoliare.
Imperium tri-	**um**	virorum Romanis utile non fuit.
Romani sociique iter-	**um**	cum Germanis pugnaverunt.

4 Warum diese Zeit?

Bestimmen Sie die Sinnrichtung der verwendeten Tempora aus dem Kontext.

Auf der Flucht

1. Ad Troiam Graeci cum Troianis **pugnabant**; nam Paris ille Troianus Helenam **rapuerat** et secum Troiam **duxerat**. 2. Post oppugnationem[1] decem annorum urbs a Graecis **capta est**. 3. Itaque omnes Troiani, quibus facultas fugiendi[2] **data erat, fugiebant**. 4. Aeneas autem patriam servare **studebat**. Is subito Helenam illam **aspexit**, quae se ad aram Vestae **servaverat**. Statim eam gladio **occidebat**. 5. Sed Venus dea eum a nece **arcuit**; itaque Helena **servata est**.

1) **oppūgnātiō, -ōnis** f: Belagerung 2) **facultās fugiendī**: Gelegenheit zur Flucht

5 Welche Übersetzung stimmt?

Suchen Sie aus 1.– 4. die richtige Übersetzung aus. Welche Fehler enthalten die anderen Übersetzungen?

Cicero schreibt an seinen Freund Brutus:
Civitati et viribus tuis et consilio tuo opus est.

1. Dem Staat und deinen Kräften und deinem Rat ist es ein Werk.
2. Die Bürgerschaft und deine Kräfte brauchen auch deinen Rat.
3. Der Staat braucht sowohl deine Kräfte als auch deinen Rat.
4. Der Staat braucht sowohl deine Männer als auch deinen Rat.

6 Zur Übersetzung satzwertiger Konstruktionen: Participium coniunctum

Participium coniunctum (PC)

1. Das PC als satzwertige Konstruktion:
▶ Iniuriis patrum **laesa** plebs leges scriptas petivit.
Das einfache Volk **war** über Ungerechtigkeiten der Patrizier **empört**. **Es forderte daher/deshalb** geschriebene Gesetze. ①
2. Beachten Sie bei der Übersetzung die Sinnrichtung (semantische Funktion) des PC:
   a) temporal: als/nachdem …
   b) kausal: da/weil ….
   c) konzessiv: obwohl …
   Welche Sinnrichtung vorliegt, ist aus dem Kontext erkennbar; manchmal ergeben sich mehrere Möglichkeiten.
▶ Plebs … **laesa** petivit:
Weil/Da das Volk ... **empört war**, forderte es ... (kausal) ②
3. Übersetzungsmöglichkeiten (Auflösung) des PC:
   a) Beiordnung (PC als selbstständiger Hauptsatz, ↗ ①);
   b) Unterordnung (PC als Gliedsatz ↗ ②);
   c) präpositionale Verbindung (PC als Substantiv mit Präposition übersetzt).
▶ Plebs … **laesa** … petivit:
Wegen seiner Empörung über Ungerechtigkeiten forderte … ③

Klären Sie die Sinnrichtung der hervorgehobenen Partizipien und übersetzen Sie jeweils auf zwei Arten:
1. „Plebs ad seditionem (↗ 9 L) **mota** non solum sibi nocebit[1]. 2. Itaque necesse est vos, patres, plebi laesae leges scriptas concedere.“ 3. Patres diu **moniti** tandem plebi miserae leges scriptas et iura debita concesserunt. 4. Tres legati in Graeciam **missi** claras illas Solonis leges aliasque leges Graecas descripserunt (↗ 9 L). 5. Graecorum leges a multis **laudatae** Romam transportatae sunt. 6. Romani leges Graecas a civibus prudentibus **correctas** in foro posuerunt.

1) **nocēre**: schaden

7 Satzkreuzungen

ILLI	socii tibi utiles non erunt.
homini nemo amicus erit.	

Nonne	**HAEC**	mulier pulchra est?
	omnia satis certe scio.	

EA <
- opera, quae Augustus fecit, clara sunt.
- pax hominibus utilis erit.
- , quae petimus, iusta sunt.

8 Fit per Gesetz

a) Grenzen Sie die AcI-Konstruktionen ab und bestimmen Sie ihre Elemente.
b) Worauf beziehen sich jeweils die Pronomina?
c) Übersetzen Sie.

1. Apud Athenaeum auctorem legimus Lacedaemonios hanc legem habuisse:
2. „Nemo adulescentium neque corpus[1] pingue[2] habere debet neque album[3]. 3. Hoc enim docebit eum neque satis corpus[1] cum ceteris adulescentibus exercuisse[4] neque viribus suis satis consuluisse. 4. Illud autem docebit eum saepe luxui[1] se dedisse." 5. Praeterea ea lege scriptum erat omnes adulescentes certo tempore anni ad magistratus venire debere. 6. Si tamquam sculpti et tornati[5] erant, magistratus eos laudabant. 7. Eos autem, qui erant pingues[2], caesos esse a magistratibus audimus.
8. Dictum enim est eiusmodi adulescentes patriae utiles non esse.

1) **corpus, -poris** n: Körper 2) **pinguis, -e**: fett 3) **albus, -a, -um**: weißhäutig; hell 4) **exercēre** (hier): trainieren 5) **tamquam sculptus et tornātus**: wie gemeißelt und gedrechselt

9 Mehrdeutiges

In jedem der folgenden Sätze kommen mehrdeutige Formen vor. Erst durch die Beachtung des Kontextes ist eine sichere Deutung möglich.

1. Tabula, **quam** vidi, mihi statim placuit. **Quam** habere cupio. **Quam** bonum erit eam tabulam habere!
2. Milites imperatorem rogaverant: „Quo nos **ducis**, imperator? Clades **ducis** et nostra clades erit."
3. Patribus verba **consulis** placuerunt; itaque ei plauserunt clamaveruntque: „Tu saluti communi profecto **consulis**."
4. „Cives Romani, cur civitatem vestram et vos ipsos legibus Graecorum **traditis**?" „Quod nos leges scriptas non habemus; itaque legibus a Graecis **traditis** nobis opus est."
5. Nonnulli viri boni plebi consilia **prudentia** dederunt eique **prudentia** sua consuluerunt.

10 Durch die Lupe betrachtet

Welche Informationen über die folgenden Formen enthalten die jeweils hervorgehobenen Buchstaben?

- ▶ arAE → G. Sg. oder D. Sg. oder N. Pl. von *ara*
- ▶ daBIs → Futur von *dare*
- ▶ veniAM → Futur (1. P. Sg.) von *venire* oder Akk. Sg. von *venia*

pacE – honorEM – ipsI – egERAnt – aCTam – laeSis – laeDis – laedEs – fugE – fugI – caPTos – IECit – IACit – arcES – monstraTis – monstraTIS – perDIDit – iurA – nuntiA

Wo Menschen in besonderem Maße Menschen sind

(Nach Plinius, Ep. VIII 24)

Im folgenden Brief erinnert Plinius seinen Freund Maximus, der in staatlichem Auftrag nach Griechenland reisen soll, eindringlich daran, was Rom den Griechen verdankt.

Amor in te meus me adducit,
non ut praecipiam,
sed ut moneam,
ut, quae scis, aut observes aut scias melius[1].
Memoria teneas te missum esse in provinciam Achaiam, in illam Graeciam,
in qua humanitas et litterae inventae sunt,
missum te ad homines maxime homines,
ad liberos maxime liberos,
qui ius a natura datum virtute et religione tenuerunt!
Sit apud te honor antiquitati, sit honor claris factis, sit fabulis quoque antiquis!
Deliberes, quid quaeque[2] civitas fuerit, non ut a te despiciatur!
Caveas superbiam!
Neque enim ignoras, a quo Persae victi sint,
a quo Europa servata sit.
Ne timueris contemptum[3], si id studes,
ut amorem hominum tibi clementia concilies,
ut terrore abstineas!
Nam timor abit[4], si recedis, manet amor.
Habeas ante oculos hanc esse terram,
quae nobis iura miserit,
a qua nobis leges datae sint non victis, sed petentibus!
Omni tempore tibi dicas te ad homines liberos, non ad servientes missum esse!
Ne minueris libertatem illorum hominum!
Quis enim neget
summum malum servitutem turpem,
libertatem summum bonum[1] esse?
Hoc mihi credas, quod initio dixi:
Scripsi monens, non praecipiens –
quamquam apparet me praecipientem quoque scripsisse.
Equidem non timeo, ne modum non servaverim.
Neque enim periculum est, ne sit nimium, quod maximum[5] esse debet. Vale!

---

1) **melius**: besser 2) **quaeque**: eine jede 3) **contemptus, -ūs** m: Geringschätzung, Missachtung
4) **abīre**: schwinden 5) **māximus, -a, -um**: am wichtigsten

T
- *Welche typischen Merkmale eines Briefs lassen sich an diesem Text nachweisen?*
- *Woran wird deutlich, dass Plinius seinen Freund äußerst behutsam an seine Verpflichtung den Griechen gegenüber erinnert?*

Die Akropolis von Athen (1846), Leo von Klenze (1784 – 1864), Neue Pinakothek, München.

Griechisch-römische Zivilisation

Für die Griechen der Antike waren alle Nicht-Griechen Barbaren, das bedeutet: Menschen, deren Sprache unverständlich war. Der griechische Philosoph Aristoteles (384 – 322 v. Chr.), ein Schüler Platons und später der Erzieher Alexanders d. Gr., glaubte, dass Barbaren von Geburt an dazu bestimmt seien, von Griechen beherrscht und zivilisiert zu werden. Das griechische Streben nach Vorherrschaft über andere Kulturen rechtfertigte Aristoteles mit der These, dass bestimmte Völker von Natur aus frei und zum Herrschen geboren, andere von Natur aus Sklaven seien.

Als Barbaren galten den Griechen auch die Römer, obwohl diese durch die Etrusker und die Eroberung griechischer Kolonien in Süditalien mit griechischer Kultur in Kontakt gekommen waren. Seit der Unterwerfung Siziliens (241 v. Chr.) brachten die Römer den griechisch bestimmten („hellenistischen") Osten immer mehr in ihre Gewalt. Bei allem Stolz auf ihre militärischen Erfolge mussten sie ihre kulturelle Unterlegenheit gegenüber den Griechen erkennen und versuchten sie durch Spott und Polemik zu kompensieren. Gleichzeitig aber erschienen ihnen Theater, Poesie, Philosophie, Rhetorik oder Geschichtsschreibung, Architektur oder bildende Kunst, Medizin, Mathematik und ganz allgemein die verfeinerten Lebensgewohnheiten als nachahmens- und erstrebenswert. Während man sich einerseits in der Großstadt Rom über die *Graeculi* mokierte, ließen sich zahlreiche Römer in Griechenland von dessen Kultur und Geschichte begeistern. Die griechische und die römische Welt wuchsen so zusammen zu einer griechisch-römischen Zivilisation, die sich dann mit der Herrschaft der Römer über ganz Europa ausbreitete.

Während Griechenland von den römischen Kaisern aus Respekt für seine Kultur noch gefördert wurde, verlor es im Mittelalter an Bedeutung. Erst im 18. Jh. wurde in Deutschland und danach in Europa eine neue Begeisterung für die griechische Antike geweckt. Dichtung, Malerei, Bildhauerei und vor allem Architektur nahmen sich die Werke der alten Griechen wieder zum Vorbild.

E Post cladem Cannensem[1] senatus diu de salute populi Romani consulebat. Inter alios Pomponius praetor patres appellavit dicens: „Quid faciamus, patres? Nemo scit, quot milites nostri evaserint, quot occisi sint; nemo scit, quid Hannibal in animo habeat. Itaque vos moneo, ut hostem huic urbi imminentem timere desinatis." Tum Philus praetor clamans: „Quem auxilio vocem nisi deos? Eis sacra faciamus, ut nos servent! Timeo enim, ne haec urbs ab Hannibale iam impetu petatur; iam periculum est, ne nos occidamur cuncti."

1 Wirklich Konjunktiv?

Bestimmen Sie alle Formen; welche sind eindeutig Konjunktiv?

adducam, memoriam, despiciam, superbiam, conciliem, amorem, credam, numquam, equidem, servitutem, portam, evadam, tollas, portas, arceas, matronas, libertas, servias, minueris, caederis, operis, auxeris, videris, mulieris, raperis, liberis, fueris

2 Vieldeutiges UT

Suchen Sie die passende Bedeutung und übersetzen Sie.

Te rogamus,		nobis Capitolium monstres.
Amor omnia vincit,	UT	apud Vergilium legimus.
Multi homines Romam veniunt,		urbem claram videant.
Tanta est superbia multorum,		et ab amicis reprehendatur.

3 NE ≠ NE!

1. Timeo, ne reprehendar.
2. Periculum est, ne amici me relinquant.
3. Omni tempore id studemus, ne miseri simus.
4. Ne credideritis omnibus oratorum verbis!

4 Welche Funktion haben jeweils die Konjunktive?

1. Videant magistratus, ne civitas in periculum veniat!
2. Ne minueritis libertatem civium!
3. Deliberemus, quid civitati utile sit!
4. Caveatis homines malos!
5. Sit tibi constantia in omnibus factis!
6. Quis credat omnes homines honestos esse?

5 Partizip ≠ Partizip

Entscheiden Sie, welches Zeitverhältnis vorliegt, bestimmen Sie die Sinnrichtung und übersetzen Sie.

1. Pueri ab amicis auxilium petentes (*wurden sie schwer enttäuscht*).
2. Urbs a civibus relicta (*verfiel sie langsam*).
3. Magistratus superbia et terrore abstinentes (*werden sie von allen geachtet*).
4. Quaestor summis honoribus ornatus (*war er nicht zufrieden*).

6 Übersetzen Sie.

Suchen Sie die beste Übersetzungsmöglichkeit für die Partizipien.
Probieren Sie verschiedene Übersetzungsmöglichkeiten und Sinnrichtungen.

1. Exercitus Romanus a consulibus in Calabriam ductus ad Cannas victus est.
2. Ibi multi tribuni magna virtute pugnantes caesi sunt. 3. Nonnulli pedites sortem suam non ignorantes capti sunt. 4. Pauci equites ab hostibus victi e clade fugerunt. 5. Tum castra a militibus Romanis relicta expugnata sunt.
6. Hannibal multa de victoria sua deliberans tamen Romam impetu non petivit.

Pantheon, Rom.

Capitol, Washington.

Maison Carrée, Nîmes.

Theatermasken.

OIDIPUS TYRANNOS. Tragödie des griechischen Dichters SOPHOKLES (*497/96 – 406 v. Chr.*).

Oedipus. Tragödie von L. ANNAEUS SENECA (*4 v. Chr. – 65 n. Chr.*)

Oedipe. Tragödie in fünf Akten von PIERRE CORNEILLE (*Uraufführung 1659*)

Oedipe. Verstragödie in fünf Akten von VOLTAIRE (*Uraufführung 1718*)

Oedipus rex. Oper von IGOR STRAWINSKIJ (*Uraufführung 1927*)

Oedipe. Prosadrama in drei Akten von ANDRE GIDE (*Uraufführung 1931*)

Römischer Reisewagen (Rekonstruktion).

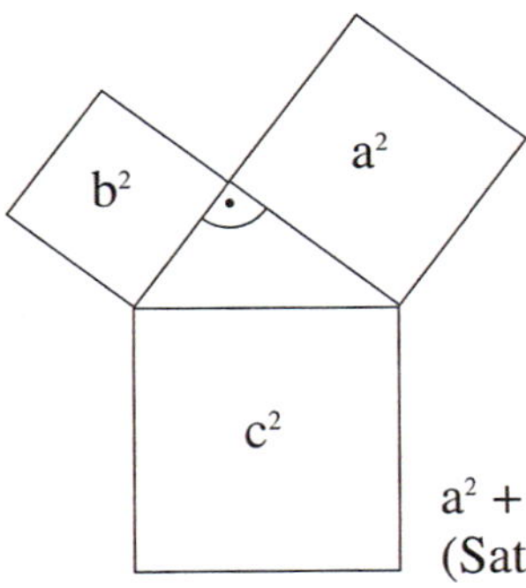

$a^2 + b^2 = c^2$
(Satz des Pythagoras)

NOSCE
TE IPSUM

ΓΝΩΘΙ
ΣΑΥΤΟΝ

ERKENNE
DICH
SELBST

Stab des Asklepios/Aesculapius.

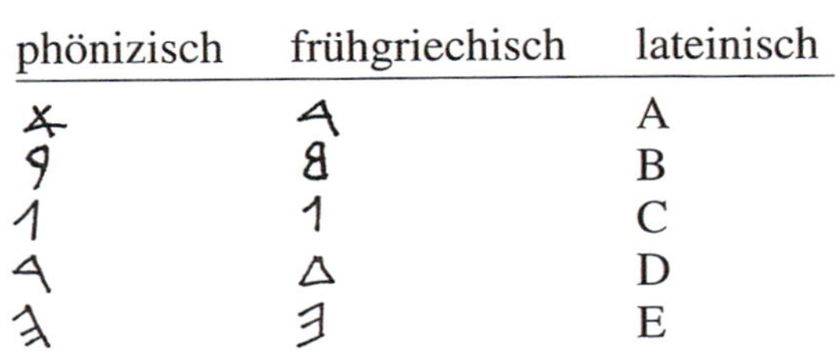

Raubstaat Rom?

(Nach Sallust, Historiae VI 5 – 18)

„Das römische Volk", schrieb Cicero, „wurde dadurch, dass es seine Verbündeten schützte, zur Weltmacht." König Mithridates, nach Hannibal der erbittertste Gegner Roms, stellte Roms Aufstieg in einem Brief an den Partherkönig ganz anders dar.

Scisne, cur Romani cum tot populis et regibus tot bella gesserint?
Quod imperii et divitiarum cupidi sunt.
Quibus cum ad occidentem pergentibus finem Oceanus fecerit,
nunc arma in orientem vertunt.
Non dubito, quin[1] pesti orbis terrarum conditi[2] sint ei,
qui ab initio nihil nisi raptum habuerunt.
Ne ipsi quidem dissimulant,
quomodo sibi Romulo regnante mulieres rapuerint.
Cetera quoque aliis spoliatis et caesis sibi paraverunt.
Neque id mirum est,
cum Romulus ille suo fratre occiso regnum ceperit.
Apparet igitur
te in magno periculo esse
Romanis neque ius neque fas observantibus.
Delibera, quot foedera fregerint,
quot amicos et socios prodiderint,
quot oppida, urbes, regna deleverint,
quot turpia facta fecerint invidia et avaritia moti!
Itaque te moneo,
ut caveas Romanos,
cum non solum me, sed etiam te praedam petant!
Ne speraveris tibi me victo cum eis pacem esse posse!
Ne credideris magnas divitias tibi praesidio esse!
Immo vero, nisi animum intenderis, tibi damno erunt.
Romani arma in omnes habent, imprimis in eos, apud quos praeda magna est.
Nemo avaritiam eorum evadere potest!
Ne igitur dubitaveris mihi auxilio venire neve me vinci siveris!
Summa tibi erit gloria,
cum te duce latrones gentium oppresserimus.
Quod ut facias, te moneo.
Tu enim poteris! Vale!

---

1) **quīn** (m. Konj.): dass 2) **condere** (hier): erschaffen

T
- *Stellen Sie Wörter und Wendungen zusammen, die Rom als „Raubstaat" charakterisieren.*
- *Was wird durch die Häufung solcher Wörter und Wendungen erreicht?*
- *Welchen Stellenwert hat die Romulussage innerhalb der Argumentation des Mithridates?*

Donauübergang, Trajanssäule.

„Schildkröte", Museo della Civiltà Romana, Rom.

Römischer Imperialismus

Durch Scipios Sieg über die Karthager bei Zama (202 v. Chr.) hatte Rom die Herrschaft über das gesamte westliche Mittelmeer errungen und nach der Niederlage Antiochos' III. von Syrien (188 v. Chr.) war auch das östliche Mittelmeer unter römischer Kontrolle. Doch Rom dehnte seinen Machtbereich immer weiter aus: Macedonia, Achaia, Africa, Gallia Narbonensis ... – alle diese Länder wurden als Provinzen dem *Imperium Romanum* eingegliedert; die daran angrenzenden Völker wurden durch Friedens- und Freundschaftspakte eng ans Römische Reich gebunden. Cäsar gebrauchte z. B. das Wort *pacare* – „befrieden", wenn er über seine Eroberungen in Gallien sprach. Schließlich stand die damals bekannte Welt unter römischer Herrschaft und unter römischem Einfluss. Mit dem Satz *Fines imperii propagavit.* – „Er hat die Grenzen des Reiches ausgedehnt", wurde ein erfolgreicher Feldherr gerühmt.

Die Kritik der unterworfenen Völker am römischen Imperialismus können wir nur aus der römischen Literatur entnehmen. Römer wie z. B. Sallust oder Tacitus waren sich der Fragwürdigkeit dieser Politik durchaus bewusst. In ihren Werken finden sich romkritische, ja hasserfüllte Reden „barbarischer" Feldherren und Fürsten. Auch Cicero lässt in seinem Werk *De re publica* folgende kritische Frage stellen: „Was sind denn die Vorteile Roms anderes als Nachteile für fremde Staaten oder Völker?"

Rom musste also seinen imperialen Herrschaftsanspruch rechtfertigen. Die philosophische Rechtfertigung lautete so: „Wie der Geist über den Körper oder ein Herr über Sklaven herrscht, so ist von der Natur den Besten die Herrschaft über die Schwachen und Schlechten zu deren Nutzen gegeben." Politisch wurde die Ausdehnung des Reiches damit gerechtfertigt, dass Rom nur gerechte Kriege geführt habe, nämlich um Feinde zu bestrafen oder abzuwehren, um Bundesgenossen zu schützen oder um den Bestand des Reiches zu erhalten („*de imperio*"). Religiös begründete der Dichter Vergil die römische Weltherrschaft: Die göttliche Vorsehung habe es vorherbestimmt, dass Rom über die anderen Völker herrsche, die Unterworfenen schone und die Hochmütigen niederkämpfe (*parcere subiectis et debellare superbos*). Als hochmütig aber galten alle, die sich der römischen Macht nicht beugen wollten.

E Maximus, amicus Plinii, ab imperatore Traiano in Achaiam missus erat. Id ei erat summo honori. Amico autem in Graeciam misso Plinius humanitatem litterasque Graecorum ante oculos habebat. Itaque ad amicum litteras dedit monens: „Memoria teneas, quid nos Romani Graecis debeamus! Qui nobis non serviunt Graecia capta. Apud homines maxime liberos es. Si horum amorem tibi clementia conciliaveris, videbis te ad homines maxime homines missum esse. Te superbia et terrore abstinente id studebunt, ut leges nostras observent!“

1 Partizip im Ablativ?

liberto, occidente, adulescentibus, montibus, gente, parentibus, gerente, versis, fracto, deletis, opprimente, prodentibus, profecto, vertente, imprimis, proditis, dissimulante, abstinentibus, credito, initio, minuto, aucto, salvo, sublato, nuntiante, caeso, tantis

2 Übersetzen Sie die Ablativi absoluti auf unterschiedliche Weise.

1. His verbis auditis (*ging das Volk nach Hause*).
2. Patre veniente (*freute sich die Familie*).
3. Me ridente (*lachte auch die Gruppe*).
4. Oratore dicente (*schwiegen alle betroffen*).
5. Signo dato (*begannen die Spiele*).
6. Litteris ad parentes datis (*warteten wir auf eine Antwort*).

3 Suchen Sie sinnvolle Kombinationen und übersetzen Sie sie.

patre, Augusto, fratre, matrona, Caesare	duce, sene, auctore, salva, imperatore

4 Ordnen Sie zu und übersetzen Sie.

1. Romulo regnante
2. Toto fere exercitu Romano caeso
3. Fratre occiso
4. Filio salutato
5. Periculis imminentibus

A. patres plebi leges scriptas concesserunt.
B. Romulus urbem novam condidit.
C. Romani mulieres sibi rapuerunt.
D. tamen Hannibal Romam non petivit.
E. Anchises multa verba fecit de sorte gentis Romanae.

5 Suchen Sie Paare. Welche zwei Formen bleiben übrig?

► Paar: faciunt – possunt
possum, potes, facias, poterit, facio, faciet, possis, fecisti, feceras, facis, potuisti, potero

6 Übersetzen Sie treffend.

Hoc tibi
- saluti est.
- honori est.
- auxilio est.
- praesidio est.
- invidiae est.

7 Wutausbruch eines Gutsverwalters

1. Quid mali fecistis? Caveatis iram meam! 2. Ne speraveritis vobis mecum pacem esse posse! 3. Ne credideritis dominum vestrum vobis praesidio esse! 4. Ne mihi molesti fueritis! 5. Nemo vobis auxilio veniet, si irae me dedero. 6. Moneo vos, ne iterum faciatis, quod mala superbia moti fecistis.

„Pax Romana“
Verschiedene römische Autoren geben in ihren historischen Schriften antirömische Äußerungen wieder. Sie fallen in Situationen, in denen es darum geht, ob die Unabhängigkeit von Rom bewahrt (Text 1, 2 und 4) bzw. wiedergewonnen (Text 3) werden kann.

Vergleichen Sie die vier Äußerungen, die in verschiedenen Teilen der Welt und über einen Zeitraum von fast 300 Jahren gemacht worden sind, und suchen Sie sprachliche und inhaltliche Gemeinsamkeiten.

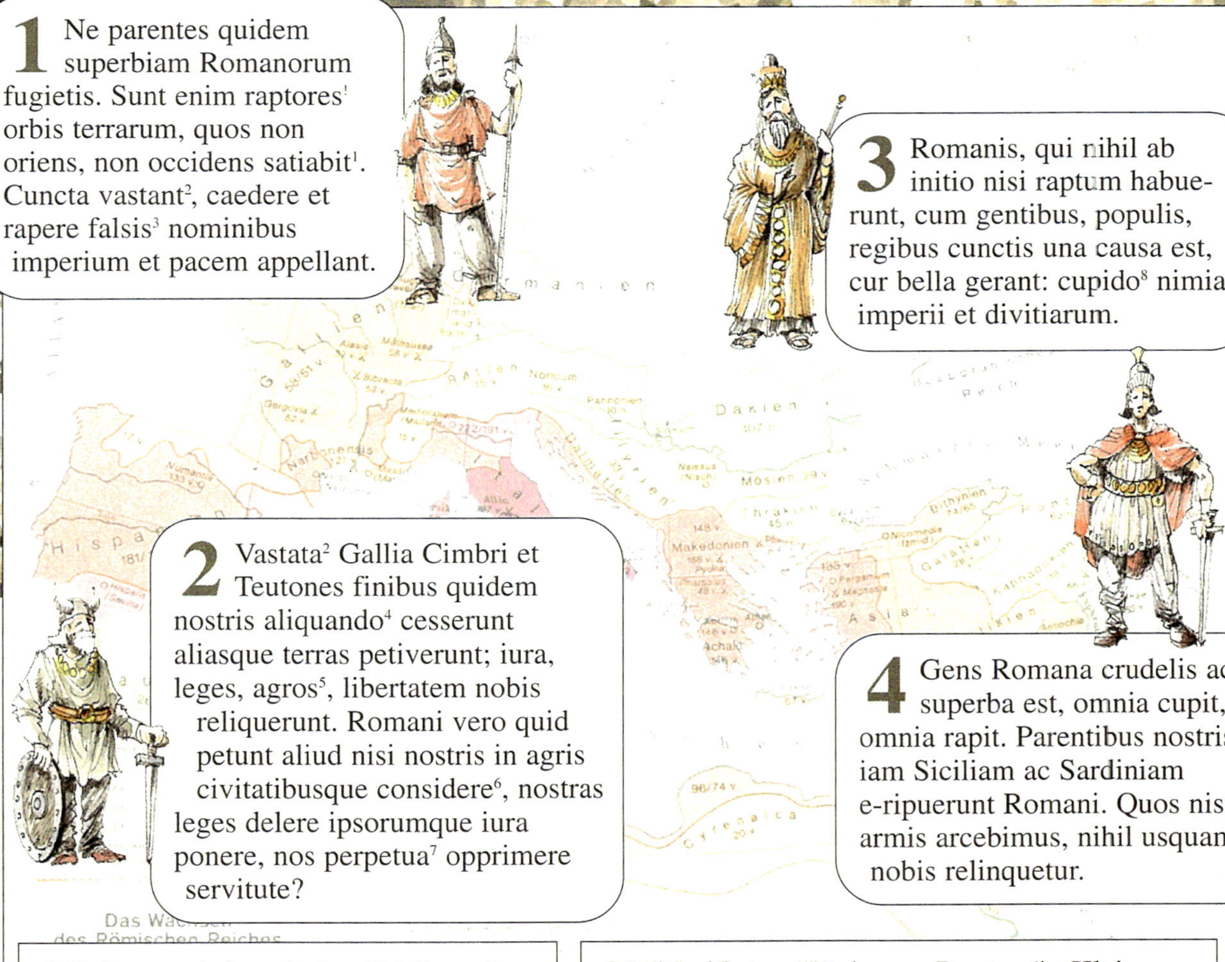

1 Ne parentes quidem superbiam Romanorum fugietis. Sunt enim raptores orbis terrarum, quos non oriens, non occidens satiabit[1]. Cuncta vastant[2], caedere et rapere falsis[3] nominibus imperium et pacem appellant.

3 Romanis, qui nihil ab initio nisi raptum habuerunt, cum gentibus, populis, regibus cunctis una causa est, cur bella gerant: cupido[8] nimia imperii et divitiarum.

2 Vastata[2] Gallia Cimbri et Teutones finibus quidem nostris aliquando[4] cesserunt aliasque terras petiverunt; iura, leges, agros[5], libertatem nobis reliquerunt. Romani vero quid petunt aliud nisi nostris in agris civitatibusque considere[6], nostras leges delere ipsorumque iura ponere, nos perpetua[7] opprimere servitute?

4 Gens Romana crudelis ac superba est, omnia cupit, omnia rapit. Parentibus nostris iam Siciliam ac Sardiniam e-ripuerunt Romani. Quos nisi armis arcebimus, nihil usquam[9] nobis relinquetur.

Das Wachsen des Römischen Reiches

1 Calgacus, britannischer Feldherr, in einer Ansprache an die Soldaten vor einer Schlacht (Ende des 1. Jh.s n. Chr.).

3 Mithridates, König von Pontus (in Kleinasien), will den Partherkönig als Verbündeten gegen Rom gewinnen (Mitte des 1. Jh.s v. Chr.).

2 Critognatus, gallischer Anführer, in einer Rede in einer belagerten gallischen Stadt (Mitte des 1. Jh.s v. Chr.).

4 Hannibal, punischer Feldherr, in einer Ansprache an die Soldaten nach der Überquerung der Alpen (Ende des 3. Jh.s v. Chr.).

1) **satiāre**: sättigen, zufrieden stellen 2) **vāstāre**: verwüsten 3) **falsus, -a, -um**: falsch 4) **aliquandō**: irgendwann 5) **ager, agrī** m: Acker, Feld 6) **cōnsīdere**: sich ansiedeln 7) **perpetuus, -a, -um**: ewig 8) **cupīdō, -dinis** f: Gier, Verlangen 9) **usquam**: irgendwo

„Ihr habt es gut bei uns!“

(Nach Tacitus, Historiae IV 73 f.)

Der römische General Q. Petilius Cerialis, der 70 n. Chr. am Rhein eine Rebellion von Galliern und Germanen niederschlug, suchte die Unterworfenen von den Vorteilen zu überzeugen, die ihnen Roms Herrschaft bot.

Hanc orationem non haberem,
nisi scirem,
quantum apud vos verba valerent.
Sed cum viderem vos vocibus seditiosorum[1] perturbatos esse,
statui pauca disserere, quae vobis certe utilia erunt.
Terram vestram intraverunt imperatores Romani nulla cupiditate moti,
sed maioribus vestris vocantibus,
cum discordiis vehementer vexarentur
et a Germanis auxilio vocatis superbe et crudeliter opprimerentur.
Nec ideo Rhenum insedimus[2],
ut Italiam defenderemus,
sed ne Germani Galliam invaderent iterum et longe lateque vastarent.
Nonne intellexistis,
cur Suebi, cur aliae Germanorum gentes sedes suas mutavissent?
Nulla alia de causa,
quam ut relictis paludibus[3] suis hos agros atque vos ipsos possiderent,
ut domini essent vobis servientibus.
Regna et bella in Gallia semper fuerunt, dum in nostrum ius concederetis[4].
Nos autem vobis, cum victi essetis, ea solum imposuimus,
quibus opus erat,
ut pacem haberetis et ab hostibus tuti essetis;
nam neque quies gentium sine armis neque arma sine stipendiis
neque stipendia sine tributis haberi possunt.
Cetera omnia et nobis et vobis communia sunt:
Ipsi plerumque legionibus nostris praeestis,
ipsi has aliasque provincias regitis.
Nihil vobis clausum est.
Proinde[5], cum honeste et quiete vivere possitis, amate pacem et deliberate haec:
Si copiae nostrae non vicissent,
si a seditiosis[1] e Gallia pulsae essent,
quid aliud statim haberetis quam bella omnium inter se gentium?

---

1) **sēditiōsī, -ōrum** m: Aufrührer 2) **īnsīdere (īnsīdō, īnsēdī) Rhēnum**: sich am Rhein festsetzen
3) **palūs, -ūdis** f: Sumpf, Sumpfland 4) **in iūs concēdere**: eine Rechtsordnung übernehmen
5) **proinde**: also

T • *Gliedern Sie den Text nach sprachlichen und inhaltlichen Gesichtspunkten.*
• *Worin sieht der Redner die Vorteile der römischen Herrschaft? Nehmen Sie kritisch dazu Stellung.*

Modell vom Bau der Lagermauer und der „Porta Praetoria“ in Castra Regina (Regensburg), Museum der Stadt Regensburg.

Pont du Gard.

Römische Provinzialverwaltung

Die Rede, die der Geschichtsschreiber Tacitus dem römischen General Q. Petilius Cerialis in den Mund legt, ist ein Beispiel dafür, was die Römer den unterworfenen Völkern versprachen: inneren Frieden, wirtschaftlichen Aufschwung und militärische oder politische Karrieren. Doch an wen richteten sich derartige Reden? Angesprochen waren die Aristokraten und lokalen politischen Eliten, deren Loyalität oft auch durch die Verleihung des römischen Bürgerrechts gesichert wurde. Da Rom personell überhaupt nicht in der Lage gewesen wäre die Sicherheit und Ordnung in den Provinzen aufrechtzuerhalten, bediente man sich der vorhandenen politischen Strukturen, die nur dem römischen Vorbild eines aristokratisch regierten Stadtstaates angepasst wurden.
Verwaltet wurden die Provinzen von jährlich wechselnden Statthaltern, denen die Provinzen in der Regel durch das Los zufielen. Als Militärbefehlshaber hatten sie beinahe unbeschränkte Vollmachten. So konnten sie sich auch über die vom Senat festgesetzten Steuersätze meist ungestraft hinwegsetzen und sich für ihren Wahlkampf in Rom und die bisherige ehrenamtliche Tätigkeit entschädigen. Nur selten wurden römische Beamte wegen der Ausbeutung der ihnen anvertrauten Provinz angeklagt oder gar verurteilt. Neben ihren militärischen Aufgaben hatten die Statthalter noch juristische. Sie waren für alle Rechtssachen, in die römische Bürger verwickelt waren, zuständig.
In der Kaiserzeit änderte sich die Provinzialverwaltung: Seit Kaiser Augustus wurden die Provinzen in senatorische (ohne Legionen) und kaiserliche Provinzen eingeteilt. Die Statthalter wechselten nicht mehr jährlich. Sie wurden zu Verwaltungsfachleuten mit festen Gehältern, die bisher von sog. Steuerpächtern durchgeführte Steuererhebung wurde neu geordnet und besser überwacht. Schließlich erhielten alle freien Provinzbewohner das römische Bürgerrecht (212 n. Chr.).
So trug die römische Provinzialverwaltung entscheidend dazu bei, den Bestand des Reiches über Jahrhunderte zu sichern und große Teile Europas zu romanisieren.

E Mithridates regem Parthorum sibi conciliare studens litteras scripsit. In quibus inter alia haec leguntur: „Tibi scribere non dubitavi, cum mihi nuntiatum esset Romanos nostris populis bellum parare. Hae litterae a me scriptae non essent, nisi audivissem te quoque libertatem servituti ante-ponere. Quot populi beate viverent, nisi a Romanis tam crudeliter opprimerentur! Ne et nos opprimant, prudenter agamus et de communi nostrorum populorum salute consulamus!"

1 Irrläufer

perturbem – vexarem – defendero – invasissem
reget – clauderet – praefuerit – nuntiavisset
gerant – pergerent – fregerunt – prodidissent
speremus – quaeremus – oppresserimus – potuissemus
vertatur – deleretur – adductus sit – creditum est

2 Wenn – dann

1. Ego si magnam pecuniam haberem, thermas aedificarem.
2. Nisi Romani Germanos vicissent, Galli pacem non habuissent.
3. Quid Romani fecissent, si ab Hannibale victi essent?
4. Unus e patribus: „Nisi discordiae finem fecerimus, plebs crudelibus patrum iudiciis mota iterum urbe cedet."

3 Adverb – Adjektiv
Wie ändert sich die Aussage?

1. Maiores Gallorum discordiis vehementibus / vehementer vexabantur. 2. Qui etiam a Germanis crudelibus / crudeliter opprimebantur. 3. Diu quieti / quiete vivere non poterant. 4. Tandem exercitus Romanorum celeres / celeriter terram Gallorum expugnaverunt. 5. Tum Romani eos beate / beatos vivere putabant.

4 Latein: Konjunktiv ↔ Deutsch: Konjunktiv – Indikativ – Infinitiv

1. Frater me rogavit, ut venirem.
2. Vos monui, ne clamaretis.
3. Nisi cederem, reprehenderer.
4. Forum petivi, ut oratorem audirem.
5. Forum petam, ut oratorem audiam.
6. Tantus erat timor hostium, ut oppidum non defenderent.
7. Multi venerunt, ut imperatorem viderent.
8. Multi te rogant, ut celeriter venias.
9. Scio, cur hoc feceris.
10. Si tacuisses, te non risissem.
11. Puer, cum gladiatores aspexisset, e Colosseo fugit.

5 Übersetzen Sie.

1. Romani, ne iterum Galli provinciam Romanam invaderent, ipsi invaserunt Galliam. 2. Gallia capta pro certo habebant impetus Gallorum iam defensos esse. 3. Tum Romani cupiebant gentes Germanorum opprimere, ne Germani a Gallis auxilio vocati pacem perturbarent. 4. Hoc quidem frustra speraverunt; nam Arminio duce Germani Romanos vicerunt.

Gaius Iulius Caesar
ist eine der bekanntesten Persönlichkeiten der römischen Antike.
Er wurde berühmt durch seine Taten als Politiker und Feldherr, als Verfasser des Berichts über seine Eroberungen in Gallien (*Commentarii de bello Gallico*) und nicht zuletzt durch seine Aussprüche. Sogar sein Name lebt weiter in den beiden davon abgeleiteten Bezeichnungen für Herrscher: Kaiser und Zar.

Aus dem Comic „Asterix“.

Geboren
100 v. Chr.

59 v. Chr.
Konsul

58–51 v. Chr.
Gallischer Krieg

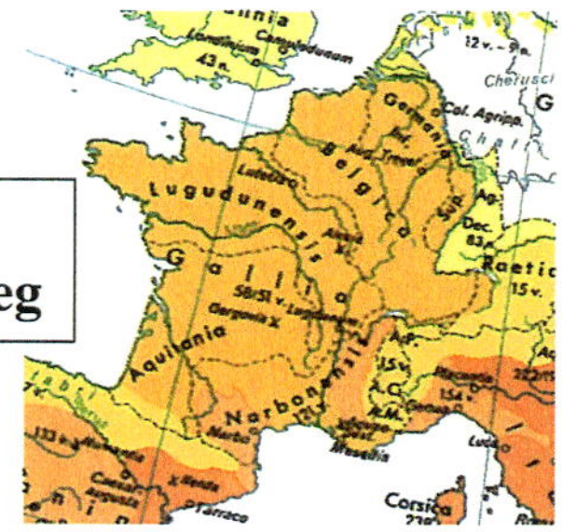

Das von Cäsar unterworfene Gebiet.

„Veni, vidi, vici.“
Nach der schnell gewonnenen Schlacht bei Zela, 47 v. Chr.

49–46 v. Chr.
Bürgerkrieg

Cäsar beim Überschreiten des Rubikon, des Grenzflusses zwischen Gallien und Italien, Miniatur von Jean Fouquet (15. Jh.).

„Alea iacta est.“
„Der Würfel ist geworfen.“ – angeblich bei der Überschreitung des Rubikon.

48–47 v. Chr.
Alexandrinischer Krieg

Szene aus dem Film „Cäsar und Kleopatra“ (mit Richard Burton und Elizabeth Taylor).

Für den Norden Europas hatte die Eroberung Galliens weitreichende Folgen, denn die Romanisierung dieses Gebietes wirkte sich auf viele kulturelle Bereiche aus und ist heute noch sichtbar.

Römisches Theater in Orange/Südfrankreich.

Straßenschild in Dahn/Pfalz.

Cäsar wird von einigen Senatoren in der Kurie erdolcht, Gemälde von Carl von Piloty (1826–1886).

Ermordet
am 15. 3. (den Iden des März) 44 v. Chr.

Wenn Sie die Lehnwörter den lateinischen Ursprungswörtern zuordnen und nach Bereichen ordnen, werden Sie sehen, auf welchen Gebieten die Römer grundlegende Einflüsse ausübten.

caseus – caulis – pondus – vinum – crux – claustrum – moneta – brevis – tegula – fenestra – coquere – murus – tectum – carcer – laurea – porta – pilarium – radix – fructus – speculum

Fenster – Münze – Pforte – Kreuz – Rettich – Kohl – Pfeiler – Wein – Mauer – Dach – Käse – Frucht – Kloster – Lorbeer – Brief – Ziegel – Pfund – Spiegel – kochen – Kerker

Ein grauenvoller Ort

(Nach Tacitus, Annales I 60 f., und Velleius Paterculus II 118 f.)

Der Versuch Roms seine Macht bis an die Elbe auszudehnen endete mit einer Katastrophe: 9 n. Chr. vernichtete der Germanenfürst Arminius drei Legionen. Erst sechs Jahre später erreichte ein römisches Heer unter Führung des Germanicus den Ort der Niederlage.

Germanicus Caecinam legatum cum quadraginta cohortibus Romanis
per Bructeros ad flumen Amisiam misit; equites Pedo praefectus duxit;
ipse impositas navibus quattuor legiones per magnos lacus transportavit.
Bructeris victis inter praedam inventum est undevicesimae legionis signum
cum Varo amissum.
Tum agmen ductum est ad ultimos Bructerorum, non procul a Teutoburgiensi saltu[1],
  ubi ille Vari exercitus dolo hostium deletus erat.
Nam locis ad pugnandum iniquis ne cedendo quidem se servare potuerat.
Germanicum autem invadit cupiditas inquirendi,
  ubi sint reliquiae Vari et illarum trium legionum.
Itaque Caecinam investigandi[2] causa praemittit.
Brevi Germanicus ipse intravit loca aspectu et memoria terribilia.
Ceperat enim consilium militibus et duci suprema solvendi[3].
Primo Vari castra inventa sunt, deinde albentia ossa[4] militum.
Iacebant in campo et tela fracta equorumque artus[5],
in arboribus autem fixa erant hominum capita.
Milites, cum inquirendi causa silvam intravissent,
invenerunt barbarorum aras,
  ubi tribuni et centuriones caesi erant.
Erant in exercitu nonnulli,
  qui se celeriter fugiendo ex illa clade servaverant.
Ei dicebant hic cecidisse legatos, ibi rapta signa; memoria quoque tenebant,
  ubi Varus primum,
  ubi secundum vulnus accepisset,
  ubi sua manu mortem invenisset.
Romanus igitur exercitus sexto post cladem acerbam anno trium legionum
reliquias sepelivit
et Germanicus memoriae caesorum colendae cupidus primum caespitem[6] posuit.
Tiberius vero Germanicum reprehendit,
  cum crederet fortes militum animos tot milibus hominum sepeliendis fractos esse.

---

1) **saltus, -ūs** m: Wald, Waldgebirge 2) **investīgāre**: erkunden 3) **suprēma solvere** (m. Dat.): (jmdm.) die letzte Ehre erweisen 4) **albentia ossa** (n Pl.): bleiche Gebeine 5) **artūs, -uum** m (hier): die Gerippe 6) **caespes, -pitis** m: Rasenstück (*um einen Grabhügel abzudecken*)

T
- *Stellen Sie die Wörter und Wendungen zusammen, mit denen der Ort der Schlacht als „grauenvoll" charakterisiert wird.*
- *Moderne Forscher sind sich darin einig, dass die Niederlage des Varus bei entsprechender Vorsicht zu vermeiden gewesen wäre. Worauf wird sie im Text zurückgeführt?*

Silbermünze des Augustus, Denar (2 v. Chr.), Kalkriese bei Osnabrück.

Kupfermünze des Augustus, As (8–3 v. Chr.) mit Gegenstempel des Varus, Kalkriese bei Osnabrück.

Furor Teutonicus

Als die Kimbern und Teutonen um 120 v. Chr. von Jütland (dänisches Festland) in einem riesigen Treck nach Süden zogen, stießen zum ersten Mal Germanen mit den Römern zusammen. Zwischen 113 und 105 v. Chr. wurden diese in drei Schlachten geschlagen. Die Niederlage bei Arausio (Orange, Südfrankreich), die verheerendste seit Cannae, löste in Rom panische Angst vor der Wildheit der Germanen, dem *furor Teutonicus*, aus. Erst dem Konsul C. Marius gelang es, 102 v. Chr. bei Aquae Sextiae (Aix-en-Provence) die Teutonen und im Jahr darauf die Kimbern bei Vercellae (in der Nähe von Mailand) zu schlagen. Dennoch stellten die Germanen für die Römer weiterhin eine Bedrohung dar.

An diese alte Angst erinnerte sich Cäsar, als er nach Beendigung des Krieges mit den Helvetiern im Jahr 58 v. Chr. auf Bitten des gallischen Stammes der Häduer beschloss die germanischen Sueben aus dem Gebiet des Elsass zu vertreiben: Westlich des Rheins sollten die Germanen keine Macht haben.

Kaiser Augustus aber wollte sich nicht mit der Rheingrenze abfinden. Um die Furcht vor der germanischen Gefahr zu bannen versuchte er die Elbe zur neuen Grenze des Imperiums zu machen. 12–9 v. Chr. gelangten die Römer zwar in vier Feldzügen bis an diesen Strom, doch der Tod des fähigen Generals Drusus hinderte sie daran, ihre Eroberungen zu sichern. Erst seit 4 n. Chr. nahm Tiberius, der Stiefsohn des Kaisers Augustus, die Eroberung Germaniens wieder in Angriff. In das von ihm unterworfene Gebiet kam 7 n. Chr. P. Quinctilius Varus. Als Militärstatthalter wollte er auch den Germanen das römische Rechts- und Steuersystem aufzwingen. Diese rebellierten, lockten unter der Führung des Arminius drei römische Legionen in einen Hinterhalt und vernichteten sie. Kaiser Augustus soll wegen dieses Verlusts so verzweifelt gewesen sein, dass er mehrere Monate lang seinen Bart und seine Haare nicht mehr scheren ließ, manchmal mit dem Kopf gegen die Tür schlug und rief: *Quinctili Vare, legiones redde!* – „Quinctilius Varus, gib mir meine Legionen wieder!“

Übungen 14

E Q. Petilius Cerialis: „Cur dicitis servitutem vobis impositam esse? Non cupiditas vincendi ac spoliandi nos adduxit, ut terram vestram intraremus, immo vero cupidi fuimus Germanos a Gallia arcendi. Venimus a vobis rogati, quod vobis non satis virium erat ad defendendum. Non solum Germanos acriter pugnando e Gallia pepulimus, sed etiam discordias, quibus vexabamini, sustulimus. Rogatis, cur in Gallia manserimus, cum solum Germanorum arcendorum causa venissemus. Nos et hoste pellendo et discordiis tollendis vobis pacem petitam dedimus.“

1 *nd ≠ nd*

stipendiis, amittendis, figendi, secundi, condo, cadendo, defendi, sepeliendi, colendi, descendendi, reprehendis, accipiendis, perturbandum, nondum, regendum, tandem, mutando, statuendo, invadendo

2 **Suchen Sie eine treffende Übersetzung.**

cupiditas dicendi, pugnandi, spoliandi, tela iaciendi, nova inveniendi, urbes claras videndi, fabulas audiendi, divitias habendi, magistratum petendi, bella gerendi, beate vivendi, celeriter fugiendi

3 **Bilden Sie sinnvolle Sätze.**

1. cedendo, exercitus, ne ... quidem, potuit, se, Romanus, servare.
2. celeriter, clade, ex, fugiendo, se, illa, nonnulli, servaverunt.
3. ad, deletus est, dolo, exercitus, Vari, iniquis, locis, pugnandum.

4 **Vergleichen und übersetzen Sie.**

Legati missi sunt
- pacis faciendae causa.
- ad pacem faciendam.
- de pace facienda.
- , ut pacem facerent.

5 **Übersetzen Sie.**
Probieren Sie verschiedene Möglichkeiten.

1. Germani belli gerendi cupidi socios populi Romani oppresserant. 2. Itaque Caesar de Germanorum finibus invadendis deliberavit. 3. Saepe viderat Germanos celeriter fugiendo se e periculis servavisse. 4. Itaque consilium exercitum in ea loca ducendi cepit. 5. Tum celeritate[1] in agendo opus erat.

6 **Ordnen Sie der Größe nach.**
Nennen Sie die Bildungselemente, die für Zehner und Hunderter typisch sind, und die zugehörigen Grundzahlen. (↗ Anhang zur Systematischen Begleitgrammatik, *Tab. III*)

vicesimus, primus, ducentesimus, quartus, septuagesimus, sextus, octavus, nongentesimus, secundus, nonagesimus, quintus, tertius, quinquagesimus.

1 Besonders im 19. Jh. schrieb man dem Sieg des Arminius, den man Hermann den Cherusker nannte, große Bedeutung für die Nationalgeschichte Deutschlands zu.

a) Als ein Mahnmal für die Einigkeit war das Hermannsdenkmal gedacht, das bei Detmold steht und 1875 eingeweiht wurde.

Zu welchem Anlass ist die Ansichtskarte entstanden? Beschreiben Sie das Bild und interpretieren Sie es. Nehmen Sie zur Aussage kritisch Stellung.

b) In Lobgedichten mit stark nationalen Tönen wurde Hermann als Held und Befreier verehrt. Heinrich Heine dagegen dachte im folgenden Gedicht (1844) in ironisch-spöttischem Ton über die möglichen Folgen eines Sieges der Römer nach:

(…)
In unserem Vaterland herrschten jetzt
Nur römische Sprache und Sitten,
Vestalen gäb es in München sogar,
Die Schwaben hießen Quiriten!

(…)
Wir blieben deutsch, wir sprechen deutsch,
Wie wir es gesprochen haben;
Der Esel heißt Esel, nicht asinus,
Die Schwaben blieben Schwaben.

Postkarte zum „Hermannsdenkmal“, 1909.

Malen Sie die Vorstellung, die Heine hier andeutet, weiter aus: Was wäre heute möglicherweise anders, wenn die Römer nicht geschlagen worden wären?

2 **Sieger auf Münzen**
Die Siege der Römer über die Germanen wurden auch auf Münzen gefeiert.

Domitianus, Sesterz
Messing, Rom.

Marcus Aurelius, Sesterz
Messing, Rom.

Auflösung der Abkürzungen:

AUG: Augustus („der Erhabene“, Beiname der Kaiser)
CENS P: censor perpetuo (Zensor für immer)
P P: pater patriae
TR P: tribunicia potestate (mit tribunizischer Amtsgewalt)

a) Versuchen Sie die Aufschriften zu entschlüsseln.
b) Eine der beiden Münzen ist 85 n. Chr. geprägt worden, die andere ca. 172 n. Chr. Um richtig zu entscheiden müssen Sie sich über die abgebildeten Kaiser informieren.

... vieles ist dort anders!

(Nach Caesar, De bello Gallico VI 22 f.)

Über Lebensweise und soziale Verhältnisse der Germanen waren die Römer nur ungenau unterrichtet; immerhin wusste schon Cäsar, dass sich die Menschen jenseits des Rheins von ihren keltischen Nachbarn in vielen Dingen unterschieden.

Agris colendis Germani non student
maiorque pars victus eorum in lacte[1], caseo[2], carne consistit.
Neque quisquam fines proprios habet,
sed magistratus in annos singulos gentibus agros tribuunt
easque anno post eis agris cedere cogunt.
Id se multis de causis facere dicunt:
Ne cupiditas belli gerendi minuatur;
ne quis potentior latiores fines sibi paraturus pauperes agris pellat;
ne diligentius aedificent; ne incipiant luxuriam amare;
ne qua cupiditate pecuniae possidendae moveantur,
quae est maxima causa invidiae et discordiae.
Praeterea sperant plebem quietam futuram esse,
cum suas quisque opes cum potentissimis aequari videat.
Civitatibus maxima laus est quam latissime circum se vastatos fines habere.
Hoc proprium esse virtutis credunt,
hoc se tutiores fore putant.
Neque cuiquam latrocinia[3] ignominiae sunt,
si extra fines cuiusque civitatis fiunt[4].
Ea enim ad exercendos adulescentes ac desidiae[5] minuendae causa se facere dicunt.
Et cum quis ex principibus in concilio dixit
se cum aliquo hoste bellum gesturum esse,
ei, qui gloriae aut praedae parandae cupidi sunt,
celerrime suum auxilium promittunt
et a multitudine cum viris fortissimis comparantur.
Qui autem contendunt se domi mansuros esse,
plurimis et acerrimis contumeliis afficiuntur.
Hospitem laedere fas non putant;
qui ad eos venerunt,
hos ab iniuria prohibent sanctosque habent; his omnium domus patent,
hos omni victu iuvant, his plus datur quam petunt.

---

1) **lac, lactis** n: Milch 2) **cāseus, -ī** m: Käse 3) **latrōcinium, -ī** n: Raubzug
4) **fiunt**: (sie) geschehen, finden statt 5) **dēsidia, -ae** f: Untätigkeit, Trägheit

T
- *Gliedern Sie den Text nach thematischen Schwerpunkten und ordnen Sie ihnen die Eigenschaften zu, die Cäsar den Germanen zuschreibt.*
- *Zivilisationsferne Völker galten in der Antike als „ursprünglich“ und „unverdorben“. Zeigen Sie, wo Cäsar solchen Annahmen folgt.*

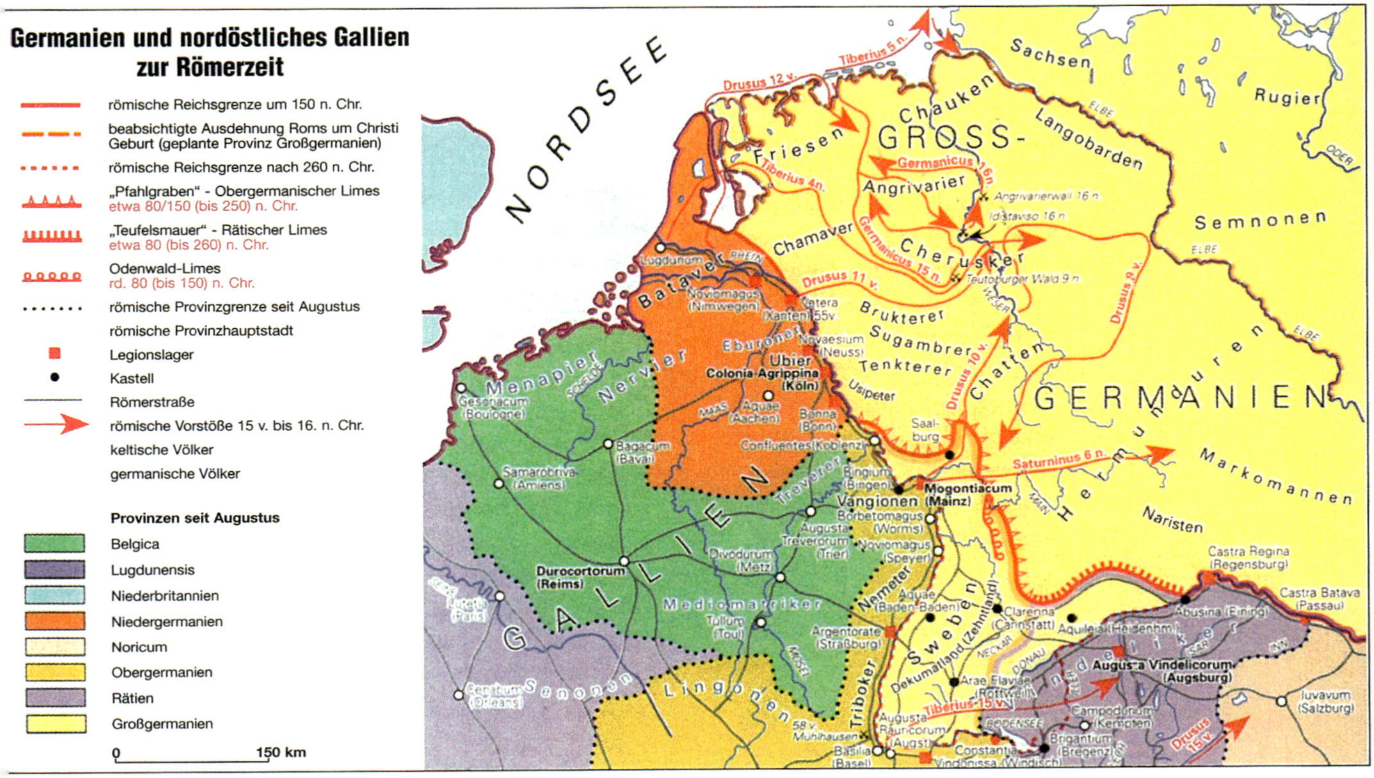

Das römische Germanenbild

Da die Germanen die östlichen gallischen Stämme, die nur durch den Rhein von ihnen getrennt waren, zum Widerstand gegen die in Gallien operierenden römischen Truppen angestachelt und auch militärisch unterstützt hatten, sah sich Cäsar gezwungen seine Aufmerksamkeit auf die Germanen zu richten. So geht er z. B. im 6. Buch seines Werkes über den gallischen Krieg (*Commentarii de bello Gallico*) der Frage nach, warum diese Barbaren so anders seien als die Gallier. Er kam zu dem Ergebnis, dass sie sich von klein auf abhärteten und – da sie weit entfernt von römischem Einfluss lebten – nicht durch Wohlstand und Luxus verweichlicht würden. Durch ihre ungebrochene Stärke seien sie eine Gefahr für die Römer. Cäsar betont, dass es bei den Germanen keinen Privatbesitz an Grund und Boden gebe und somit auch keine Besitz- und Geldgier. In seinen Augen waren sie ein „unverdorbenes“ Volk.

Auch Tacitus, der sein Werk *De origine et situ Germanorum* („Über Herkunft und Siedlungsgebiet der Germanen“) rund 150 Jahre nach Cäsar schrieb, rühmt die hohe Moral der Germanen, z. B. ihre strenge Auffassung von der Ehe und die Gastfreundschaft, sieht aber auch die Fehler, wie ihre Unmäßigkeit bei Gelagen oder ihre Leichtfertigkeit beim Würfelspiel, wo sie sogar ihre Freiheit aufs Spiel setzten. Tacitus wollte damit seinen Landsleuten durch den immer wiederkehrenden Vergleich germanischer Lebensweise und Moral mit den römischen Verhältnissen einen Spiegel vorhalten und zugleich vor der Gefahr warnen, die Rom von diesem ursprünglichen und kräftigen Naturvolk drohte.

Übungen 15

E Germanicus exercitum, qui multo maior erat quam Vari, ad Bructeros duxerat. Sperabat enim se inventurum esse illum locum, ubi exercitus omnium fortissimus acerrime pugnans caesus erat. Quo cum venisset, Caecina ad exploranda[1] loca missus est. Qui iam maiorem partem silvae exploraverat[1] neque quicquam reliquiarum viderat, cum aliquis e militibus invenit castra Vari. Qui si prudentius egisset, neque Arminius neque quisquam alius Romanis illam cladem acerbissimam fecisset. Germanicus autem, cum reliquias legionum Vari aspexisset, promisit, si quis signa amissa invenisset[2], se ei maximum praemium[1] esse daturum.

1) **explōrāre**: durchsuchen 2) **invēnisset** (hier): (er)finde

1 Welcher Infinitiv ist sinnvoll?

Ergänzen und übersetzen Sie.

1. Duces Germanorum in concilio dixerunt se bellum cum hostibus (gerere/gessisse/gesturos esse); tum plurimi adulescentes, qui gloriae parandae cupidi erant, auxilium promiserunt. 2. Germani enim armis pugnare proprium virtutis (esse/fuisse/futurum esse) credebant. 3. Itaque multitudo eos quoque, qui latrocinia (↗ 15 L) faciebant, fortissimos (esse/fuisse/futuros esse) putabat. 4. Praeterea se haec adulescentium exercendorum causa (facere/fecisse/facturos esse) Germani dicebant. 5. Itaque constat paucos domi (manere/mansisse/mansuros esse).

2 Infinitive

Bestimmen Sie und geben Sie die Lernform und deren Bedeutung an.

potuisse, agi, cecidisse, gesturam esse, iecisse, daturum esse, mansisse, missurum esse, moveri, pepercisse, pulsuras esse, petitos esse, rectum esse, sustulisse, sublatas esse, victuros esse

3 Gesteigert – aber eine Form passt nicht!

fortem – fortior – fortissimum
late – latiore– latissime
potens – potentius – potentissimus
celere – celeriore – celerrimo
acrium – acriorum – acerrimum
tuto – tutiori – tutissimi
magnus – maius – maximus

4 Überprüfen Sie alle Kongruenzmöglichkeiten.

cuique, alicuius, quemque, aliquo, quodque, aliqua, quaeque, alicui, quamque, quoque	victus, contumeliae, carne, principis, luxuria, consilium, laudem, domui, ignominia, ope

5 Ziemlich unbestimmt.

1. Quis hoc dixit? 2. Si quis putat unum ex nobis hoc dixisse, errat. 3. Nam unus quisque scit neminem nostrum quidquam eius modi dixisse. 4. Neque quisquam ignorat me virum prudentem esse.

1 Hochzeit bei den Germanen
(Nach Tacitus, Germania 18)

Bei seiner Beschreibung des Hochzeitsbrauches der Germanen nennt Tacitus Dinge, die ihm aus der Sicht eines Römers besonders erwähnenswert schienen. Versuchen Sie daraus Rückschlüsse auf die römischen Verhältnisse zu ziehen.

Severa ibi sunt matrimonia[1]; tamen eam morum partem maxime laudo. Nam fere soli[2] barbarorum satis putant singulas uxores[3] habere. Dotem[4] non uxor[3] marito[3], sed maritus[3] uxori[3] dat. Ad-sunt parentes et munera[5] inspiciunt[1] ut equum paratum et scutum[6] cum gladio. Mulier ipsa armorum aliquid viro dat. Incipiente matrimonio[1] monetur se venire ad omnia pericula defendenda tam in pace quam in bello.

1) **mātrimōnium, -ī** n: Ehe 2) **sōlus, -a, -um**: allein, einzig 3) **uxor, uxōris** f: (Ehe-)Frau; **marītus, -ī** m: (Ehe-)Mann 4) **dōs, dōtis** f: Mitgift 5) **mūnus, mūneris** n: Geschenk 6) **scūtum, -ī** n: der Schild

Germanische Hochzeit, Jean-Pierrre Saint-Ours (1788), Museum Oskar Reinhart am Stadtgarten, Winterthur.

2 Vergleichen Sie die Kleidung der Germanen und der Römer. Welche Unterschiede stellen Sie fest?

Vielleicht wollen Sie ein „Römer-Germanen-Projekt" machen: Suchen Sie sich einzelne Bereiche, die Sie interessant finden (z. B. Essen und Trinken, Götterverehrung, politische Struktur), und stellen Sie dabei Römer und Germanen vergleichend gegenüber.

Übersetzen mit System (III)

Textgrammatik

Cäsar und die Atuatuker

(Nach Caesar, De bello Gallico II 30)

Die Atuatuker, Nachkommen der Kimbern und Teutonen, verteidigen eine gut befestigte Stadt; sie glauben, dass diese auch für römische Belagerungsmaschinen uneinnehmbar ist.

1. Cum turrim procul instrui[1] viderent, primo riserunt ex muro, quod tanta machinatio[!] a tanto spatio[2] instrueretur. 2. Rogaverunt, quibus[3] manibus aut quibus[3] viribus ab hominibus tam parvis tanta turris muro posset imponi; nam plerumque omnes Galli ob[4] magnitudinem[!] corporum[5] suorum brevitatem[!] nostram despiciunt. 3. Cum vero turrim moveri et ad moenia iam esse viderent, legatos ad Caesarem de pace miserunt; qui dixerunt se non putare Romanos sine ope deorum bella gerere, cum tantae magnitudinis[!] machinationes[!] pro-movere tanta celeritate[!] possent; itaque se eis dedere[6] dixerunt.

1) **īnstruere**: errichten 2) **spatium, -ī** n: Abstand 3) **quī, quae, quod** (Frage-Pronomen): welche …? 4) **ob** (m. Akk.): wegen 5) **corpus, -poris** n: Körper 6) **sē dēdere**: sich unterwerfen

Aufgaben zum Text

1. Mit welchen Wörtern sind die einzelnen Sätze verbunden? In wie viele Abschnitte lässt sich demnach der Text gliedern?
2. Welche Tempora sind verwendet? Inwiefern prägen sich dadurch zwei deutlich geschiedene Handlungsebenen aus?
3. Welche Modi kommen in dem Text vor? Was bezeichnen sie jeweils?
4. Welche Wörter wiederholen sich im Text? Welchen Wortfeldern gehören sie an?
5. Welche Absicht verfolgt der Autor Cäsar mit diesem Text? Welche Textsorte liegt vor?

Übungen

1 Das vielseitige *ne*

1. Hominibus malis **ne** credideris!
2. Cave, **ne** malis hominibus credas! 3. Te rogo, **ne** malis credas. 4. Timeo, **ne** malis credas. 5. Te duco, **ne** timeas. 6. A philosophis[!] monemur, **ne** vitam turpiter agamus.
7. Hoc constat: **Ne** prudentissimus quidem homo omnia scit. 8. **Ne** timueritis!
9. **Ne** desinamus amicis consulere!

2 Zur Einübung satzwertiger Konstruktionen: Ablativus absolutus

Der **Ablativus absolutus** ist wie das Participium coniunctum (↗ RG 6–10) eine satzwertige Konstruktion. Gehen Sie nach den dort vorgestellten Regeln vor und beachten Sie die Merkhilfen auf S. 79.

1. Carthaginienses **Hannibale duce** Romanos ad Cannas vicerunt. 2. **Romanis ad Cannas victis** magnus timor in urbe fuit. 3. **Patribus autem monentibus** timor in urbe sublatus est.

3 Cäsars Frau Calpurnia hat einen schrecklichen Traum

1. Constat antiquis temporibus homines somniis[1] monitos esse, ne quid facerent, quod sibi damno esse posset. 2. Exemplo[2] sit Calpurnia, quae somniis[1] vehementer vexata est. 3. Per somnium[1] enim illud periculum Caesari imminens vidit. 4. Itaque eum verbis acribus monens appellavit. 5. Ignoramus, quibus verbis eum monuerit; certe autem haec fere dixit: 6. „Rogo te, ut periculum imminens caveas. Cave, ne me relinquas! Timeo enim, ne quis tibi vim paret. 7. Patres consulere in animo habes; sed in somnio[1] vidi: Aliquis te opprimere cupit neque quisquam te defendet. 8. Ne despexeris timorem meum!“ 9. Neque tamen Caesar Calpurniae verbis paruit. 10. Reliquit eam monente Bruto, ne patribus iam diu exspectantibus[3] molestus esset. 11. Curiam[1] intravit, ubi a Bruto eiusque amicis pugionibus[4] petitus est.

---

1) **somnium, -ī** n: Traum 2) **exemplum, -ī** n: Beispiel 3) **exspectāre** (hier): warten 4) **pūgiō, -ōnis** m: Dolch

4 Gerundium und Gerundivum – bunt gemischt

Beachten Sie folgende Übersetzungsmöglichkeiten, von denen Sie bei jedem unten stehenden Ausdruck mindestens **zwei** verwenden sollten.

Gerundium	Gerundivum-V	Übersetzung	
urbem condendo	urbe condenda	mit Vorgangs-substantiv	durch die Gründung einer Stadt
ius dicendi	Romulus Remusque consilium ceperunt urbis condendae.	mit Infinitiv	das Recht zu reden Romulus und Remus fassten den Plan eine Stadt zu gründen.
Caesar animos militum sibi conciliavit fortiter agendo.		mit Gliedsatz	Cäsar gewann die Herzen seiner Soldaten dadurch, dass er mutig handelte.
	Caesar concilii habendi causa milites con-vocavit.	mit erweitertem Infinitiv	Cäsar rief seine Soldaten zusammen um eine Beratung abzuhalten.

amici petendi causa – Caesar in quaerendo invenit – Caesar de opprimendo oppido deliberavit – saepe parcendo – acriter pugnando vincere – agri colendi causa uno in loco manere – ad stipendium militibus dandum – auxilii petendi causa – Caesar ad concilia agenda in Italiam recessit – honoris petendi causa – ad Gallorum superbiam minuendam – in consilio capiendo – ad nostros opprimendos – saepe monendo – suae salutis servandae causa – navium parandarum causa – de expugnando oppido dubitare – in opere faciendo

5 Gerechtigkeit oder Rache?
(Nach Tacitus, Annales XIV 42 ff.)

Suchen Sie im folgenden Text Wortformen, die
a) nach der KNG-Regel zusammengehören (kongruieren),
b) zusammen einen AcI, ein Participium coniunctum oder einen Ablativus absolutus bilden.

1. Praefectum urbis Romae Pedanium Secundum servus eius occiderat, sive[1] negata libertate sive[1] amore motus et dominum ut aemulum[2] timens. 2. Tum antiquo ex more omnes servi, qui in illa domo vixerant, occidi debuerunt. 3. Con-currente autem plebe, quae tot homines innoxios[3] servabat, ad tumultum ventum est. 4. Senatu vocato nonnulli patres dixerunt eum morem esse severiorem; vicit tamen ea pars, quae mortem statuebat. 5. Neque tamen imperio parebatur multitudine prohibente et saxa[4] iaciente. 6. Tum imperator Nero populum vehementer reprehendit atque totam viam, qua servi ad mortem ducti sunt, praesidiis militum saepsit[5]. 7. Ac profecto omnes servi occisi sunt.

---

1) **sīve – sīve**: sei es, dass – oder dass; entweder – oder 2) **ut aémulum**: als Konkurrenten 3) **innoxius, -a, -um**: unschuldig 4) **saxum, -ī** n: Stein 5) **saepsit**: er ließ absperren

6 Geschichten vom „Aussteiger“ Diogenes

Bestimmen Sie mithilfe der Tabellen in der Grammatik die Art der konjunktivischen Gliedsätze.

1. Diogenes rogatus, cur luce[1] per vias Athenarum laternam[1] portaret[2], „Hominem“, inquit, „quaero“. 2. Diogenes, cum ludis Olympicis[1] per vias ambularet cum corona[3] victoris, cur id faceret, rogatus est. Is autem: „Apparet, quae mihi causa sit; ipse enim me vici. Nonne is, qui tantam victoriam habet, corona[3] victoris ornari debet?“

---

1) **lūce:** am helllichten Tag 2) **portāre**: tragen
3) **corōna, -ae** f: Kranz

7

Übersetzen Sie die folgenden Ablativi absoluti durch Gliedsätze der in Klammern angegebenen Art. Nehmen Sie an, dass das Prädikat des Satzes in einem Tempus der Vergangenheit steht.

► multis militibus captis (kausal)

(Lösung: weil viele Soldaten gefangen genommen worden waren …)

clamore audito (temporal) – signis militaribus[1] relictis (modal) – multis laesis (konzessiv) – paucis Romanis vulneratis (kausal) – Germanis celeriter victis (temporal) – hostibus pulsis (temporal und kausal) – concilio celeriter habito (temporal) – armis traditis (konzessiv) – nihil timentibus Romanis (modal)

8

Übersetzen Sie die folgenden Ablativi absoluti mit einer präpositionalen Verbindung und mit Beiordnung.

► Caesare ad-veniente → wegen/bei/trotz Cäsars Ankunft
Cäsar kam an und deshalb …/und dabei …/und trotzdem …

armis traditis (temporal und kausal) – concilio celeriter habito (temporal) – petita pace (konzessiv) – petentibus sociis (modal) – monente Caesare (kausal) – hostibus pulsis (temporal und kausal) – Germanis celeriter victis (konzessiv) – praesidio relicto (kausal)

Abl. abs. – Schritt für Schritt

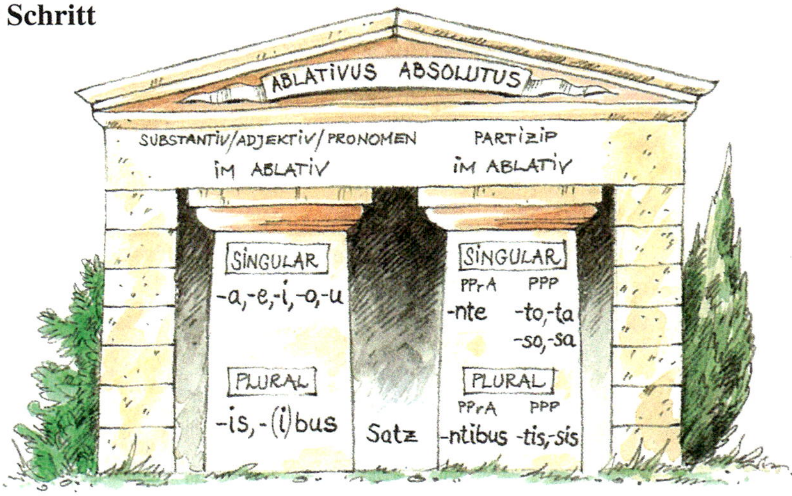

1. Erkennen der Erscheinungsform

Romanis ad Cannas **victis** magnus timor in urbe erat.

Das Partizip hat KNG-Kongruenz nur zu seinem Beziehungswort. Diese Verbindung von Nomen im Ablativ und Partizip im Ablativ scheint von dem Rest des Satzes gewissermaßen „losgelöst" (*absolvere*: loslösen), sie erfüllt aber die syntaktische Funktion des Adverbiales.

2. Verstehen als satzwertige Konstruktion

Romanis ad Cannas **victis**	magnus timor in urbe erat.
Die Römer waren … besiegt.	Große Angst herrschte in der Stadt.

Der Inhalt des Ablativus absolutus entspricht dem Inhalt eines Satzes.

3. Anbinden an den Satzzusammenhang

Beiordnung:	Die Römer waren … besiegt worden und **daraufhin/deshalb** herrschte … Angst.
Unterordnung:	**Als/Weil** die Römer … besiegt worden waren, herrschte … Angst.
präpo**S**itionale Verbindung:	**Nach/Wegen der Niederlage** bei Cannae herrschte … Angst.

4. Berücksichtigung der Sinnrichtung (semantische Funktion) und des Zeitverhältnisses

Es gibt folgende Sinnrichtungen:
der Zeit (temporal), des Grundes (kausal, konzessiv), der Art und Weise (modal).

Es gibt folgende Zeitverhältnisse:
vorzeitig – gleichzeitig.

Merksatz: **EVA** (**E**rkennen – **V**erstehen – **A**nbinden) **S**aust (Sinnrichtung) **Z**um (**Z**eitverhältnis)
BUS (**B**eiordnung – **U**nterordnung – präpo**S**itionale Verbindung).

Ein Frevler wider Willen: Ödipus

(Nach Hygin, Fabulae 66–67, und Apollodor, Bibliotheke III 50–55)

Dem König Laios von Theben war geweissagt worden, sein Sohn werde ihn töten. Um das zu verhindern ließ er seinen Erstgeborenen mit durchstochenen Füßen im Gebirge aussetzen. Dort fanden ihn Hirten des Königs Polybos von Korinth, der keine Kinder hatte und sich des Findlings annahm.

Diu Oedipus – eo nomine Periboea, uxor Polybi, puerum inventum appellaverat –
se filium regis esse arbitrabatur.
Aliquando autem unus ex adulescentibus, qui cum eo in palaestra[1] versabantur,
eum ‚nothum'[2] vocavit ceteris ridentibus.
Quam vocem Oedipus indignatus est et Periboeam rogavit, cuius filius esset.
Muliere nihil prodente Delphos proficisci statuit, ut oraculum consuleret.
Deus autem eum sic hortatus est:
„Cave, ne patrem occidas, cave, ne matrem uxorem ducas!"
Quae cum audivisset,
Oedipus Corinthum regredi veritus per Boeotiam equis vectus est.
In via angusta[3] ei senex obviam venit cum nonnullis servis magna voce clamantibus: „Cede regi potenti!"
Dum Oedipus cunctatur, unus ex eis servis alterum equum eius gladio caedit!
Statim Oedipus irascitur neque solum eum servum,
sed etiam regem senem occidit – fuit autem Laius, pater ipsius!
Ceteri servi Thebas fugerunt et, quod dominum suum tueri non potuerant,
mentiti sunt Laium a latronibus[4] occisum esse.
Postea Oedipus nonnullis locis moratus Thebas venit.
Non procul a moenibus urbis mirum monstrum in monte sedens conspicatus est:
Sphingem, cui caput virginis, corpus leonis erat.
Ea hominibus Thebas petentibus carmen[5] ponere solebat.
Qui carmen eius non solverant, eos crudeliter occidebat.
Quae cum Oedipodem vidisset,
„Cui animali", inquit, „sunt mane[6] pedes quattuor, postea duo, vesperi tres?"
„Homini", Oedipus respondit. Qua voce audita Sphinx se de monte praecipitavit.
Oedipus autem urbe a monstro liberata rex a Thebanis factus est
et uxorem regis occisi in matrimonium[7] duxit – fuit autem Iocasta, mater ipsius!
Diu Thebas rexerat, cum subito multi Thebani peste mortui sunt.
Statim Oedipus oraculum Apollinis consuluit, qui haec respondit:
„Dei irascuntur, nam is, qui Laium occidit, Thebis vivit.
Si eum inveneris, pestis finietur!"
Et profecto Oedipus multis hominibus rogatis eum invenit – se ipsum!

---

1) **palaestra, -ae** f: Sportplatz 2) **nothus, -ī** m: Bastard 3) **angustus, -a, -um**: eng 4) **latrō, -ōnis** m: Räuber 5) **carmen, -minis** n: Rätsel 6) **māne**: am Morgen 7) **in mātrimōnium dūcere**: heiraten

T
- *Gliedern Sie den Text und zeigen Sie, wie die einzelnen Abschnitte sprachlich und inhaltlich miteinander verbunden sind.*
- *Worin besteht die „Schuld" des Ödipus? Stellen Sie Belege aus dem Text zusammen.*

Ödipus und die Sphinx (ca. 475 v. Chr.), Museo Gregoriano, Vatikan, Rom.

Der geblendete Ödipus, Szenenfoto aus dem Film „Edipo re".

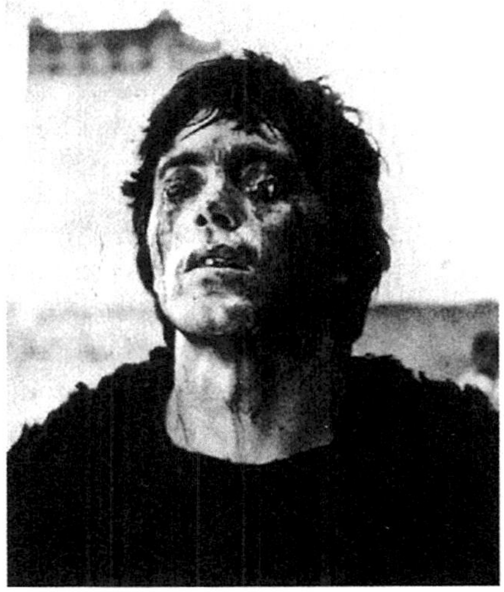

Ödipus

Die Griechen stellten sich die Götter in Menschengestalt (*anthropomorph*) vor und schrieben ihnen mehr negative als positive Eigenschaften zu. Diese Götter liebten und hassten, waren eifersüchtig, neidisch und hinterlistig. Sie verstrickten oft Menschen in eine ihnen selbst nicht erkennbare Schuld. Oft machten sich diejenigen, die Orakelsprüchen folgten um das Richtige zu tun, dadurch erst schuldig. Wäre Laios, der Vater des Ödipus, nicht durch ein Orakel gewarnt worden, so wäre es schließlich nicht dazu gekommen, dass Ödipus mit seiner Mutter Iokaste zwei Töchter (Antigone und Ismene) und zwei Söhne (Eteokles und Polyneikes) zeugte.

Als die Kinder herangewachsen waren, brach in Theben eine Pest aus. Alle Versuche von Ärzten und Priestern die entsetzliche Seuche zu bannen blieben vergeblich. Ödipus schickte deshalb seinen Schwager Kreon nach Delphi um das Orakel nach dem Grund des Unheils zu fragen. Er erhielt die Antwort, die Pest sei ausgebrochen, weil der Mörder des Königs Laios ungestraft in der Stadt lebe. Pest und Hungersnot nähmen erst dann ein Ende, wenn der Mörder aus der Stadt verbannt sei.

Ödipus, der nichts von den wahren Zusammenhängen ahnte, ordnete sofort eine Untersuchung an. Der blinde Teiresias, ein alter Mann mit göttlicher Sehergabe, wurde befragt. Er deckte auf, was tatsächlich geschehen war. Ein Überlebender aus Laios' Begleitung und der Hirte, der Laios' Sohn ausgesetzt hatte, bestätigten die Worte des Sehers. Da glaubte Ödipus wahnsinnig zu werden und wollte die Frau töten, die ihm Mutter und Ehefrau zugleich gewesen war. Diese hatte sich jedoch schon voller Entsetzen erhängt. Als Ödipus sie fand, verfluchte er seine Augen, die so viel Ungeheuerliches hatten sehen müssen, nahm eine Spange aus Iokastes Gewand und stach sich beide Augen aus. Er wurde entthront und von Kreon aus der Stadt gewiesen. Nachdem er seine Söhne verflucht hatte, weil sie sich seiner Verbannung nicht widersetzt hatten, wanderte er nur von seiner Tochter Antigone begleitet viele Jahre als Ausgestoßener umher. Schließlich gelangte er nach Delphi und befragte das Orakel des Apollo nach seinem weiteren Schicksal. Es wurde ihm geweissagt, er werde im heiligen Hain der Rachegöttinnen (Erinnyen) bis zum Lebensende Zuflucht finden. Diesen Hain fand er in Kolonos, in der Nähe von Athen. Dort starb er gereinigt von der Schuld, die ihm ein übermächtiges Schicksal aufgebürdet hatte.

E Germanorum civitatibus maxima laus erat quam latissime circum se vastatos fines habere. Hoc proprium esse virtutis putabant, hoc se tutiores fore arbitrabantur. Praeterea hospitem laedere fas non putabant; neque ignoramus, cur ita[1] arbitrati sint. Caesar enim tradidit eos arbitrari hospites esse sanctos. Ita[1] arbitrati eos ab iniuria prohibebant omnique victu iuvabant.

1) **ita** (hier): dies

1 Suchen Sie die Deponentien heraus.

Geben Sie die Bestimmung und Bedeutung der anderen Wörter an.

uxor, hortor, maior, arbor, victor, irascor, timor, moror, cunctor, amor, mercator, orator

2 Der Vielzweck-Vokal *-i*

Bestimmen und übersetzen Sie die Formen.

reg-
veh-
cap-
cep-
mort-
mor-

-i

contend-
maior-
domin-
comparar-
vesper-
coep-

3 Stellen Sie bedeutungsgleiche Paare zusammen.

putabat, cedent, timebit, dubitat, videret, monuit, recesserant, defendere, manent	morantur, verebitur, arbitrabatur, conspicaretur, proficiscentur, tueri, cunctatur, hortatus est, regressi erant

4 Immer „Passiv"?

1. In foro Romano multi homines versabantur. 2. Nam oratorem clarum orationem habiturum esse arbitrabantur. 3. Qui autem apparere cunctatus est. 4. Verebatur enim, ne a turba laudibus non afficeretur. 5. Sed ab amicis monitus est, ne diutius moraretur. 6. Tamen domum[1] regressus est.

5 Was ist Glück?

1. Solon philosophus[1] clarissimus *orbis terrarum videndi causa* Athenis *profectus* ad Croesum regem venit. 2. Qui *maximis divitiis monstratis* eum rogavit, quem beatissimum omnium hominum arbitraretur. 3. Vix *cunctatus* ille: „Tellus", inquit, „Atheniensis, nam nemo beatius vixit, nemo honestius vita cessit." 4. Quae verba *indignatus* rex: „Et quid de me? Nonne ego beatior sum?" 5. Solon autem: „Nemo ante mortem beatus appellari potest."

Aufgaben:

- *Identifizieren Sie die im Text hervorgehobenen syntaktischen Erscheinungen.*
- *Übersetzen Sie jede von ihnen auf zwei verschiedene Arten.*

1 Orakelsprüche

Die Sprüche der Pythia, der Priesterin des Apollo in Delphi, waren oft rätselhaft und dunkel. So lautete z. B. ihre Antwort,

- als Krösus, der König der Lyder wissen wollte, ob er gegen die Perser in den Krieg ziehen solle:
  Croesus Halyn[1] *penetrans*[2] *magnam pervertet*[3] *opum vim;*
- als Pyrrhus vor seinem Kampf gegen die Römer nach dem Ausgang des Krieges fragte:
  Aio[4] *te Romanos vincere posse;*
- als zwei Söhne des Königs Tarquinius Superbus nach der Erledigung des väterlichen Auftrags in Gegenwart ihres Cousins L. Iunius Brutus neugierig waren, wer von ihnen beiden die Herrschaft in Rom übernehmen werde:
  Imperium summum Romae habebit, qui vestrum[1] *primus, o iuvenes*[5], *osculum*[6] *matri tulerit*[6].

1) **Halys** (Akk. Halyn): Grenzfluss des Lyderreiches 2) **penetrāre**: durch … ziehen 3) **pervertere** ~ dēlēre 4) **āiō** ~ dīcō 5) **iuvenis** ~ adulēscēns 6) **ōsculum ferre** (Perf. tulī): (jmdm.) einen Kuss geben

Bronzenes Modell einer Schafsleber (2. Jh. v. Chr.).

2 Zukunftsdeutung bei den Römern

Das Orakel von Delphi genoss auch bei den Römern hohes Ansehen. Die Einschätzung der großen Mehrheit wird deutlich in dem Buch *De divinatione* („Über die Weissagung“). Dort lässt Cicero seinen Bruder sagen:

Numquam illud oraculum Delphis tam clarum fuisset neque tantis donis[1] refertum[2] omnium populorum atque regum, nisi omnis aetas[3] oraculorum illorum veritatem[4] experta esset[5].

Wenn Römer etwas Wichtiges vorhatten, nahmen sie es in der Regel nicht in Angriff, ohne vorher irgendwelche *auspicia* (Vorzeichen) zu ergründen. Sie glaubten nämlich, dass „Vorzeichen zwar nicht die Ursachen für ein Ereignis erklären, wohl aber verkünden, was eintreten wird, wenn man sich nicht vorsieht“. Dafür gab es insbesondere *augures* (Vogelschauer) und *haruspices* (Opferschauer). Erstere deuteten Flug und Geschrei von Vögeln, das Fressverhalten der heiligen Hühner sowie Blitz und Donner, Letztere weissagten aus den Eingeweiden von Opfertieren.

1) **dōnum, -ī** n: Geschenk 2) **refertus, -a, -um**: vollgestopft 3) **aetās, -ātis** f: Zeit 4) **vēritās, -ātis** f: Wahrheit 5) **experīrī (expertus sum)**: erfahren

Rückseite eines Bronzespiegels, Vulci.

3 Lächerlich

Cicero sagt von sich: *Ego esse divinationem nego* und schließt sich dem alten Cato an, der schon gut 100 Jahre zuvor gesagt hatte:
Miror[1], *quod non ridet haruspex, haruspicem cum vidit.*

1) **mīrārī**: sich wundern

Antigone

(Nach Hygin, Fabulae 68–72, und Sophokles, Antigone)

Für die Schuld, die Ödipus unwissend auf sich geladen hatte, ließen die erbarmungslosen Götter nicht nur Iokaste und ihn, sondern auch seine Kinder büßen:

Eteocles et Polynices, filii Oedipodis, iam patre vivo inter se certavisse[1] dicuntur; uterque enim regnum petebat. Itaque Oedipus, postquam intellexit Laium a se ipso occisum esse, regnum filiis tradidit alternis annis[2]. Ipse Antigona filia duce Thebis fugit. Cum Eteocles unum annum regnavisset, Polynices regnum ab eo repetivit. Qui cum negavisset, Polynices sociis con-vocatis et magnis copiis contractis Thebas oppugnavit, neque tamen cepit. Itaque singulari certamine[3] cum Eteocle contendit. Utroque autem fratre eo proelio occiso Creon rex factus est. Is summis cum honoribus Eteoclem sepeliri, Polynicis autem corpus, quod is patriam prodidisse videbatur, canibus proici iussit. Praeterea custodes disposuit et edixit: „Qui istud corpus sepelire studuerit, ei moriendum erit!“ Quod edictum Antigona, quae patre mortuo Athenis Thebas venerat, cognovit. Tamen pietate mota fratrem humo tegebat, sed ab eis, quibus corpus custodiendum erat, comprehensa et ad regem ducta est. Cum a Creonte rogata esset: „Cur edicto meo non paruisti?“, Antigona fortiter respondit: „Quod praeceptis deorum immortalium magis parendum est quam tuis.“ Quibus verbis auditis Creon virginem capitis damnandam esse statuit. Nullo cive resistente viva sepulta est. Haemon solus, regis filius, constituit amatam virginem sibi servandam esse. Itaque sepulcrum eius aperuit, sed frustra: Iam ipsa vitae suae finem fecerat. Itaque Haemon quoque mortem petivit et mater eius audita sorte filii dolore mortua est. Creon autem omnibus propinquis sua culpa amissis sero nimiam pertinaciam[4] suam doluit.

---

1) **certāre**: streiten 2) **alternīs annīs**: für jeweils ein Jahr (im jährlichen Wechsel)
3) **certāmen** (**-minis** n) **singulāre** (**-is**): Zweikampf 4) **pertinācia, -ae** f: Starrsinn

T
- *Im Text wird der Inhalt einer antiken Tragödie referiert. Mit welchen Mitteln wird ihr dramatischer Höhepunkt herausgehoben?*
- *Erstellen Sie eine Kurzcharakteristik der Antigone und des Kreon.*

Dionysische Masken, Pompeji.

Schlussszene der „Orestie“ des Aischylos in einer Inszenierung des London National Theatre 1981.

Theater

Tragödien wie die „Antigone“ des Sophokles wurden in Theatern gespielt, die ursprünglich als einfache Holzgerüste jeweils nur für die Dauer der Aufführung errichtet wurden. Seit dem 4. Jh. v. Chr. baute man auch Theater aus Stein, oft unter Ausnützung einer natürlichen Hanglage. Die Mitte bildete ein meist halbkreisförmiger ebener Tanzplatz, die Orchestra. Von ihr stieg der Zuschauerraum treppenförmig an, durch Umgänge und Stufen gegliedert. Viele tausend Zuschauer – das Dionysos-Theater in Athen hatte ungefähr 14 000 Sitzplätze – konnten jedes Wort der Schauspieler verstehen, so hervorragend war die Akustik, obwohl unter freiem Himmel gespielt wurde. An der geraden Seite der Orchestra stand das Bühnengebäude mit Umkleideräumen für die Schauspieler, Requisitenkammern und Theatermaschinen. Die vorgezogenen Seitenflügel des Bühnengebäudes bildeten mit der Bühnenwand die rechteckige, durch ein Podest erhöhte Bühne.

Als Schauspieler traten schon bei Sophokles nur drei Männer auf, die mehrere Rollen, auch die Frauenrollen, übernahmen. Sie trugen lange, reich verzierte Gewänder in grellen Farben sowie Masken aus Leinwand, die mit Gips oder Kleister zu einem steifen Helm geformt das ganze Gesicht bedeckten. Den Rest des Kopfes verhüllte eine Perücke. Schaftstiefel mit sehr dicken Sohlen (Kothurne) ließen die Akteure übermenschlich groß erscheinen.

Masken trugen auch die 15 Mitglieder eines Chores, der in der Orchestra sang oder tanzte. Mit seinen von der Lyra begleiteten Liedern griff er nicht direkt in das Stück ein, sondern kommentierte oder deutete das Geschehen.

Im griechischen Theater gab es keinen Vorhang. Zur Steigerung der Effekte standen den Regisseuren aber Kulissen und Theatermaschinen zur Verfügung. Spiegel projizierten Blitze auf die Bühne, eine große Trommel, auf die man Metallkugeln fallen ließ, diente als Donnermaschine. Am bekanntesten wurde eine Vorrichtung, mit der man wie mit einem Kran einen Schauspieler als Gottheit von oben auf die Bühne herabschweben und in die Handlung eingreifen lassen konnte. Daher bezeichnet man mit den Worten *deus ex machina* (der Gott aus der Maschine) noch heute die unerwartete Lösung eines dramatischen Konflikts.

E Oedipus illo sene occiso haec fere deliberavit: „Quid faciam? Nunc est agendum, non cunctandum. Certe mihi fugiendum est, ne et ego occidar." Itaque quam celerrime Thebas petivit. Ibi autem illa Sphinx hominibus urbem petentibus carmen (↗ 16 L) ponere solebat. Qui carmen eius non solverant, eis moriendum erat. Oedipus autem putavit nihil sibi timendum esse et profecto carmen positum solvit. Tum urbem intravit Thebanos his verbis appellans: „Sphinx vobis non iam timenda est, ego vos a monstro tam crudeli liberavi."

1 Bilden Sie grammatisch korrekte und sinnvolle Verbindungen und übersetzen Sie.

consilium	hortanti
matri	tuendis
hominibus	indignantes
multi	proficiscendi
praecepta	colendam
ad pietatem	edicta

2 Wer muss was tun?
Ordnen Sie zu und übersetzen Sie.

1. Mihi fabula	A. parendum est.
2. Omnibus civibus leges	B. colendi sunt.
3. Hominibus deus	C. legenda est.
4. Servis agri	D. verendus est.
5. Servis	E. observandae sunt.

3 Suchen Sie die Partizipien im Ablativ heraus.
Geben Sie jeweils die Lernform und die Bedeutung an.

dicto, repetita, contrahente, oppugnantibus, canibus, iussis, edicis, istis, tegente, praecepto, damnato, resistentibus, doloribus, dolente, finita, solvente, pede, corpore, morantibus, vehentibus, profectis

4 Typisch Abl. abs.
Finden Sie gelungene Übersetzungen.

signo dato, multis rogantibus, turba plaudente, timore victo, magnis operibus factis, initio facto, nomine Augusti audito, pace et foedere factis, omnibus copiis paratis, omnibus ignorantibus, timore cogente, urbe condita, nullo defendente, legionibus pecunia conciliatis, oratione habita, tributis impositis, pecunia accepta

5 Solon! Solon!

1. Paucis annis post illa verba Solonis (↗ 16 Ü 5) Croesus rex magno exercitu coacto Persas petivit, qui Cyro duce bellum parare dicebantur. 2. Sed pugna victus et arce, in quam fugerat, expugnata Croesus a victore captus est. 3. Iam in rogo[1] positus necem terribilem non iam ef-fugere videbatur, cum Solonis nomen vocavit. 4. Qua voce audita Cyrus eum rogavisse dicitur, quid clamaret. 5. Illis autem Solonis verbis cognitis vitae Croesi pepercit.

Aufgaben:
- *Bestimmen Sie Subjekt und Infinitiv der im Text enthaltenen NcI.*
- *Wo finden sich Ablativi absoluti, wo ein Participium coniunctum?*

1) **rogus, -ī** m: Scheiterhaufen

1 Meine Schwester Antigone
(Grete Weil, 1980)

Für Grete Weil, eine Jüdin, die den Holocaust überlebt hat, ist Antigone eine mythische Schwester; wie diese wäre sie gern gewesen, denn: „Neinsagen, die einzige unzerstörbare Freiheit, Antigone hat sie souverän genutzt." Für sie gehört Antigone zu den Menschen, „die bis an die Grenzen gehen. Die ihr Selbst voll ausschöpfen. Nicht nach dem Erfolg fragen, nur nach der eigenen Notwendigkeit. Unbequeme. Schwierige. Die uns zum Denken zwingen. Unser Bewusstsein wach machen." Antigones Worte „Mitzulieben, nicht mitzuhassen bin ich da", sieht sie gelebt durch Sophie Scholl. Diese wurde zusammen mit anderen Mitgliedern der Gruppe ‚Weiße Rose', die zum Widerstand gegen das NS-Regime aufgerufen hatte, 1943 zum Tode verurteilt und hingerichtet.

a) Informieren Sie sich über Sophie Scholl und die ‚Weiße Rose'.
b) Nehmen Sie Stellung zu der Aussage (Grete Weil, 1988) „Wie viel ärmer wäre unsere Welt ohne Antigone, ohne Sophie?"

Die gefesselte Antigone, Vasenbild (4. Jh. v. Chr.).

Szenenbild einer Inszenierung der „Antigonae" von Carl Orff in München 1975.

2 Antigone
(Bertolt Brecht, 1947/48)

Komm aus dem Dämmer und geh
Vor uns her eine Zeit,
Freundliche, mit dem leichten Schritt
Der ganz Bestimmten, schrecklich
Den Schrecklichen.

Abgewandte, ich weiß,
Wie du den Tod gefürchtet hast, aber
Mehr noch fürchtetest du
Unwürdig Leben.

Und ließest den Mächtigen
Nichts durch, und glichst dich
Mit den Verwirrern nicht aus, noch je
Vergaßest du Schimpf und über der Untat wuchs
Ihnen kein Gras.

a) An welchen Stellen im Text finden Sie Antigone wieder, an welchen Kreon?
b) Nehmen Sie Stellung zu der Einschätzung Brechts, dass Antigone „die große Figur des Widerstands" gewesen ist.

Orpheus und Eurydike

(Nach Ovid, Metamorphosen X 1–77)

Noch während der Hochzeitsfeier war Eurydike, die schöne Braut des Sängers Orpheus, von einer Schlange gebissen worden und gestorben. Untröstlich über den Verlust entschloss sich Orpheus in die Unterwelt hinabzusteigen. Er wollte durch seinen Gesang, mit dem er sogar wilde Tiere bezauberte, die Totengötter bewegen ihm Eurydike zurückzugeben.

„O numina mundi sub terra siti!
Non ad vos ire statui, ut regna vestra viderem,
non ut Cerberum, terribile monstrum, vincirem et ad lucem ferrem.
Causa viae est uxor, quam modo amisi.
Hanc calamitatem ferre volui, speravi me eam laturum esse, neque tamen potui:
Non tuli, vicit amor.
Itaque vos precibus adeo, ut mihi Eurydicam reddatis.
Cum iustos[1] peregerit annos, vestri iuris erit[2];
cum vitam suam vixerit, non invita huc[3] ibit,
quo omnibus mortalibus eundum est.
Vos enim longissimum regnum humani generis tenetis.
Si mihi uxorem reddideritis,
clementiam vestram semper laudabo.
Sin autem preces meas audire nolueritis,
non iam ad lucem redibo: Tum morte gaudete duorum!“
Sic Orpheus voce dulci cantans animum Proserpinae movit;
et regem mortuorum moverunt verba cantantis.
Flentes stabant animae exsangues[4]
neque Tantalus aquam fugientem captavit neque Sisyphus saxum volvit.
Tum primum lacrimas in oculis Furiarum fuisse fama fert.
Proserpina autem ei uxorem reddidit hac condicione:
„Si rediens oculos flexeris et Eurydicam videre volueris,
priusquam his sedibus exieris,
eam statim amittes!“
Iam Orpheus redit cum uxore propter vulnus tardius[5] eunte,
iam margini[6] terrae appropinquant, cum ille nimio amore motus oculos flectit –
et statim Eurydica, uxor amata, evadit!
Redeuntem Orpheum Charon iterum transportare noluit.
Tamen per septem noctes ibi mansisse fertur, priusquam in Thraciam rediit.

---

1) **iūstus, -a, -um** (hier): gebührend 2) **vestrī iūris erit**: sie wird euch gehören 3) **hūc**: hierher
4) **exsanguis, -e**: blutlos, tot 5) **tardus, -a, -um**: langsam 6) **margō, -ginis** f: Rand

T
- *Gliedern Sie die Rede des Orpheus und stellen Sie fest, wie er versucht die Götter der Unterwelt für sich zu gewinnen. Was ist der Hauptpunkt seiner Argumentation?*
- *Was erreicht der Dichter dadurch, dass er mitteilt, wie die Toten, wie Tantalus und Sisyphus und schließlich die Furien auf das Lied des Orpheus reagieren?*

Orpheus

Orpheus und Eurydike (röm. Kopie eines attischen Originals von ca. 410 v. Chr.), Museo Archeologico Nazionale, Neapel.

Orpheus war der Sohn eines Königs von Thrakien. Von seiner Mutter Kalliope, der Muse der Dichtkunst, wurde er im Gesang, von Apollo im Lyraspiel unterrichtet. Beides beherrschte er so vollkommen, dass man seiner Musik eine göttliche Macht zuschrieb: Nicht nur Menschen verzauberte er, sondern auch Tiere und Pflanzen, ja sogar die unbelebte Natur. Zahme und wilde Tiere versammelten sich friedlich um ihn, Bäume und ganze Wälder kamen herbei. Bei seinem Gesang hörten die Flüsse auf zu fließen und das wilde Meer wurde ruhig. Den beeindruckendsten Beweis seiner Kunst gab Orpheus in der Unterwelt, aus der er seine verstorbene Frau Eurydike zurückholen wollte. Nachdem er sie zum zweiten Mal verloren hatte, ging er traurig zurück nach Thrakien, mied die Menschen und sang und spielte nur noch in Gedanken an seine geliebte Eurydike. Doch bald fand er selbst den Tod: Thrakische Frauen, die in wilder Begeisterung das Fest des Gottes Dionysos feierten, stürmten durch den Wald. Als sie Orpheus trafen, rissen sie ihn in Stücke, weil sie wütend darüber waren, dass er seit Eurydikes Tod nichts mehr von der Liebe wissen wollte und die thrakischen Männer dazu gebracht hatte, ihm zu folgen und ihre Familien zu verlassen. Die Musen begruben Orpheus' Leiche in seiner Heimat, die Lyra versetzten sie als Sternbild an den Himmel. Orpheus' Seele stieg in die Unterwelt hinab, wo sie für immer mit Eurydike vereint wurde. Nach Orpheus wurde eine religiöse Bewegung benannt, die im 5. Jh. v. Chr. in Thrakien entstand und sich bis nach Süditalien ausbreitete. Deren Anhänger, die ‚Orphiker', glaubten, dass die Seele, das Göttliche im Menschen, sich im Körper wie in einem Grab befinde. Nach dem Tod müsse sie in einen neuen Körper eingehen, bis sie ein besonders sittenreines Leben aus dem Kreislauf der Wiedergeburten befreie. Zur sittlichen Lebensführung der ‚Orphiker' gehörten Reinigungen, Verzicht auf Fleisch, Eier und Bohnen sowie auf wollene Kleidung.

E Antigona, quae patre mortuo Thebas redire statuerat, Athenis ab-iit. Cum urbem in-isset, deliberavit: „Ego ferre nolo, immo mihi ferendum non est, quod frater in-sepultus iacet. Frustra neminem tantum ne-fas laturum esse speravi. Quamquam rex fratrem sepeliri non vult, ego statim ibo, ut eum sepeliam."
Dum Antigona fratrem humo tegit, duo custodes eam adeunt et rogant, quid velit. „Fratrem sepelire volo et …"
Tum unus ex custodibus: „Quid vis? Ignorasne regis edictum?"
Et haec: „Fratrem humo texi deis volentibus."
Illi autem eam comprehendunt et ad regem ducunt.
Qui eam rogat: „Cur mihi parere noluisti? Cur fratrem sepelire voluisti?"
Tum Antigona fortiter respondisse fertur: „Tantum ne-fas non tuli, non fero, non feram."

1 Drillinge gesucht

eo	velim	ferret
it	volunt	feram
eunt	volo	fero
eam	vellet	tulit
iit	vult	fert
iret	voluit	ferunt

2 Welche Bedeutung von *ferre* passt jeweils?

1. Tibi auxilium feremus.
2. Consules novam legem tulerunt.
3. Marcus se obviam fert amicae.
4. Fama fert Furias flevisse.
5. Multa mala tulimus.

3 Alles Vorsilben

Was bedeuten diese Vorsilben?
Ermitteln Sie die Grundbedeutung der Komposita und suchen Sie Merkhilfen.

afficere, accipere, adire, adducere, edicere, evadere, exire, expugnare, regredi, redire, recedere, reddere, repetere, resistere

4 *ad-, ex-, re-*

Suchen Sie für folgende Wendungen angemessene deutsche Übersetzungen.

1. Loca clara adisti.
2. Magna opera adiimus.
3. Adite oraculum!
4. Consules curiam adierunt.
5. Milites castra hostium adeunt.
6. Honores adeas!
7. Ne exieritis e patria!
8. E vita exiit.
9. Copiae ad pugnandum e castris exierunt.
10. Naves exibunt.
11. Exercitus in castra rediit.

5 Wo willst du hin? – Ein „Duett" aus der Plautuskomödie *Persa*.

Den kleinen Dialog sprechen ein junger Mann (A) und ein Mädchen (B).

„Dic mihi: Quo is?" „Nolo. Dic tu!" „Prior[1] rogavi." „Sed post scies." „Eo ego non longe." „Neque ego longe ibo." „Quo tandem ibis, mala?" „Nisi sciero ex te, quo eas, tu ex me numquam, quo ire velim, scies." „Numquam scies, priusquam ex te audivero." „Dixi me nolle." „Nolle me dixi." „Homo pessimus es." „Tu quoque pessima!" „Certe." „Ferunt te semper mentiri." „Non mentiuntur." …

Aufgaben:
- *Weisen Sie anhand grammatischer Indizien die einzelnen Sätze den Sprechern zu.*
- *Spielen Sie den Dialog.*

1) **prior, -ōris** m/f: zuerst

In der Unterwelt

1 **Tantalos**, ein Freund der Götter, den diese zu ihren Mahlzeiten einluden, stahl ihre Nahrung (Nektar und Ambrosia), verriet ihre Pläne, versuchte bei einer Gegeneinladung ihnen Stücke seines Sohnes Pelops zu servieren; dafür wurde er nach seinem Tod hart bestraft; er muss drei ewige Qualen erleiden: Durst, Hunger und Angst. Denn das Wasser, in dem er steht, weicht zurück, wenn er davon trinken will; Zweige mit wohlschmeckenden Früchten, die über ihm hängen, schnellen empor, wenn er nach ihnen greifen will, und ein Felsbrocken, der über seinem Kopf schwebt, droht auf ihn herabzustürzen.

Karikatur von Daumier.

Karikatur: Wenn Sisyphus mal muß

2 **Sisyphos** hatte sich viele Verbrechen zuschulden kommen lassen. Darüber hinaus hatte er auch den Zorn des Zeus auf sich gezogen. Als dieser ein Mädchen entführt hatte, verriet Sisyphos das Versteck an den Vater des Mädchens. Deshalb sollte der Tod Sisyphos in die Unterwelt holen. Sisyphos jedoch überlistete den Tod, indem er ihn mit seinen eigenen Fesseln fesselte. Da jetzt niemand mehr sterben konnte, musste Ares den Todesgott befreien und lieferte ihm Sisyphos aus. In der Unterwelt wurde Sisyphos aufs Härteste bestraft: Er soll einen riesigen Stein einen Berghang hinaufrollen und auf der anderen Seite hinunterrollen lassen. Doch entgleitet ihm jedes Mal kurz vor der Bergkuppe der Stein, sodass er von vorne beginnen muss.

3 **Castor und Pollux** werden auch als Dioskuren, als Zeussöhne, bezeichnet, doch soll nur einer der Zwillinge, Pollux, ein Sohn des Gottes gewesen sein. Das Brüderpaar wurde von den Römern besonders verehrt, weil es ihnen in einer entscheidenden Schlacht beigestanden hatte. Als Castor in einem Kampf sein Leben verlor, machte Zeus dem Pollux auf dessen Bitten hin ein Angebot: Er könne sein Privileg als Unsterblicher, nämlich im Olymp bei den Göttern zu sitzen, mit seinem Bruder teilen. Freudig nahm Pollux an und so verbringen die unzertrennlichen Zwillinge abwechselnd einen Tag in der Unterwelt und den anderen auf dem Olymp.

Die Dioskuren auf dem Kapitol.

4 **Das Weiterleben von Sagengestalten**
Erklären Sie die folgenden Begriffe, wenn nötig mithilfe eines Wörterbuchs oder eines mythologischen Lexikons.

Sisyphusarbeit, Tantalusqualen
Herkulestat, Kassandraruf
Achillessehne, Prokrustesbett
Ödipuskomplex

„Der Tod schreckt mich nicht!“

(Nach Cicero, Tusculanae disputationes I 97 ff.)

Dem Philosophen Sokrates aus Athen, der 399 v. Chr. wegen angeblicher Gottlosigkeit zum Tod verurteilt wurde, legte sein Schüler Platon das folgende Schlusswort an die Richter in den Mund. Ins Lateinische übersetzt hat es Marcus Tullius Cicero.

„Magna me spes tenet, iudices, bene mihi evenire, quod mittar ad mortem.
Nam aut sensus omnes nobis mors aufert,
aut nobis in alium locum ex his locis eundum est.
Quam ob rem, si sensus auferuntur et mors altissimo somno similis est,
di boni, quantum lucri[1] est mori
et quam multi dies reperiri possunt, qui huic nocti anteponantur!
Cui si simile est omne tempus futurum,
quis me beatior?
Sin autem vera sunt, quae dicuntur, mortem esse migrationem[2] in ea loca,
quae, qui vita cesserunt, incolunt,
id multo iam beatius est.
Nam cum a vobis excessero, qui iudices haberi vultis,
ad eos veniam, qui vere iudices appellentur,
ad Minoem, Rhadamanthum, Aeacum,
eosque conveniam, qui iuste et cum fide vixerint.
Quanti vero hoc esse putatis, ut cum Orpheo, Hesiodo, Homero colloqui mihi liceat?
Equidem saepe mori, si fieri posset, vellem,
ut ea, quae dico, mihi liceret videre!
Temptarem et Ulixis et Sisyphi prudentiam neque capitis damnarer,
cum haec exquirerem, sicut hic faciebam.
Ne vos quidem, iudices, qui me absolvistis, mortem timueritis!
Neque enim cuiquam bono mali quicquam evenire potest nec vivo nec mortuo,
neque umquam eius res a dis immortalibus neglegentur.
Neque habeo,
quod eis suscenseam,
a quibus accusatus aut a quibus damnatus sum,
nisi quod mihi nocere se crediderunt.
Sed tempus est abeundi
mihi, ut moriar,
vobis, ut vitam agatis.
Utrum autem sit melius,
di immortales sciunt; hominum quidem scire arbitror neminem.“

1) **lucrum, -ī** n: Gewinn 2) **migrātiō, -ōnis** f: Wanderung, Übergang

T
- *Welche Vorstellungen über das, was nach dem Tod kommt, entwickelt Sokrates und welche anderen klammert er aus?*
- *Wo schimmert selbst bei diesem ernsten Thema die für Sokrates typische feine Ironie durch?*

Tod des Sokrates (1787), Jacques-Louis David (1748–1825), The Metropolitan Museum of Art, New York.

Sokrates

Sokrates wurde um 470 v. Chr. als Sohn eines Steinbildhauers und einer Hebamme in Athen geboren. Er erlernte den Beruf seines Vaters. Zum Militärdienst herangezogen, zeichnete er sich im Krieg zwischen seiner Heimatstadt und Sparta (431 – 404 v. Chr.) durch Tapferkeit aus. Er bewies auch Zivilcourage, indem er z. B. nach Ende des Krieges einem Befehl der neuen Machthaber, die in Athen eine skrupellose Gewaltherrschaft ausübten, nicht Folge leistete.

Sokrates, der selbst keine Bücher schrieb, lehrte, wie wir vor allem aus den Schriften seines Schülers Platon wissen, auf öffentlichen Plätzen und unterwies die jungen Athener, indem er sich mit ihnen unterhielt (dialektische Methode) und sie auf der Suche nach Erkenntnis (Philo-sophia) zu eigenständigem Denken anregte. Er glaubte nämlich, dass jeder Mensch die Erkenntnis in sich trage. Darum wollte er, wie eine Hebamme, dabei helfen, diese Erkenntnis „herauszubringen“ (Methode der Maieutik [gr.]). Weil er sich in solchen Dialogen ratlos stellte („Ich weiß, dass ich nichts weiß.“), seinen Gesprächspartnern aber häufig nachwies, dass sie in Fragen der Ethik fremde Urteile ungeprüft übernahmen und allzu selbstsicher urteilten, machte er sich in der Gesellschaft Athens gerade unter den selbstgewissen Autoritäten viele Feinde.

Sokrates ging es bei der Suche nach der Erkenntnis nicht wie den Philosophen vor ihm um die Erforschung der Natur, sondern um den Menschen, um das Gute und Gerechte, um Normen, an denen die Menschen ihr Wollen und Handeln ausrichten konnten. Mit dieser Wendung von der Natur zur Ethik (sog. sokratische Wende) hat er der Philosophie wichtige neue Impulse gegeben.

Auf der Suche nach verlässlichen Maßstäben berief er sich auf sein „Daimonion“, seine innere Stimme, die ihn immer wieder abhalte etwas Unrechtes zu tun, aber ihn nie zum Handeln zwinge. Im Vertrauen auf dieses „Göttliche“ im Menschen zeigte sich der persönliche Glaube des Sokrates, der vielen Zeitgenossen als Frevel erschien.

So klagte man ihn schließlich 399 v. Chr. an, er wolle neue Götter einführen und verderbe die Jugend. Mutig und unerschrocken verteidigte er sich – und wurde zum Tode verurteilt. Obwohl ihm Freunde die Flucht aus dem Gefängnis ermöglichen wollten, entzog er sich – in konsequentem Hinhören auf sein „Daimonion“ – nicht der Hinrichtung und leerte den Schierlingsbecher.

E Orpheus: „Spero, di magni, me non frustra ad vos descendisse. Neque tamen descendissem, nisi quid spei mihi esset. Magna enim me tenet spes vos mihi uxorem reddituros esse. Immo vero huic uni spei me do. Nihil enim mihi tanti est quanti uxor modo amissa. Private[1] me omnibus rebus meis, sed numquam spe mea. Damnum omnium rerum per-feram, si uxorem mihi reddideritis. Omnem spem posui in vobis, qui omnia dare, omnia negare possitis. Quis vos uxore accepta magis laudabit me? Non habeo, quod de misericordia vestra dubitem."

1) **prīvāre** ~ spoliāre

1 **Vieldeutige Signale:** ***-es; -i; -em; -e***
Bestimmen Sie, geben Sie die Lernform und deren Bedeutung an.

spes, evenies, preces, velles, pedes, turpes, possides, fleres –
spei, videri, cani, isti, dici, soli, dei, tueri, veni, celeri –
spem, temptem, meliorem, irem, decem –
spe, iudice, vere, absolve, neglegere, morere, unde, neglegente

2 **Fügen Sie die passenden Teile zusammen,** übersetzen Sie und geben Sie an, welche syntaktische Funktion die Gliedsätze erfüllen.

1. Qui bonos amat,	A. cui utile est.
2. Multi non dicunt,	B. malis non credit.
3. Quod nocet,	C. quem multi timent.
4. Hoc fecit is,	D. docet.
5. Multos timere debet,	E. quod in animo habent.

3 **Übersetzen Sie** und stellen Sie fest, welchen Nebensinn der konjunktivische Relativsatz hat.

1. Quis est, qui hoc non intellegat? 2. Non sum is, qui pericula timeam. 3. Consul tres legiones coegit, quas sociis mitteret. 4. Nulla tum fuit civitas, quae Caesari non pareret.

4 **Übersetzen Sie** und bestimmen Sie die jeweilige Grundfunktion des Ablativs.

1. Invitus Roma abeo. 2. Vera virtus luce clarior est. 3. Hoc signo vince! 4. Summa diligentia[1] leges servemus! 5. Ne ira motus orationem habueris! 6. Paucis annis post amicus ornatus est magnis honoribus. 7. Exercitus Romanorum maior erat copiis Germanorum. 8. Multos annos Athenis mansimus.

5 **Fügen Sie zunächst die Genitive an der jeweils passenden Stelle ein** und übersetzen Sie dann.

urbis, servorum, pecuniae, summi consilii, gloriae, hominum

1. Multi ■ cupidi sunt. 2. Porta ■ ab hostibus fracta est. 3. Nimia cupiditas ■ turpissima est. 4. Magna pars ■ nihil auxilii habebat. 5. Caesar erat vir ■. 6. Vita ■ parvi erat.

6 **Bedürfnislos**
1. Socrates saepe totum diem in foro Athenarum versatus est, ut cum adulescentibus de multis rebus colloqueretur. 2. Aliquando, dum cum nonnullis amicis per forum it, ei copiam rerum laudabant, quas apud mercatores videbant. 3. Tum Socrates: „Ego, cum tot res video, ante omnia intellego, quot rebus mihi opus non sit."

Aufgabe:
Diese Anekdote ist weit über 2000 Jahre alt; inwiefern ist sie „aktuell"?

Was geschieht am Ende?

1 Zwei Möglichkeiten, was der Tod sein kann, haben Sie kennen gelernt. CICERO berichtet über weitere Vorstellungen.

Mors igitur quid sit, primum est videndum.
Sunt enim, qui discessum animi a corpore
arbitrentur esse mortem;
sunt, qui nullum putent fieri discessum,
sed una animum et corpus cadere
animumque in corpore exstingui.
Qui discedere animum putant,
alii statim dissipari,
alii diu permanere,
alii semper.

Was der Tod überhaupt ist, muss als Erstes untersucht werden. Denn es gibt manche, die der Ansicht sind, der Tod sei die Trennung der Seele vom Körper; es gibt andere, welche meinen, es finde keine Trennung statt, sondern Seele und Körper stürben gemeinsam und die Seele werde im Körper ausgelöscht. Von denen, die glauben, dass die Seele sich (vom Körper) trennt, meinen die einen, sie löse sich sofort auf, die anderen, sie bestehe noch lange weiter, wieder andere, sie bleibe für immer bestehen.

2 SOKRATES' Position wird im Folgenden deutlich:

Socrates, cum de immortalitate animorum disseruisset et iam moriendi tempus adesset, a Critone rogatus, quomodo sepeliri vellet, „Frustra", inquit, „demonstravi me hinc avolaturum neque quicquam mei relicturum. Vero tamen, Crito, si me consequi potueris, me sepelias, ut tibi videtur. Sed, mihi crede, nemo vestrum me, cum hinc excessero, consequetur."

Als Sokrates über die Unsterblichkeit der Seelen gesprochen hatte und der Zeitpunkt seines Todes schon sehr nahe war, wurde er von Kriton gefragt, wie er bestattet werden wolle. Daraufhin sagte er: „Ich habe unseren Kriton nicht davon überzeugen können, dass ich von hier wegfliegen und von mir nichts zurücklassen werde. Doch wenn du mich einholen kannst, Kriton, bestatte mich, wie du es für richtig hältst. Aber, glaube mir, niemand von euch wird mich, wenn ich von hier weggegangen bin, erreichen."

Mosaik aus Ostia „Erkenne dich selbst!" (2./3. Jh. n. Chr.) Thermenmuseum, Rom.

Diogenes im Fass.

3 Sehr klar äußert sich der Philosoph DIOGENES:

Proici se iussit in-sepultum. Tum amici: „Canibus et feris[1]?" „Minime vero[2]", inquit, „sed bacillum[3], quo pellam, apud me ponite." „Quomodo poteris", illi, „non enim senties[4]." „Quid igitur mihi ferae[1] nocebunt nihil sentienti[4]?"

1) **fera, -ae** f: das wilde Tier 2) **minimē vērō**: nein, keineswegs 3) **bacillum, -ī** n: der Stock 4) **sentīre**: fühlen, empfinden

Dem unbekannten Gott

(Nach der Apostelgeschichte 17, 16–34)

Allen Menschen, die den Glauben an die Götter verloren hatten und bei der Philosophie keinen Halt fanden, spendete das junge Christentum Trost und Zuversicht. Dass seine Botschaft sich so rasch im Römischen Reich ausbreiten konnte, ist das Verdienst des Apostels Paulus. Er kam auf einer seiner Missionsreisen auch nach Athen:

Paulus, cum Athenis versaretur,
disputabat in foro per omnes dies ad eos, qui aderant.
Quidam autem Epicurei et Stoici philosophi disserebant cum eo
et quidam dicebant: „Quid iste homo vult dicere?“
Alii autem putabant eum novos deos inferre.
Qua de causa eum comprehensum in Areopagum duxerunt ita dicentes:
„Possumus scire, quae sit haec nova, quae a te dicitur, doctrina?
Nova enim quaedam infers auribus nostris.
Volumus ergo scire, quid haec esse velint.“
Paulus autem stans in medio Areopago:
„Viri Athenienses“, inquit, „a vobis religionem maxime coli video.
   Et dum per vestram urbem eo,
inveni et aram, in qua scriptum erat: IGNOTO DEO.
Quod ergo nescientes veneramini, hoc ego vobis annuntio[1] et demonstro:
Deus, qui fecit mundum et omnia, quae in eo sunt,
   quia caeli et terrae dominus est,
non habitat in templis manu factis nec manibus humanis colitur,
   quasi egeat aliqua re, cum ipse det omnibus vitam.
Is enim genus hominum fecit, ut habitent omnes terras
et ut quaerant et inveniant deum, quamvis non longe sit ab unoquoque nostrum.
In ipso enim vivimus, sicut et quidam poetarum vestrorum dixerunt:
‚Ipsius genus sumus.‘
   Cum autem simus genus dei,
non debemus aestimare eum similem simulacris ex auro et argento factis.
Deus ille, de quo dico, nunc hominibus annuntiat[1],
   ut omnes ubique paenitentiam agant scelerum et flagitiorum commissorum,
   quod statuit diem, quo iudicabit orbem cum filio suo, qui resurrexit[2] a mortuis.“
   Ut autem audiverunt aliquem a mortuis resurrexisse[2],
quidam ridebant, quidam vero dicebant:
„Audiemus te de hoc iterum.“ Erant et, qui ei crederent.

---

1) **annūntiāre**: verkünden 2) **resurgere** (**resurrēxī**): auferstehen

T
- *Gliedern Sie den Text. Welche sprachlichen Merkmale helfen Ihnen dabei?*
- *Geben Sie den einzelnen Abschnitten kurze Überschriften.*
- *Vergleichen Sie die Äußerungen der Athener vor und nach der Rede des Paulus.*

Predigt des Apostels Paulus vor dem Areopag in Athen, Karton zu einem Wandteppich von Raffael Santi (1483–1520), Victoria & Albert Museum, London.

Die Anfänge des Christentums

„Für Juden ein Ärgernis, für Heiden aber eine Torheit“ – mit diesen Worten aus dem 1. Korintherbrief beschreibt Paulus die Reaktion vieler Menschen auf seine Predigt vom „gekreuzigten Christus“.

Paulus wurde als Sohn einer strenggläubigen jüdischen Familie in Tarsos (Kleinasien, heutige Türkei) geboren, war aber zugleich von Geburt an *civis Romanus*. Neben jüdischer Bildung hatte er sich auch Kenntnisse in der griechischen Philosophie angeeignet und Rhetorik studiert. In Jerusalem ausgebildet, trat Paulus eifrig für das jüdische Gesetz ein und missionierte für das Judentum. So wird sein Eifer gegen die Christen verständlich, da diese sich von der jüdischen Gesetzesgerechtigkeit losgesagt hatten. Das „Damaskus-Erlebnis“, die Bekehrung und Berufung zur Verkündigung des Evangeliums (wahrscheinlich im Jahr 32 n. Chr.), bedeutete für Paulus, dass er nicht mehr daran glaubte, Heil und Gerechtigkeit allein durch buchstabengetreue Befolgung des „Gesetzes“ erreichen zu können, auch wenn für ihn das jüdische Gesetz weiterhin gültig blieb. Er war aber davon überzeugt, dass durch Jesu Tod und Auferstehung das von den Juden erwartete Heil wirklich angebrochen sei. Während sich die Mehrheit der Jünger noch als Juden und Anhänger Jesu verstand, hat Paulus, der den irdischen Jesus wahrscheinlich nicht gekannt hatte, das Evangelium bewusst und gezielt auch unter Nichtjuden verkündet. Für ihn ist Jesus nicht nur Rabbi oder Prophet, sondern Christus und Sohn Gottes. Durch unermüdliche Missionarstätigkeit auf seinen Reisen sorgte er für die Verbreitung des Christentums und begründete mit seinen Lehrbriefen zugleich die christliche Theologie. Für Paulus und seine Mitarbeiter, die dem Judentum entstammten, waren die im ganzen Römischen Reich vorhandenen jüdischen Gemeinden Anlaufstellen und Ausgangspunkt der Missionierung. Infolge dieser engen Verbindung christlichen und jüdischen Lebens gewährte der römische Staat den Christen die gleichen Privilegien wie den Juden: Befreiung vom Militärdienst, Freistellung von allen Verpflichtungen, die sich mit dem Monotheismus nicht vertrugen, und freie Ausübung des Kultes. Abgesehen von der kurzzeitigen, nur auf das Stadtgebiet von Rom beschränkten Christenverfolgung unter Nero blieb die junge Kirche im 1. Jh. n. Chr. vom römischen Staat nahezu unbehelligt.

E Socrates, quamquam capitis damnatus erat, iudicibus non suscensuit, cum arbitraretur mori sibi fore lucro (↗ 19 L). Rogatus autem, quid lucri esset mori, „Ad eos“, inquit, „veniam, qui vere iudices appellentur. Itaque mihi id studendum est, ut quam celerrime eos conveniam. Immo vero, si fieri posset, saepe ire, quo omnibus eundum est, vellem, ut cum illis colloqui mihi liceret.“ Iudices autem, postquam haec verba audiverunt, indignati sunt. Ipsi enim vitam sic amabant, ut vita cedere nollent, priusquam necesse esset.

1 Suchen Sie aus dem Lektionstext 20 die Gliedsätze heraus,

bestimmen Sie die Art jedes Gliedsatzes und seine syntaktische Funktion.

2 Konjunktion oder Subjunktion?

Sortieren Sie und geben Sie die jeweilige Bedeutung an.

atque, cum, aut, dum, ne, nisi, autem, enim, ergo, postquam, priusquam, quamquam, et, etiam, ideo, igitur, quamvis, quod, si, itaque, nam, -que, ut, quoque, sed, sicut, tamen, neque

3 Welcher Gliedsatz passt wo?

1. Paulus, ?, in foro disputabat.
2. Multi philosophi, ?, cum eo disserebant.
3. Alii, ?, eum comprehensum in Areopagum duxerunt.
4. Paulus autem, ?, dixit:
5. „In vestra urbe aram, ?, inveni.
6. Sed deus, ?, non in templis manu factis habitat.“

A. dum in medio Areopago stat
B. qui eum novos deos inferre putarent
C. cum Athenis versaretur
D. qui aderant
E. qui fecit mundum
F. in qua scriptum est: IGNOTO DEO

4 Ein Wunder

(*Nach dem Markusevangelium I 35–42*)

1. Iam ante diem Iesus abiit; voluit enim solus esse. 2. Petrus autem et alii, qui apud eum erant, eum quaerebant et, cum eum invenissent, Petrus: „Te“, inquit, „omnes volunt videre.“ 3. Tum Iesus eis: „Eamus in oppida proxima[1], ut ibi doceam.“ 4. Et venit ad eum leprosus[2] dicens: „Si vis, me purum[3] facere potes.“ 5. Iesus autem misericordia motus: „Sis purus[3].“ 6. Quae cum dixisset, ille statim purus[3] factus est.

Aufgabe:
Vergleichen Sie diese etwas gekürzte Fassung mit dem Originaltext. Was ist entfallen? Wird die Episode durch die Auslassungen beeinträchtigt?

1) **proximus, -a, -um**: der nächste 2) **leprōsus, -ī** m: Leprakranker, Aussätziger 3) **pūrus, -a, -um**: rein, gesund

5 Vielseitiges *-um*

Unterscheiden Sie Wortart und Bedeutung.

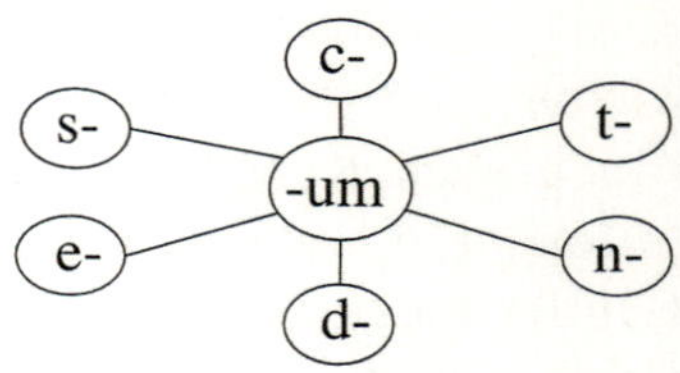

1 Bevor Paulus das Christentum predigte, war er ein unerbittlicher Verfolger der Christen. Wie es zu der Verwandlung vom *Saulus* zum *Paulus* kam, berichtet er selbst:

(Als ich auf dem Weg von Jerusalem nach Damaskus war, erfasste mich und meine Begleiter ein glänzendes Licht, das vom Himmel kam …)

Omnesque nos cum cecidissemus in terram, audivi vocem mihi dicentem: „Saule, Saule, quid me persequeris[1]?" Quam vocem miratus[2] haec rogavi: „Quis es, domine?" Dominus autem dixit: „Ego sum Iesus, quem tu persequeris[1]. Sed surge[3] et sta in pedibus tuis, nam ego te ministrum meum faciam."

1) **persequī**: verfolgen 2) **mīrārī**: sich wundern
3) **surgere**: aufstehen

2 Neben Paulus war Petrus wohl das prominenteste Opfer der ersten Christenverfolgung unter Nero in Rom (64 n. Chr.). Obwohl ihm die Flucht aus Rom ermöglicht worden war, kehrte er doch aufgrund des folgenden Ereignisses freiwillig zurück:

Petrus, cum ex urbe exisset, subito vidit sibi obviam venire Christum et rogavit: „Domine, quo vadis?" Is autem „Romam venio", inquit, „ut iterum cruci affigar[1], quod tu officii neglegens[2] fugis."

1) **crucī affīgere**: kreuzigen 2) **officiī neglegēns**: pflichtvergessen

Szenenfoto aus dem Film „Quo vadis".

3 **Pater noster – Das Gebet der Christen**
Mit Beginn des 2. Jh.s n. Chr. wurden die Christen massiv verfolgt, teils in Unverständnis ihrer Lehre, teils aus Angst vor einem Umsturz der staatlichen Ordnung, wie er sich u. a. im Vaterunser zu manifestieren schien.

Ordnen Sie die Zeilen des Vaterunsers in verschiedenen Sprachen den lateinischen Zeilen zu.

(1) Pater noster, qui es in caelis,	(A) notre pain quotidien (*franz.*)
(2) sanctificetur[1] nomen tuum,	(B) así como nosotros perdonamos a nuestros deudores (*span.*)
(3) ad-veniat regnum tuum,	(C) santificado seja o teu nome (*portug.*)
(4) fiat voluntas[2] tua,	(D) mas líbranos del mal (*span.*)
(5) sicut in caelo et in terra.	(E) sia fatta la tua volontà (*ital.*)
(6) Panem[3] nostrum cottidianum[4]	(F) Notre Père, qui es aux cieux (*franz.*)
(7) da nobis hodie[5],	(G) y perdona nuestras deudas (*span.*)
(8) et dimitte[6] nobis debita[7] nostra	(H) e non ci esporre alla tentazione (*ital.*)
(9) sicut et nos dimittimus[6] debitoribus[7] nostris	(I) donne-nous aujourd'hui (*franz.*)
(10) et ne nos in-ducas in tentationem[8],	(K) come in cielo così in terra (*ital.*)
(11) sed libera nos a malo.	(L) venha o teu reino (*portug.*)

Amen.

1) **sānctificāre**: heiligen 2) **voluntās, -ātis** f: Wille 3) **pānis, pānis** m: Brot
4) **cottīdiānus, -a, -um**: täglich 5) **hodiē**: heute 6) **dīmittere**: wegschicken; erlassen, vergeben
7) **dēbitum, -ī** n: Schuld; **dēbitor, -ōris** m: Schuldner 8) **tentātiō, -ōnis** f: Versuchung

Übersetzen mit System (IV)

Kästchenmethode: Regeln

Mit der „Kästchenmethode“ können Sie sich das Übersetzen von langen Satzgefügen (Perioden) durch Veranschaulichung des Satzbaus erleichtern. Dabei gehen Sie in folgenden Schritten vor:

1. Haupt- und Gliedsätze und einzelne Periodenteile werden in Kästchen gesetzt. Durch die Satzzeichen können Sie sich beim Öffnen und Schließen der Kästchen leiten lassen.
2. Der Hauptsatz (HS) bzw. die Hauptsätze stehen in einem Kästchen auf der obersten Linie („Hauptsatzlinie“).
3. Gliedsätze 1. Grades (GS 1) werden eine Zeile tiefer gesetzt, Gliedsätze 2. Grades (GS 2) zwei Zeilen tiefer usw.
4. Dabei erscheinen die Kästchen für Hauptsatz und Gliedsätze in der Reihenfolge ihres Auftretens im Satzgefüge.
5. In den Kästchen werden Anfangs- und Schlusswort des Satzes wörtlich oder abgekürzt aufgeführt.
6. Satzwertige Konstruktionen wie AcI, Participium coniunctum und Ablativus absolutus werden innerhalb der Kästchen jeweils durch Symbole gekennzeichnet, z. B. ▱ für AcI, △ für Participium coniunctum, ▽ für Ablativus absolutus. Auch Satzglieder lassen sich durch Abkürzungen kennzeichnen, z. B. „S“ für Subjekt, „P“ für Prädikat usw.
7. Wenn Hauptsatz oder Gliedsätze unterbrochen werden, werden die zusammengehörigen Teile durch eine gestrichelte Linie (- - - -) verbunden.

►*(1) Caesar, postquam cum Gallis multos annos pugnavit, cupiditate motus, ut bello finem faceret, Alesiam oppidum oppugnavit, cum Gallos illum in locum, ut tumultum moverent, recessisse cognovisset.*

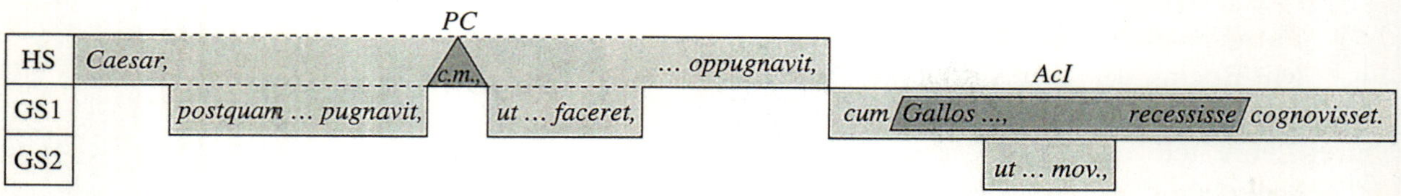

Rohübersetzung:
Cäsar belagerte, nachdem er viele Jahre mit den Galliern gekämpft hatte, im Bestreben den Krieg zu beenden die Stadt Alesia, da er erfahren hatte, dass die Gallier sich an diesen Ort zurückgezogen hatten um einen Aufstand zu beginnen.

►*(2) Caesar questus*[1]*, quod illi, cum pacem a se petivissent, bellum sine causa intulissent, se veniam dare im-prudentiae eorum dixit.*

---

1) **querī (queror, questus sum)**: klagen; sich beklagen

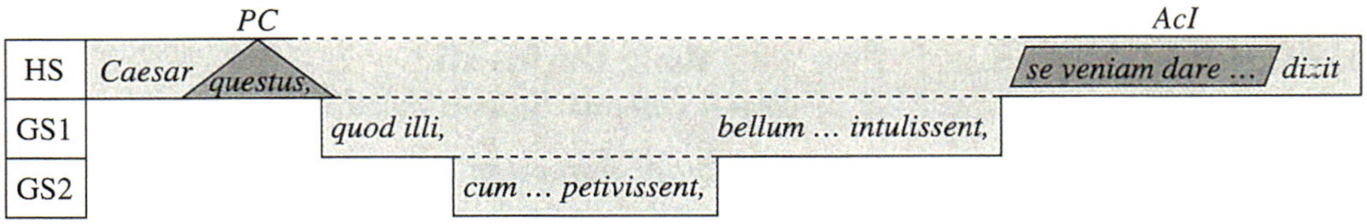

(BG IV 27)

Rohübersetzung:
Nachdem Cäsar sich beklagt hatte, dass jene (Leute), obwohl sie ihn um Frieden gebeten hätten, grundlos Krieg angefangen hätten, sagte er, dass er ihnen ihr unbedachtes Handeln verzeihe.

Ü Wenden Sie nun die „Kästchenmethode" auf den folgenden Text an:

Botschaft für Cäsar *(Nach Caesar, BG V 45)*
Cäsars Legat Quintus Tullius Cicero, der Bruder des Redners Marcus Tullius Cicero, wird im Winterlager von Truppen des Ambiorix, unter denen auch Angehörige des Stammes der Nervier sind, völlig überraschend eingeschlossen. Die Lage wird immer kritischer:

1. Quanto[1] erat in dies vehementior oppugnatio' et maxime, quod magna parte militum laesa vulneribus res ad paucitatem' defendentium venerat, tanto[1] saepius litterae nuntii[2]que ad Caesarem mittebantur.
2. Quorum pars capta in conspectu[3] nostrorum militum occidebatur.
3. Erat unus Nervius in castris nomine Vertico, qui a prima obsidione[4] ad Ciceronem fugerat suamque ei fidem praestiterat[5].
4. Hic servum spe libertatis magnisque adducit praemiis', ut litteras ad Caesarem ferat.
5. Has ille iaculo illigatas[6] e castris fert et Gallus inter Gallos sine ulla suspicione[7] versatus ad Caesarem venit. Ab eo de periculis Ciceronis legionisque cognoscitur.

---

1) **quantō … tantō:** je … desto 2) **nūntius, -ī** m: Bote 3) **in cōnspectū**: vor den Augen 4) **ā prīmā obsidiōne**: zu Beginn der Belagerung 5) **fidem praestāre** (Perf. praestitī): Treue beweisen 6) **iaculō illigāre**: an einem Wurfspeer befestigen 7) **sine ūllā suspīciōne**: ohne irgendeinen Verdacht zu erregen

Übungen

1 Anscheinend – angeblich: Aus der Welt des Mythos

	heute noch	damals
1. Oedipus filius Polybi, regis Corinthi, esse	videtur/dicitur.	videbatur/dicebatur.
2. Ille patrem occidisse et matrem uxorem duxisse	videtur/dicitur.	videbatur/dicebatur.
3. Oedipus ab adulescente quodam „nothus" (↗ 16 L) appellatus esse	videtur/dicitur.	videbatur/dicebatur.
4. Oedipus Periboeam de parentibus suis rogavisse	videtur/dicitur.	videbatur/dicebatur.
5. Illi, cum rex Thebanorum factus esset, quamquam culpa vacabat, tamen dei non pepercisse	videntur/dicuntur.	videbantur/dicebantur.
6. Atlas orbem terrarum suis ipsius viribus ferre		videbatur/dicebatur.

2 Schwer bedrängt!
(Nach Caesar, BG II 20)

Übersetzen Sie.

Caesari omnia uno tempore erant agenda: vexillum proponendum[1], quod erat signum, cum milites ad arma con-currere deberent, signum tuba[1] dandum, ab opere re-vocandi milites, qui longius aggeris[2] petendi causa pro-cesserant, acies instruenda[3], milites hortandi, signum dandum. Quarum rerum magnam partem temporis brevitas[1] et impetus hostium prohibebat.

1) **vēxillum prōpōnere**: die Fahne hissen 2) **agger, -eris** m: Material zum Wallbau 3) **aciem īnstruere**: das Heer zum Kampf aufstellen

3 Versöhnung nach einem Bürgerkrieg
(Nach Cicero, Pro Ligario 7)

Cicero spricht in Cäsars Gegenwart offen über ihre frühere Feindschaft, erkennt aber auch Cäsars Versöhnungswillen an:

1. Vide, quanta lux liberalitatis[1] et prudentiae tuae mihi apud te dicenti oboriatur[2].
2. Quantum potero, voce contendam, ut hoc populus Romanus audiat. 3. Gesto iam magna ex parte bello, Caesar, nulla vi coactus iudicio meo ad ea arma profectus sum, quae contra[3] te illata erant. 4. Apud quem igitur hoc dico?
5. (a) Apud eum, qui, cum hoc sciret, tamen me, priusquam vidit, civitati reddidit; 5. (b) qui ad me ex Aegypto litteras misit, ut essem idem, qui[4] fuissem; 5. (c) qui me, cum ipse imperator in toto imperio populi Romani unus esset, esse alterum sivit.

1) **līberālitās, -ātis** f: Großzügigkeit 2) **oborīrī**: begegnen 3) **contrā** (m. Akk.): gegen 4) **īdem, quī**: der gleiche wie

Aufgaben zum Text

1. Welche Art von Gliedsätzen liegt in Satz 1, 2, 5. (b), 5. (c) vor?
2. Übersetzen Sie die Konstruktion *gesto iam magna ex parte bello* (Satz 3) auf zwei verschiedene Arten.
3. Stellen Sie Satz 5. (a) nach der „Kästchenmethode" dar.

4 Alexander der Große und der Perserkönig Darius III.
(Nach Curtius Rufus IV 1, 12 f.)

Alexander hatte den Perserkönig Darius besiegt und dessen Angehörige in seine Gewalt gebracht. Der König selbst hatte allerdings entkommen können. Ihm schrieb Alexander einen Brief, in dem er auf frühere Angriffskriege der Perser einging:

1. Re-pello igitur bellum, non infero. 2. Et dei quoque pro meliore stant causa[1]: Magnam Asiae partem in dicionem redegi[2] meam; te ipsum bello vici. 3. Etiam si nihil a me petere tibi licebat, cum ne belli quidem in me iura servaveris, tamen, si veneris supplex[3], et matrem et uxorem et liberos sine pretio[4] te accepturum esse promitto. 4. Et vincere et consulere victis scio. 5. Si te committere nobis dubitas, dabimus fidem te sine periculo tui venturum esse. 6. De ceteris rebus cum mihi scribes, scito[5] non solum regi te, sed tuo regi scribere.

1) **causa** (hier): Sache 2) **in diciōnem redigere** (Perf. redēgī): in die Gewalt bringen; unterwerfen 3) **supplex, -plicis**: um Schutz bittend 4) **pretium, -ī** n: (finanzielle) Gegenleistung 5) **scītō**: du sollst wissen

Aufgaben zum Text

1. Welche Wörter kommen im Text mehrfach vor? Zu welchem Wortfeld gehören sie?
2. Welche Tempora kommen im Text mehrfach vor? Welches Tempus überwiegt? Warum?
3. Was sagen die Signalteile der Verben und die Pronomina über den Inhalt des Textes aus?
4. Satz 3 fällt durch seine Länge auf. Versuchen Sie dies aus dem Kontext zu begründen.
5. Zu Alexander:
   a) Wie begründet er sein kriegerisches Vorgehen gegen Darius?
   b) Was erwartet er von Darius? Was verspricht er dafür?
   c) Welche seiner Eigenschaften betont Alexander besonders?
   d) Welche weiteren Eigenschaften lassen sich aus dem Text erkennen?

5 Umgang mit öffentlichen Geldern

(Nach Cicero, De officiis II 76)

Cicero behandelt dieses Thema in seinem Werk „Über das rechte Verhalten“. Lucius Aemilius Paullus hatte als Konsul des Jahres 168 den Makedonenkönig Perseus bei Pydna besiegt und dafür den Ehrentitel „Macedonicus“ erhalten.

1. Omnem Macedonum gazam[1], quae fuit maxima, praedam abstulit Aemilius Paullus; tantum pecuniae in aerarium[2] intulit, ut unius imperatoris praeda finem ad-tulerit tributorum[3]. 2. Sed hic nihil in domum suam intulit nisi memoriam nominis sui aeternam[4], quae ei pluris fuit. 3. Scipio Africanus patrem gloria aequavit non divitior[5] Carthagine deleta. 4. Quid? Qui collega' eius fuit in magistratu, Lucius Mummius, num divitior[5] fuit, cum Corinthum, divitissimam[5] urbem, sustulisset? 5. Italiam ornare voluit, non domum suam; tamen Italia ornata domus ipsa videtur ornatior'. 6. Nullum igitur vitium[6] turpius est avaritia, imprimis in viris civitatem regentibus.

---

1) **gaza, -ae** f: Reichtum 2) **aerārium, -ī** n: die römische Staatskasse 3) **tribūtum, -ī** n: Vermögenssteuer *(die alle römischen Bürger zu zahlen hatten)* 4) **aeternus, -a, -um**: ewig 5) **dīves (dīvitior, dīvitissimus)**: reich 6) **vitium, -ī** n: Fehler; das Laster

Aufgaben zum Text

1. Wie ist der Ausdruck *tantum pecuniae* zu übersetzen?
2. Welcher Kasus liegt in der Form *pluris* vor? Welche syntaktische Funktion hat dieser Kasus in Verbindung mit dem Hilfsverb *esse*?
3. Welche Konstruktion liegt bei *Carthagine deleta* vor? Welche Sinnrichtung liegt vor?
4. Warum reicht die Übersetzung „Was?“ für *quid* hier nicht aus?
5. Begründen Sie, warum *Qui* hier kein relativischer Satzanschluss sein kann.
6. Welche Absicht verfolgt der Autor Cicero mit der Wahl der Fragepartikel *num*?
7. Welche Sinnrichtung liegt bei dem Abl. abs. *Italia ornata* vor?
8. In welchem Kasus steht die Form *avaritia*? Welche semantische Funktion erfüllt sie?
9. Wie könnte man den Ausdruck *viri civitatem regentes* mit einem einzigen deutschen Wort wiedergeben?
10. Teilen Sie den Text in drei Abschnitte ein. Geben Sie jedem Abschnitt eine eigene Überschrift.

6 Irrläufer

In jeder der folgenden Reihen passt **eine** Form nicht zu den anderen.

vult – vis – velis – vultis – volvis – voles – volendo
tulerunt – ferent – ferre – fere –ferte – ferri – lati – tuli – fer
mori – morituri – moriendi – morienti – moranti – mortui
itis – istis – ibis – iretis – aderitis – redeant – exierant – abissent
potuerint – possent – posuerunt – poterunt – poterant – potuerant
noli – nolles – nolueris – nobis – nolenti

Wie soll man mit Christen verfahren? *(Nach Plinius, Ep. X 96 und 97)*

Die Weisungen, die der Statthalter Plinius auf eine Anfrage bei Kaiser Trajan bekam, regelten lange Zeit das Vorgehen der Behörden gegen die Christen.

C. Plinius, dum Bithyniae provinciae praeerat,
imperatorem Traianum in omnibus rebus dubiis consulebat, quid faciendum esset.
Cui cum libellus[1] propositus esset multorum Christianorum nomina continens,
Traiano haec fere scripsit:
„Cognitionibus de Christianis interfui numquam;
ideo nescio, quid eis crimini detur,
quid mihi aut puniendum aut quaerendum sit.
Neque paulum dubitavi,
utrum aliquod discrimen sit aetatum an teneri nihil a robustioribus differant,
utrum detur paenitentiae venia an ei, qui aliquando Christianus fuit, non prosit desiisse,
utrum nomen[2] ipsum puniendum sit an flagitia commissa.
Interim in eis, qui ad me tamquam Christiani deferebantur,
hunc sum secutus modum:
Interrogavi ipsos, an essent Christiani.
Confitentes iterum ac tertio rogavi supplicium minatus.
Perseverantes ad mortem duci iussi.
Neque enim dubitavi, qualecumque[3] esset, quod faterentur,
pertinaciam[4] certe puniendam esse.
Fuerunt alii similis amentiae[5],
quos, quia cives Romani erant, in urbem remisi.
Qui autem negabant se Christianos aut esse aut fuisse et deos imaginemque tuam venerabantur, dimittendos esse putavi."
Ad haec imperator sic respondit:
„Actum, quem debuisti, in cognoscendis causis eorum, qui Christiani tibi delati erant, secutus es.
Neque enim conquirendi sunt magistratibus.
Si deferuntur et arguuntur, puniendi sunt, ita tamen,
ut is, qui negaverit se Christianum esse idque immolando deis nostris demonstraverit, veniam impetret.
Libelli[1] vero sine auctore propositi in nullo crimine locum habere debent.
Quos si acciperemus, pessima exempla sequeremur."

---

1) **libellus, -ī** m: Liste, Anzeige 2) **nōmen** (hier): Zugehörigkeit *(zur Christengemeinde)*
3) **quāliscumque/quālecumque:** wer/was auch immer 4) **pertinācia, -ae** f: Starrsinn
5) **āmentia, -ae** f: Verrücktheit

T
- *Stellen Sie den Anfragen des Plinius die Antworten des Kaisers gegenüber; wo wird Zustimmung, wo deutlicher Tadel erkennbar?*
- *Was findet Plinius am Verhalten der Christen besonders strafwürdig? Nehmen Sie zu seiner Haltung aus christlicher Sicht Stellung.*

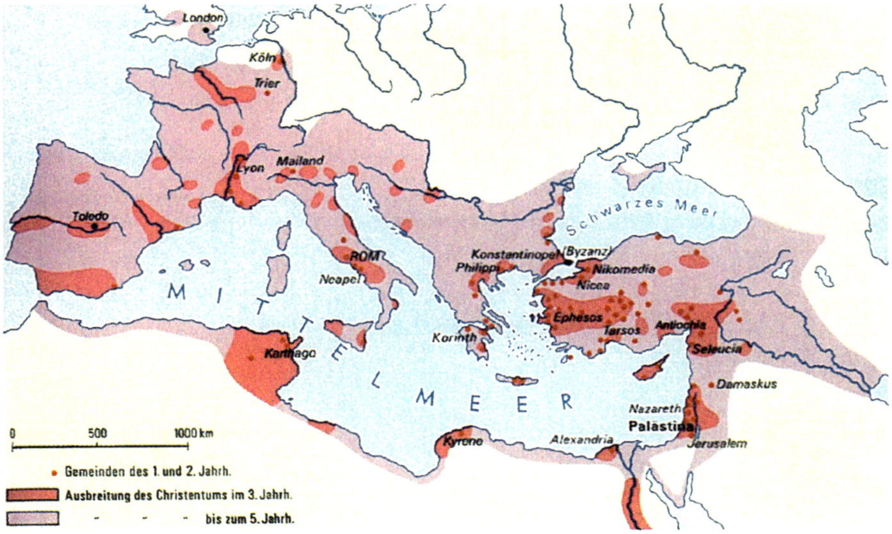

Die Ausbreitung des Christentums im Römischen Reich.

Faustinatempel am Forum Romanum.

Christenverfolgungen

Im Laufe des 1. Jh.s n. Chr. sonderten sich die Christen immer mehr von den Juden ab. Die von Paulus begonnene missionarische Arbeit trug unter der nichtjüdischen Bevölkerung reiche Früchte. Plinius bezeichnete das Christentum in seinem Brief an Kaiser Trajan als eine ansteckende Seuche *(contagio),* die sich nicht nur in den Städten, sondern auch auf dem Land durch „Flüsterpropaganda“ unaufhaltsam ausbreite. Nichtchristliche Handwerker, Kaufleute und Viehhändler, die von den Tempeln und vom Kult lebten, sahen sich in ihrer Existenz bedroht und setzten sich mit Denunziationen zur Wehr. Dadurch kam es zu einzelnen Christenprozessen, für die Kaiser Trajan in seinem Antwortschreiben an Plinius entsprechende Richtlinien gab. Doch selbst Todesurteile konnten die weitere Ausbreitung des Christentums nicht aufhalten und Martyrien förderten sie sogar.

Erst Kaiser Septimius Severus (193–211 n. Chr.) sprach ein allgemeines Verbot des Christentums aus. Im Laufe des 3. Jh.s n. Chr. wurden dann Christen überall im Römischen Reich systematisch verfolgt. Sie wurden entweder zum Verrat oder zum Bekenntnis ihres Glaubens gezwungen, wobei das Bekenntnis den Tod zur Folge hatte; wenn sie nämlich das Opfer vor den römischen Göttern verweigerten, wurden sie als Staatsfeinde angesehen. Unter Kaiser Diokletian (284–305 n. Chr.), der das Christentum als Gefahr für die Reichseinheit endgültig ausrotten wollte, erreichten die Verfolgungen ihren grausamen Höhepunkt: Die Christen wurden ihrer Kirchen, heiligen Schriften und liturgischen Geräte beraubt, die bürgerlichen Rechte wurden ihnen aberkannt und so viele Gläubige eingekerkert, dass man aus Platzmangel gewöhnliche Verbrecher freilassen musste.

Werke des Glaubens

(Nach der Regula Sancti Benedicti 4)

Benedikt von Nursia gründete auf dem Monte Cassino das erste Kloster des Abendlandes; für seine Mönche schrieb er die noch heute geltende Ordensregel.

Haec Sanctus Benedictus monachorum esse scripsit:
Dominum Deum diligere ex toto corde, tota anima, tota virtute,
deinde proximum tamquam se ipsum.
Honorare omnes homines.
Pauperes et egentes recreare, nudum vestire, infirmum visitare,
mortuum sepelire, dolentem consolari.
Veritatem ex corde et ore proferre.
Malum pro malo non reddere.
Iniuriam non facere, sed et factas patienter ferre.
Inimicos diligere.
Persecutionem[1] pro iustitia sustinere.
Diem iudicii timere.
Mortem semper ante oculos habere.
Actus vitae suae omni hora custodire.
In omni loco Deum se respicere pro certo habere.
Multum loqui non amare.
Verba vana non edere.
Non iurare.
Invidiam non exercere.
Nullum odisse.
Seniores venerari et iuniores diligere.
In Christi amore pro inimicis orare.
Cum discordante[2] ante solis occasum[3] in pacem et gratiam redire.
Mala sua praeterita cum lacrimis cottidie in oratione Deo confiteri.
Desideria carnis non efficere.
Voluntatem propriam odisse.
Praeceptis abbatis[4] in omnibus parere,
   quamvis se ipse aliter, quod absit, gerat,
memores illius praecepti Domini:
„Quae dicunt, facite; quae autem faciunt, facere nolite!“

1) **persecūtiō, -ōnis** f: Verfolgung 2) **discordāre:** (sich mit jmdm.) streiten
3) **occāsus, -ūs** m: Untergang 4) **abbās, -ātis** m: Abt *(Leiter eines Klosters, Vorgesetzter der Mönche)*

T
- *Welche Anforderungen stellt die Regel des Heiligen Benedikt an den Charakter des einzelnen Mönchs, an sein Verhältnis zu den Mitmenschen und zu Gott?*
- *Welche christlichen Werthaltungen sind durch die Begriffe, die den Text beherrschen, herausgehoben?*
- *Vergleichen Sie die Regel mit den Zehn Geboten.*

Ora et labora

Im 3. Jh. n. Chr. hatte sich in Ägypten die Urform des christlichen Mönchtums herausgebildet: Fromme Menschen lebten zurückgezogen in der Wüste, wo sie sich entweder als Einsiedler (Eremiten) oder in Klostergemeinschaften nach eigenen Regeln in der Absage an die Welt übten (Asketen: „Übende"). Die Christenverfolgungen und der Zusammenbruch der alten Ordnungen verschafften dem Mönchtum großen Zustrom. Bald gab es auch im Westen Klostergründungen wie die des Martin von Tours (4. Jh. n. Chr.), doch gilt Benedikt von Nursia (um 480–547 n. Chr.) gemeinhin als Begründer des abendländischen Mönchtums.

Er war zum Studium nach Rom gekommen, aber bald wegen der Sittenlosigkeit seiner Mitstudenten in die Sabiner Berge geflohen, wo er einige Jahre als Eremit lebte, ehe er 529 n. Chr. südöstlich von Rom in den Ruinen eines Apollotempels das Kloster Monte Cassino gründete. Hier schrieb er seine *Regula* in einem auch für einfache Mönche verständlichen Latein. Diese Benediktinerregel setzte sich in allen Klöstern Westeuropas durch, da sie eine ausgewogene Mischung von asketisch-kontemplativer und aktiver Lebensgestaltung darstellte *(Ora et labora)*. Bis ins 12. Jh. war das abendländische Mönchtum ausschließlich benediktinisch.

Benediktinerklöster entwickelten sich schnell zu Zentren der Kultur und Bildung. In den Klosterbibliotheken wurde das geistliche und weltliche Wissen der Zeit zusammengetragen, weil das Bildungssystem auf der Kenntnis antiker Texte beruhte. Bald hatten die Klöster das Bildungsmonopol: In ihren Schulen erzogen sie nicht nur den Ordensnachwuchs, sondern auch die Söhne des Adels. Da die Bibliotheken fast ausschließlich Werke in lateinischer Sprache enthielten, wurde Latein nicht nur zur Kirchensprache, sondern auch, über Sprach- und Landesgrenzen hinweg, zur Sprache der Gelehrten.

Mönche beim Mahl, Ausschnitt aus: Sodoma, Die Versuchung der Mehlsäcke, Fresko (1505–1508) im Kloster Monte Oliveto.

„Ihr Heuchler!“

(Nach Erasmus von Rotterdam, Querela Pacis 4)

In seiner Schrift „Klage des überall auf der Welt ausgetriebenen und misshandelten Friedens“ lässt der große Humanist den Frieden selbst zu Wort kommen und in bitterer Ironie auf den Widerstreit zwischen der Lehre Christi und dem Leben der Christen hinweisen: Ist es nicht widersinnig, wenn Christen, die gegen Christen in den Krieg ziehen, beten?

Hoc enim est omnium absurdissimum[1]:
in utrisque castris, in utraque acie crucis signum re-lucet,
in utrisque sacra aguntur.
Scire volo,
  cur in his sacris oret miles „Pater noster“.
Homo dure, tune audes deum appellare patrem,
  qui fratris tui vitam petis?
„Sanctificetur[2] nomen tuum!“
Quo modo magis dehonestari[3] poterat nomen dei quam eiusmodi inter vos tumultibus?
„Adveniat regnum tuum!“
Sic oras tu,
  qui tanto sanguine tyrannidem tuam confirmas?
„Fiat voluntas tua, quemadmodum in caelo, ita et in terra!“
Pacem vult ille et tu bellum paras?
„Panem cottidianum“ a communi patre petis,
  qui fratris agros vastas et mavis[4] eos tibi quoque perire quam illi prodesse?
Qua autem mente dices illud
„Et dimitte nobis debita nostra, sicut et nos dimittimus debitoribus[5] nostris!“,
  qui fratres interficere festinas?
Deprecaris[6] periculum temptationis[7],
  qui tuo periculo fratrem in periculum trahis?
„A malo“ liberari cupis,
  cuius impetu summum malum fratri parare cogitas?

---

1) **absurdus, -a, -um**: widersinnig 2) **sānctificāre**: heiligen 3) **dehonestāre**: entehren 4) **māvīs**: du willst lieber 5) **dēbitor, -ōris** m: Schuldner, Schuldiger 6) **dēprecārī**: (etwas durch Bitten) abzuwenden suchen 7) **temptātiō, -ōnis** f: Versuchung

T
- *In welchen Schritten baut Erasmus seine Argumentation gegen Kriege unter Christen auf?*
- *Mit welchen sprachlichen und stilistischen Mitteln bringt er seine Empörung darüber zum Ausdruck?*

Erasmus von Rotterdam

Humanitas Christiana war der Leitgedanke des Erasmus von Rotterdam (1469–1536). Nach dem Tod seiner Eltern kam er mit 14 Jahren in ein Kloster, wo er antike Autoren und die Bibel las und erkannte, dass Antike und Christentum nicht voneinander zu trennen sind. Als er in Paris Theologie studierte, entwickelte er eine starke Abneigung gegen die unkritische Gelehrsamkeit der Scholastik („Schulwissenschaft"). Während eines Englandaufenthaltes lernte er 1499 den Staatsmann und Humanisten Thomas Morus kennen. Mit ihm kam er zu der Erkenntnis, dass Bildung die Grundlage alles religiösen und gesellschaftlichen Fortschritts sei. Bildung aber bedeutete für die Humanisten das Studium der lateinischen und griechischen Autoren im Original, die Rückkehr zu den Quellen *(ad fontes)*. Auf der Rückreise von einem mehrjährigen Italienaufenthalt schrieb er 1509 „Das Lob der Torheit" *(laus stultitiae)*, in dem er u. a. scharfe Kritik an der Kirche übte. Katholiken warfen ihm vor, dass er damit ein Wegbereiter Luthers geworden sei. Tatsächlich bestand einige Jahre lang ein recht enger Kontakt zwischen Erasmus und Luthers Mitarbeiter Melanchthon, doch in den religiösen Auseinandersetzungen seiner Zeit ließ sich Erasmus von keiner Konfession vereinnahmen: Wahres Christentum war für ihn friedliche Verkündigung des Evangeliums ohne Fanatismus. Da das Evangelium brüderliche Nächstenliebe lehrt, lehnte sich Erasmus auch immer gegen den Krieg auf, der für ihn ein Verrat am Evangelium war. Der Traum vom Frieden durchzieht sein ganzes Werk. So schenkte er auch nationalen Rivalitäten keine Beachtung und lehnte Nationalismus als unvereinbar mit Humanismus und Christentum ab. Seine Heimat sah er nicht in einem Nationalstaat, sondern in der christlichen Welt Europas: „Ich wünsche Weltbürger zu sein". Er träumte von einem kulturell geeinten, friedlichen Europa mit Latein als Universalsprache.

QVERELA PA
CIS VNDIQVE GENTIVM EIECTAE
PROFLIGATAEQVE.
AVTORE DES. ERASMO ROTE
RODAMO.

SI ME LICET immerentē
suo tamē cōmodo sic auer/
sarentur, eijcerent profliga
rentq; mortales, meam mo
do iniuriā & illorū iniqui/
tatem deplorarem, nunc cū
me profligatam protinus
fontem oīs hūanæ felici/
tatis ipsi a semet arceant,
omniūq; calamitatū pelagus sibi accersant, magis illo/
rum mihi deflenda est infelicitas, q̄ mea iniuria, & qui
bus irasci tantum maluissem, horum dolere uicem, hos
commiserari compellor. Nam utcūq; amantem ab se
propellere, inhumanum est, bene merētem auersari in/
gratum, parentē ac seruatricem omnium affligere, im/
pium. Cæterum tot egregias cōmoditates, quas mecū
a 3 adfero

Querela pacis (1517), Titelseite von 1517, Bayerische Staatsbibliothek, München.

… in vielem vorbildlich!

(Nach Bartolomé de Las Casas, Adversus persecutores et calumniatores gentium novi orbis apologia, Caput IV)

Die Entdecker und Eroberer der „Neuen Welt" haben vielfachen Völkermord begangen und den Unterworfenen schweres Unrecht angetan, weil sie diese für „Wilde" hielten, deren natürliche Bestimmung es sei, den kulturell Überlegenen als Sklaven zu dienen. Gegen diese Einstellung setzte sich der Dominikaner Las Casas entschieden zur Wehr:

Non omnes barbari ratione carent nec natura sunt servi aut indigni principatu.
Ergo aliqui barbari iuste ac secundum naturam habent regna et iudicia et leges bonas et apud eos est legitimus principatus.
Apparet autem apud Indos[1] trans mare repertos esse illustria regna, esse ingentes hominum multitudines socialiter viventium, esse magnas civitates, reges, iudices iure gentium utentes.
Non ergo ex eo, quod barbari sunt, regni incapaces[2] exsistunt et ab aliis gubernari debent.
Neque enim feri neque immanes ei homines sunt,
sed res publicas habebant recte institutas optimisque legibus utebantur.
Amicitiam colebant et societate vitae coniuncti longe maximas civitates incolebant,
ubi tam pacis quam belli negotia prudenter administrabant gubernati legibus,
quae plerumque meliores erant legibus nostris
quaeque Atheniensium sapientibus admirationi esse possent.
Praeterea multarum artium tam periti sunt,
ut optimo iure cunctis cogniti orbis gentibus praeferri debeant.
Quae enim illa gens aut pingit aut plumis[3] ornat aut aedificat,
ea omnia pulcherrima sunt.
Qua de causa nemo negare potest
Indorum[1] genti ingenium et industriam et rectam rationem datam esse.
Artium liberalium[4], in quibus eruditi sunt, peritissimi fuisse videntur.
Imprimis musicam amant et dulcissimis modis aures audientium delectant.
Scribunt tam polite[5],
ut plerumque dubitetur,
utrum litterae manu scriptae sint an typis expressae[6].
Non ergo feri sunt ei, quorum opera cunctis gentibus admirationi sunt.
Opera enim ostendunt hominis ingenium,
nam, ut ait poeta quidam, artificem commendat opus.

---

1) **Indī, -ōrum** m: die Indianer *(die man zur Zeit der Entdeckung Amerikas für ein indisches Volk hielt)* 2) **incapāx, incapācis** (m. Gen.): unfähig (zu etw.) 3) **plūma, -ae** f: Feder *(Die Mexikaner verzierten Schilde und Mäntel mit einer Art von Federmosaik.)* 4) **artēs līberālēs, -ium** f: die „freien Künste", die allgemein bildenden Fächer 5) **polītus, -a, -um**: sauber 6) **typīs expressus**: gedruckt

T
- *Zeigen Sie anhand zentraler Begriffe und Wendungen, dass der Text aus zwei deutlich gegeneinander abgesetzten Teilen besteht.*
- *Las Casas unterscheidet zwei Arten von* barbari. *Charakterisieren Sie beide anhand des Textes.*

Treffen von Mayahäuptlingen, Bonampak, Mexiko.

Altes Recht in der Neuen Welt?

Im 6. Jh. v. Chr. waren griechische Philosophen in Unteritalien zu der Erkenntnis gekommen, dass die Erde die Gestalt einer Kugel habe und nicht die einer flachen Scheibe, die vom „Okeanos" (Ozean) umflossen wird. Ungefähr 300 Jahre später zeigte der Geograph und Mathematiker Eratosthenes, dass eine Erdumseglung theoretisch möglich sei. Im Mittelalter gerieten diese Vorstellungen wieder in Vergessenheit, bis sich u. a. Kolumbus (1451–1506) erneut damit beschäftigte. Ihm gelang die Entdeckung der Neuen Welt, die im 16. Jh. nach dem Seefahrer Amerigo Vespucci „America" genannt wurde.

Auf die Entdeckung Amerikas folgten zunächst reine Eroberungskriege ohne Rücksicht auf die Eigenart und den Wert der nichteuropäischen Kulturen. Dabei glaubten sich die Eroberer im Recht: Da die Europäer den Indianern geistig und kulturell überlegen seien, sei eine Unterwerfung der Unterlegenen für diese nur von Vorteil. Dabei berief man sich auf Aristoteles, der gesagt hatte, dass es zweierlei Menschengruppen gebe: Herren und Sklaven. Für „Sklaven von Natur" sei das Dienen gerecht. Somit führte man also auch einen „gerechten Krieg", ein *bellum iustum,* wenn man die Indianer mit Gewalt dazu brachte, die europäische Zivilisation und den christlichen Glauben anzunehmen.

Aber schon Bartolomé de Las Casas (1474–1566), der Kolumbus auf seiner zweiten Reise (1493) begleitet hatte und zwischen 1512 und 1547 fast ununterbrochen in Mittelamerika als Missionar tätig war, wandte sich gegen die Missstände, die er aus eigener Erfahrung kannte: Er fand es unerträglich, dass Indios in Zwangsarbeit die Ländereien der Eroberer bewirtschafteten. Außerdem hielt er den Spaniern vor Augen, wie es ihnen selbst in der Antike unter dem römischen Imperialismus ergangen war, und gab ein Beispiel der gewaltlosen Missionierung. Schließlich gelang es ihm, den König von Spanien und Kaiser des Heiligen Römischen Reiches, Karl V., zu bewegen Spanier und Indios rechtlich gleichzustellen. Doch an der Unterdrückung und Ausbeutung der Indios änderte sich dadurch nichts. Die Gegner der rechtlichen Gleichstellung, angeführt von Juan Ginés Sepúlveda, gaben nicht auf. Darum ließ Karl V. 1550 die gegensätzlichen Standpunkte öffentlich diskutieren.

Die in spanischer Sprache geführte Auseinandersetzung wurde auch in einer lateinischen Fassung veröffentlicht und so den Gelehrtenkreisen ganz Europas zugänglich gemacht.

Mehr wert als Macht

(Nach Laurentius Valla, Elegantiae Latini sermonis, Praefatio)

Im folgenden Text geht der Humanist Lorenzo della Valle der Frage nach, worin die besondere Leistung der Römer – die er, der Italiener, maiores nostri *nennt – im Vergleich zu anderen „weltbeherrschenden" Völkern bestand.*

Cum saepe mecum nostrorum maiorum res gestas aliorumque vel regum vel populorum considero,
videntur mihi nostri non modo imperii, sed etiam linguae propagatione[1] ceteros omnes superavisse.
Nam Persas quidem, Medos, Assyrios aliosque multos longe lateque rerum potitos esse diuque imperium tenuisse
notum est.
Nulli tamen ita linguam suam ampliaverunt[2] ut nostri fecerunt,
qui per totum paene occidentem, per septentriones, per Africae non exiguam partem brevi tempore linguam Latinam quasi reginam fecerunt et,
quod ad ipsas provincias attinet,
velut optimam frugem[3] ad faciendam sementem[4] praebuerunt.
Hoc opus sine dubio multo praeclarius est quam propagatio[1] ipsius imperii.
Qui enim imperium augent,
magno honore affici solent atque imperatores nominantur.
Qui autem beneficia aliqua in homines contulerunt,
ei non humana, sed divina potius laude celebrantur,
cum non suae tantum urbis gloriae consulant,
sed publicae quoque hominum saluti.
An vero,
si Ceres, quod frumentum,
Bacchus, quod vinum,
Minerva, quod artes invenit, in deos repositi sunt,
linguam Latinam nationibus distribuisse minus erit?

---

1) **prōpāgātiō, -ōnis** f: Ausbreitung 2) **ampliāre**: ausbreiten 3) **(frūx), frūgis** f: Feldfrucht, Saatgut 4) **sēmentem facere**: Saatgut ausbringen, säen

T
- *Welche Satzverbindungen stellen den Zusammenhang des Textes her?*
- *Worin sehen Sie die Bedeutung der lateinischen Sprache für das Europa von heute?*

Weltsprache Latein

Nachdem die lateinische Sprache durch die Bildungsreform Karls des Großen schon einmal ‚gereinigt' worden war, begann das mittelalterliche Latein sich allmählich wieder vom klassischen Vorbild wegzuentwickeln. Das war bei einer „Gebrauchssprache" auch ganz natürlich; denn im Laufe der Jahrhunderte musste man sich mit einer Fülle neuer Ideen und Dinge auseinander setzen. Dabei flossen auch Elemente aus germanischen und slawischen Sprachen ein, die nicht nur den Wortschatz, sondern auch die Struktur des Lateinischen beeinflussten. Doch blieb diese Sprache ein funktionierendes Verständigungsmittel für Kirche und Wissenschaft im gesamten europäischen Raum.

Den Humanisten erschien dieses Latein barbarisch und sie erhoben die Sprache Ciceros zum allein gültigen Muster. Damit leiteten sie den Untergang des ‚fehlerhaften', aber lebendigen Mittellateins ein. Doch während Erasmus, der letzte bedeutende lateinische Schriftsteller, noch vom Latein als der Universalsprache träumte, übersah er die z. B. in Italien (Machiavelli) oder Frankreich (Rabelais) entstandene nationalsprachige Literatur, welche die lateinische bald verdrängte.

Turm der Grammatik (1548), Valentin Boltz, Zürich 1548.

Wenn auch das Latein als gesprochene Sprache und in der Literatur an Bedeutung verlor, erhielt es dank der Anstrengungen der Humanisten neuen Auftrieb als Sprache der Wissenschaft: Galilei (1564–1642), Descartes (1596–1650), Alexander von Humboldt (1769–1859) oder Carl Friedrich Gauß (1777–1855) veröffentlichten ihre wissenschaftlichen Forschungsergebnisse in lateinischer Sprache und noch heute werden neue wissenschaftliche Begriffe gebildet, indem man auf Latein oder Altgriechisch zurückgreift, d. h. auf internationale Sprachen, die keine Nation bevorzugen oder benachteiligen.

Wortschatz und Übungen

˘ kennzeichnet einen kurzen, ¯ einen langen Vokal.
Die Angaben in den Kästen neben der Lektionsnummerierung bezeichnen die in der Systematischen Begleitgrammatik behandelten Stoffe.

1

I
A 1.1; 2.1–3 a/b, v. a. 2.1, 2.3 b
B 1.1–1.6; 2.3
C 1; 2.1a; 3.1/2

avē	**sei gegrüßt!**	Ave Maria
populus *m*	**Volk; Publikum**	populär, Pop·musik
clāmāre	**rufen, schreien**	re·klamieren
et	**und; auch**	
nam	**denn, nämlich**	
imperātor *m*	**Feldherr; Herrscher, Kaiser**	e: emperor
appārēre	**erscheinen, sich zeigen**	e: to appear
nunc	**jetzt, nun**	
appellāre	**anreden, nennen, benennen**	appellieren; f: appeler
turba *f*	*(Menschen-)***Menge; Verwirrung, Durcheinander**	turbulent
nōn	**nicht**	
sed	**aber; sondern**	
audīre	**hören, zuhören, anhören**	Auditorium, Audienz
autem *(nachgestellt)*	**aber, jedoch**	
māgnus/-a/-um	**groß, bedeutend**	Magnat
spectāculum *n*	**Schau, Schauspiel**	f: spectacle
prōmittere	**versprechen**	f: promettre
tum	**da, dann, darauf; damals**	
clārus/-a/-um	**klar, hell; berühmt**	
venīre	**kommen**	f: venir
summus/-a/-um	**der/die/das oberste, höchste**	Summe
deus *m*	**Gott**	f: dieu
dea *f*	**Göttin**	
cēterī/-ae/-a	**die übrigen**	
-que *(angehängt)*	**und**	
homō, *Pl.* homin·ēs *m*	**Mensch;** *Pl. auch:* **Leute**	f: homme
laetus/-a/-um	**froh, fröhlich**	
plaudere	**Beifall klatschen**	Ap·plaus
salūtāre	**grüßen**	f: salut!
clāmor *m*	**Geschrei**	↗ clāmāre
esse	**sein**	f: être (<*essere)
ibī	**da, dort**	
enim	**denn, nämlich**	
amāre	**lieben, verliebt sein**	Amateur; f: aimer
rīdēre	**lachen, auslachen**	f: rire
placēre	**gefallen**	f: plaire

1. Tipps für das Wörterlernen

- Nehmen Sie sich nicht zu viel auf einmal vor, sondern zerlegen Sie das gesamte Lernpensum in Gruppen von fünf bis sieben Vokabeln.
- Kontrollieren Sie Ihren Lernfortschritt, indem Sie in regelmäßigen Abständen das Buch zuklappen und aus dem Gedächtnis wiederholen, was Sie sich eingeprägt haben.
- Unterbrechen Sie den Lernvorgang nach fünf bis zehn Minuten durch eine Erholungspause.
- Denken Sie daran, dass man isolierte Vokabeln leicht vergisst oder verwechselt.
  Man behält sie besser in sinnvollen Verbindungen. Wenn Sie sich den Satz merken
  Nunc homines laeti sunt et rident, nam spectaculum placet,
  erfassen Sie damit neun Wörter.
- Machen Sie sich von möglichst vielen Wörtern eine anschauliche Vorstellung:
  Lächeln Sie, wenn Sie sich *ridere* merken wollen, drücken Sie sich selbst kräftig die Hand bei *promittere*.
  Die folgenden Übungsanstöße sollen Ihnen das Lernen und Behalten erleichtern und Ihnen Anregungen für das Finden eigener Gedächtnisstützen geben. Die sind nämlich besonders wirksam.

2. Wort im Bild – welche Vokabeln sind mithilfe der Skizzen dargestellt?

3. Fast dasselbe –

NaM	**NUNc**	sed	et
eNi M	***NUN***	?	?
NäMlich			

4. Latein lebt weiter –

im Deutschen: populistisch – spektakulär – Turbulenzen – Appell – Plazet – Salut – Ad-vent,
im Englischen: trouble – people – to promise – to please – clear – clamour,
in Abkürzungen, z. B.: etc. (= *et cetera*), &

5. Fortentwickelt –

aus e i n e m lateinischen Wort haben sich die Fremdwörter *Reklame, Reklamation, Akklamation, Klamauk.* Versuchen Sie deren Bedeutung von dem Bedeutungsteil *clam-* aus zu erklären.

2

I A 1.1a/b; 1.2 a/b; 2.2; 2.3 a/b
B 2.3/4
C 1; 2.1a; 3, v. a. 3.3

vidēre	**sehen**	Video; f: voir
quō	**wohin**	
vādere	**gehen, schreiten**	In·vasion; f: je vais, tu vas
in (*m. Akk.*)	**in (… hinein), nach, auf; gegen**	f: en
(*m. Abl.*)	**in, an, auf**	
forum *n*	**Forum, Marktplatz**	
basilica *f*	**Basilika, Kirche**	
ōrātor *m*	**Redner**	
causa *f*	**Ursache, Grund; Sachverhalt; Prozess**	Kausalsatz; f: chose
agere	**treiben, betreiben; handeln, verhandeln**	f: agent (de police)
causam agere	**einen Prozess führen**	
prō (*m. Abl.*)	**vor; für, anstelle** (*von*)	Pro und Contra; f: pour
ego	**ich**	
studēre (*m. Dat.*)	**sich bemühen** *(um)*, **wollen; sich bilden**	e: to study, f: étudiant
quid	**was**	f: que
cum (*m. Abl.*)	**(zusammen) mit**	
sedēre	**sitzen**	
lūdere	**spielen, sich vergnügen**	
amīcus *m*	**Freund**	f: ami
amīca *f*	**Freundin**	f: amie
ut	**wie**	
cūr	**warum**	
nōndum	**noch nicht**	
ē, ex *(m. Abl.)*	**aus, von … aus; von … an**	
nōnne?	**(etwa) nicht?**	
ūnus/-a/-um	**ein, eine(r/s), ein(e) einzelne(r/s)**	f: un/une
num?	**etwa?**	
errāre	**irren, sich irren, sich täuschen**	e: error
-ne (*angehängt*)	(*Fragesignal*)	
fortāsse	**vielleicht**	
sine (*m. Abl.*)	**ohne**	
neque, nec	**(und/auch/aber) nicht**	
pecūnia *f*	**Geld**	
ā, ab (*m. Abl.*)	**von, von … her; seit**	
ubī	**wo**	f: où
mōs, *Pl.* mōr·ēs *m*	**Sitte, Brauch, Art;** *Pl. auch:* **Charakter, Verhalten**	
ad *(m. Akk.)*	**zu, zu … hin; an, bei**	f: à
ēiúsmodī	**derart(ig), solch**	
intellegere	**erkennen, einsehen, verstehen**	intelligent

1. Tipps

- Man wird immer wieder an Wörter geraten, die nicht im Gedächtnis haften wollen.
  Dagegen hilft oft eine „Sonderbehandlung“:
- Es sollte Ihnen nichts ausmachen, laut zu lernen, denn was man sieht und zugleich auch hört, behält man besser.

2. Wort im Bild

3. Kreuz und quer – zwei Sätze „kreuzen“ sich jeweils in e i n e m Wort; welche Bedeutung erhält es je nach dem wechselnden Kontext?

	Non	
	intellego	
Plinius	**causam**	agit.

	Quintus
	Flaviam
Et Marcus	**amat.**

Pro	basilica sedemus.
amico	
venio.	

	In
	bibliotheca!
Oratores audire	**studeo.**

4. Sammeln Sie alle bisher gelernten Wörter, mit denen eine Frage eingeleitet werden kann.

5. Das Gegenteil, bitte!

In basilicam vado – ? basilica venio. Cum amicis ludo – ? amicis non ludo.

6. Latein lebt weiter –

im Italienischen: uomo – amare – chiaro – studiare – ridere – venire – popolo – lieto – piacere – salutare – promettere – vedere – intelligente – cosa – sedere – amico – uno,
und in den folgenden Fremdwörtern: *erratischer* Block – *Intelligenz*test – *Moralist* – *Kausal*zusammenhang – *Video*recorder – *audiovisuell* – *Agent* – *pekuniäre* Schwierigkeiten.

7. Gut gewählt?

Lateinische Wörter und Wendungen sind beliebt als Firmennamen, Markenbezeichnungen usw.; ein Reisebüro firmiert als **Quo vadis?**, ein Finanzmakler nennt seine Hauszeitschrift **PECUNIA**, ein Produkt der Süßwarenindustrie heißt **Magnum**.

8. Erklärbar – warum die Summe „Summe“ heißt:

Wenn die Römer addierten, schrieben sie zwar die Ziffern, die zusammengezählt werden sollten, in Spalten untereinander, addierten dann aber von unten nach oben, sodass das Endergebnis ganz oben stand, als „die höchste“ (*summa*).

multus/-a/-um	**viel, zahlreich**	
dum	**während**	
gladiātor *m*	**Gladiator**	
arēna *f*	**Sand; Arena**	f: arène
alius/-a/-ud	**ein anderer**	e: alien
aliī – aliī	**die einen – die anderen**	
petere	**aufsuchen; angreifen, haben wollen; verlangen, bitten**	Petition
gladius *m*	**Schwert**	↗ gladiātor
vacāre (*m. Abl.*)	**frei sein** (*von*), (*etw.*) **nicht haben**	f: les vacances
timor *m*	**Furcht**	
bonus/-a/-um	**gut, tüchtig**	f: bon/bonne
animus *m*	**Geist, Gesinnung, Sinn; Verstand; Mut; Herz**	
bonō animō esse	**guten Mutes sein, zuversichtlich sein**	
occīdere	**niederschlagen, töten**	
pūgnāre	**kämpfen**	
tamen	**dennoch, doch, trotzdem**	
dubitāre	**zögern; zweifeln**	dubios
observāre	**beobachten; einhalten**	observieren
tandem	**endlich, schließlich;** (*in Fragen*:) **denn eigentlich**	
timēre	**(sich) fürchten, besorgt sein**	↗ timor
cūnctus/-a/-um	**all(es), gesamt, ganz**	
malus/-a/-um	**schlecht, schlimm, böse**	f: mal
sōlum	**allein, nur**	f: seul·ement
hīc	**hier**	
locus *m*, *Pl.*: **loca** *n*	**Ort, Platz, Stelle; Rang; Gegend**	Lokal
cavēre (*m. Akk.*)	**sich in Acht nehmen, sich hüten** (*vor*)	
neque enim	**denn nicht**	
pūgna *f*	**Kampf**	↗ pūgnāre
gaudēre	**sich freuen**	
vulnerāre	**verwunden**	
dē (*m. Abl.*)	**von, von … herab; von, über**	f: de
dēlīberāre	**erwägen, überlegen;** (*m. Inf.*:) **sich entscheiden, beschließen**	
lūdus *m*	**Spiel; Schule**	↗ 2 lūdere
misericordia *f*	**Mitleid, Barmherzigkeit**	
subitō	**plötzlich**	
iacēre	**liegen, daliegen**	
victōria *f*	**Sieg**	e: victory
victor *m*	**Sieger**	
laudāre	**loben, rühmen**	
cēdere	**(weg)gehen; nachgeben**	

1. Tipps

- Wörter, die miteinander verwandt sind, weil sie entweder den gleichen Bedeutungsteil oder dieselbe Bedeutung haben, sollte man beim Lernen zusammenfassen, also z. B. *timor* und *timere* (vom gleichen Bedeutungsteil gebildet wie im Deutschen **Furcht, fürchten**) oder *sed/autem* (bedeutungsgleich).
- Darüber hinaus ist es nützlich, Wörter, die zur Beschreibung bestimmter Sachverhalte dienen (z. B. Freude, Heiterkeit: *laetus, gaudere, ridere*), beim Lernen aneinander zu binden.

2. Packen wir's an!

2.1 Stellen Sie aus Lektionstext 3 ein Sachfeld „In der Arena" zusammen.
2.2 Sammeln Sie alle bisher gelernten Wörter, die man dem Bereich der Wahrnehmung und des Denkens zuordnen kann.

3. Kleine Wörter kann man leicht verwechseln. Leichter behält man sie mit ein wenig Text:

Ibi Syrus	c	um	Barbato venit.
	D	um	Syrus dubitat, Barbatus clamat:
	„N	um	pugnam times?"
	T	um	Syrum gladio petit.

4. Feste Verbindung

Manche Wörter kommen vorzugsweise in fester Verbindung mit anderen vor, z. B.
non solum ..., sed ... – timore vacare – bono animo esse – causam agere.
Geben Sie die deutschen Bedeutungen dieser „Idioms" an.

5. Hintergrundwissen

Es ist ein Wesensmerkmal der lateinischen Sprache, dass viele Wörter ein breites „Bedeutungsspektrum" haben. Um die in einem bestimmten Zusammenhang zutreffende Bedeutung zu ermitteln muss man den Kontext beachten; manchmal braucht man etwas Hintergrundwissen.

imperator

Hannibal: „Cum imperatoribus Romanis pugnare studeo."
Augustus et Tiberius imperatores Romani sunt.
De moribus Romanorum deliberamus. De Capitolio venimus.
Quintus Colosseum petit. Syrus Barbatum petit.

6. Schlagen Sie vor.

Welches lateinische Wort könnte man als Namen wählen
– für eine wohltätige Organisation,
– für ein Nachhilfeinstitut, in dem „Lernen Spaß machen soll",
– für eine Behindertengruppe, die ihr Leben meistern will?

unde	**woher**	
īra, īr·ae *f*	**Zorn, Wut**	
dominus, domin·ī *m*	**Herr**	
domina, domin·ae *f*	**Herrin**	
lībertus, lībert·ī *m*	**Freigelassener**	
mercātor, mercātōr·is *m*	**Kaufmann**	merkantil
inter (*m. Akk.*)	**zwischen, unter; während**	inter·national
vīvere	**leben**	f: vivre
quis	**wer**	f: qui
fīlius, fīli·ī *m*	**Sohn**	f: fils
fīlia, fīli·ae *f*	**Tochter**	f: fille
pater, patr·is *m*	**Vater**	f: père
patrēs, patr·um *m*	**Senatoren, Patrizier; Vorfahren**	
honestus/-a/-um	**angesehen, ehrenhaft, anständig**	
nihil (= nīl)	**nichts**	
nisī	**wenn nicht; außer**	
servus, serv·ī *m*	**Sklave**	servil
serva, serv·ae *f*	**Sklavin**	
itaque	**deshalb, daher; also**	
tacēre	**schweigen**	
pārēre	**gehorchen**	
dēbēre	**müssen; schulden, verdanken**	f: devoir
nōn dēbēre	**nicht dürfen**	
vix	**kaum**	
tenēre	**halten, festhalten**	f: tenir
familia, famili·ae *f*	**Familie, Hausgemeinschaft**	f: famille
reprehendere	**tadeln**	
sermō, sermōn·is *m*	**Gespräch; Sprache**	
neque – neque	**weder – noch**	
cūrāre *(m. Akk.)*	**besorgen, sorgen** *(für)*, **sich kümmern** *(um)*	Kur
quidem	**zwar; wenigstens, freilich, allerdings**	
neque tamen	**aber nicht, jedoch nicht**	
dēscendere	**herabsteigen, herabkommen**	f: descendre
quoque *(nachgestellt)*	**auch**	
igitur	**also, folglich, daher**	
apud *(m. Akk.)*	**bei, in der Nähe** *(von)*	
iam	**schon, bereits; gleich**	
hospes, hospit·is *m*	**Gast, Gastfreund; Fremder**	e: hospital, f: hôpit·al
molestus/-a/-um	**beschwerlich, lästig; peinlich**	
profectō	**in der Tat, auf alle Fälle**	
dēsinere	**ablassen, aufhören**	

1. Tipps

- Auch Wörter, die man sich energisch eingeprägt hat, geraten in Vergessenheit, wenn man sie sich nicht regelmäßig durch Wiederholen in Erinnerung ruft. Nehmen Sie sich darum die Wörter der Lektionen 1, 2 und 3 partienweise vor.
- Die Wiederholung macht mehr Spaß, wenn man sich dabei selbst kleine Aufgaben wie die folgenden stellt:

2. Gegenbegriffe lassen sich finden zu

reprehendere – servus – tacere – bonus – venire – sine.

3. Teilweise bedeutungsgleich sind

igitur und ? – *quoque* und ? – *autem* und ?.

4. Wort im Bild

5. Alles negativ

Viele lateinische Wörter, die mit dem Buchstaben **n** beginnen, beinhalten eine Ver**n**einung, z. B.
n?? – n?? – n??? – n???? – n???? – n???? – n????? – n???? ?????

6. Rückführung

Auf welche lateinischen Wörter lassen sich die folgenden italienischen zurückführen?
figlio – padre – ospedale – onesto – vivere – famiglia – tacere – donna – osservare – vittoria – malo – buono – timore – temere – godere – uccidere – cedere – animo – molto

7. Erklären Sie die in den folgenden Sätzen hervorgehobenen Fremdwörter.

Waldi will einfach nicht **parieren!** – Den langen **Sermon** hätte man sich sparen können. – Vera ist ein hoch**intelligentes** Mädchen.

8. Anschaulich geschrieben:

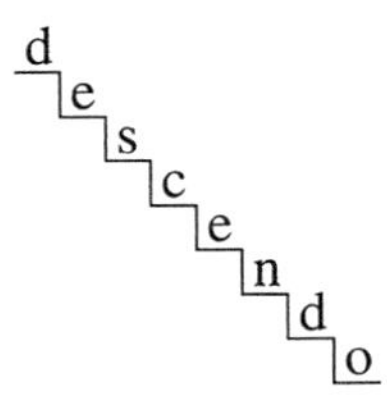

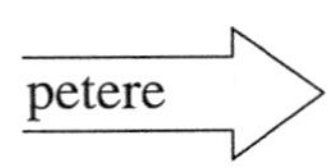

9. Vielseitig: Das Verb *petere*

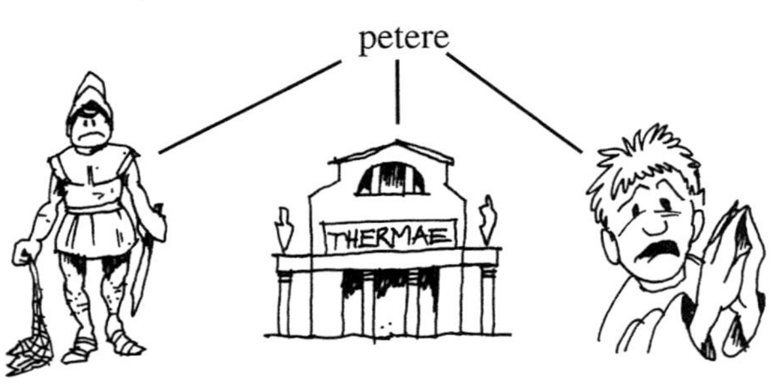

10. Vorsicht!

per (*m. Akk.*)	**durch (… hindurch); über (… hin); überall in/auf**	f: par
thermae, therm·ārum *f*	**Bäder, Thermen**	
ambulāre	**spazieren gehen**	Ambulanz; f: aller
ubīque	**überall**	
quaerere quaerō quaesīvī	**suchen, erwerben**	e/f: question
quaerere ex/ab (*m. Abl.*)	(*jmdn.*) **fragen**	
quot	**wie viele**	
quantus/-a/-um	**wie groß, wie viel**	Quantum
tot	**so viele**	
cum (*Subjunktion*)	**als, als plötzlich**	
bibliothēca, bibliothēc·ae *f*	**Bibliothek**	
legere legō lēgī	**lesen; sammeln**	f: lire
gaudium, gaudi·ī *n*	**Freude, Vergnügen**	↗ 3 gaudēre
rogāre	**fragen; bitten**	
inquam/inquit	**sag(t)e ich / sagt(e) er/sie**	
satis	**genug**	f: as·sez
dăre dō dedī	**geben**	Dativ
dēpōnere dēpōnō dēposuī	**ablegen, niederlegen; aufgeben**	Depot; f: déposer
diū	**lange, lange Zeit**	
manēre maneō mānsī	**bleiben, warten** (*auf*), **erwarten**	
quod	**weil**	
aqua, aqu·ae *f*	**Wasser**	Aquarium
postquam (*m. Ind. Perf.*)	**nachdem, als**	
relinquere relinquō relīquī	**zurücklassen, hinterlassen, verlassen**	Reliquien
spoliāre	**entkleiden; berauben, wegnehmen, plündern**	
nōn iam	**nicht mehr**	
frūstrā (*Adv.*)	**vergeblich**	Frustration
vocāre	**rufen, nennen**	
parentēs, parent·(i)um *m*	**Eltern**	f: les parents
mittere mittō mīsī	**schicken; gehen lassen, entlassen; werfen**	f: mettre
currere currō cucurrī	**laufen, rennen**	Kurs; f: courir
statim	**auf der Stelle, sofort**	
invenīre inveniō invēnī	**finden, erfinden**	e/f: invention
quamquam	**obwohl, obgleich**	
novus/-a/-um	**neu, neuartig**	f: neuf/neuve

1. Tipps

- Ab Lektion 4/5 bringt der Lernwortschatz zwei wichtige Informationen:
  Bei Substantiven ist der Genitiv Singular angegeben, z. B. *aqua, aqu·ae*; damit ist klar, zu welcher Deklinationsklasse das Wort gehört.
  Bei Verben erscheinen im Bedarfsfall die Stammformen des Aktivs, z. B.: *mittere mitto misi*; dadurch wird das Verb einer bestimmten Konjugation (hier: der Konsonantischen) zugewiesen.
  Lässt man die Person-Zeichen *(-o, -i)* weg, erhält man den Präsens- und den Perfekt-Aktiv-Stamm.

2. Do it yourself

Sie finden im Wortschatz 5 die Stammformen von *invenire* und *mittere.* Wie müssen sie von *venire* und *promittere* lauten?

3. Bedeutungs-relevant

Ubique Dav**um** quaesivi. **E** ceter**is** serv**is** quaesivi: „Ubi est Davus?“

4. Im Lauf der Zeit

nondum … nunc … non iam

5. Wort im Bild

6. Latein lebt weiter –

in den folgenden englischen Wörtern: parents – invention – ambulance – spoil – quantity – satisfaction (…*tuung*) – doubt – observe – alien – victory – vacation – servant,
und in den Fremdwörtern: Relikte – Quotient – ambulante *Behandlung* – Deponie – Vokal.

7.

Bisher gelernte Verben mit	
• **v-Perfekt:**	amāre, appellāre, clāmāre, dēlīberāre, dubitāre, errāre, laudāre, observāre, pūgnāre, salūtāre, vacāre, vulnerāre, audīre, dēsinere (dēsiī), petere (petīvī)
• **u-Perfekt:**	appārēre, dēbēre, iacēre, pārēre, placēre, studēre, tacēre, tenēre, timēre
• **s-Perfekt:**	cēdere (cessī), intellegere (intellēxī), lūdere (lūsī), plaudere (plausī), prōmittere (prōmīsī), rīdēre (rīsī), vīvere (vīxī)
• **Dehnungs-Perfekt:**	agere (ēgī), cavēre (cāvī), sedēre (sēdī), venīre (vēnī), vidēre (vīdī)
• **Reduplikations-Perfekt:**	occīdere (occīdī ↗ 10 WS: caedere)
• **‚unverändertem‘ Perfekt:**	dēscendere (dēscendī), reprehendere (reprehendī)

āra, ār·ae *f*	**Altar**	
pāx, pāc·is *f*	**Friede**	Pazifismus
aedificāre	**bauen, errichten**	
ipse/ipsa/ipsum; *Gen.* ipsīus, *Dat.* ipsī	**selbst**	
pulcher/pulchra/pulchrum	**schön, hübsch**	
is/ea/id	**er/sie/es; dieser/diese/dieses; der(jenige)/die(jenige)/das(jenige)**	
frāter, frātr·is *m*	**Bruder**	f: frère
puer, puer·ī *m*	**Junge**	
honōs/honor, honōr·is *m*	**Ehre, Ehrenamt**	Honorar
ōrnāre	**ausstatten, schmücken**	Ornat
habēre	**haben, halten, besitzen**	f: avoir
nepōs, nepōt·is *m*	**Enkel; Neffe**	Nepotismus
vīta, vīt·ae *f*	**Leben**	↗ 4 vīvere; vital; f: vie
vītā cēdere	**sterben**	
vītam agere	**ein Leben führen, sein Leben verbringen**	
adulēscēns, adulēscent·is *m* (*Gen. Pl.* adulēscent·ium)	**junger Mann**	Adoleszenz
post *(m. Akk.)*	**nach; hinter**	Post·moderne
mors, mort·is *f*	**Tod**	f: mort
saepe	**oft**	
vir, vir·ī *m*	**Mann**	
nōnnūllī/-ae/-a	**einige, manche**	
annus, ann·ī *m*	**Jahr**	Annalen; f: an
dum	**solange,** *(solange)* **bis**	
laedere laedō laesī laesum	**verletzen, stoßen**	lädieren
līber/lībera/līberum	**frei, unabhängig**	liberal; f: libre
nex, nec·is *f*	*(gewaltsamer)* **Tod, Mord**	
parāre	**bereiten, vorbereiten**	re·parieren
parvus/-a/-um	**klein, gering**	
īnsula, īnsul·ae *f*	**Insel; Wohnblock**	e: Isle (of Man), f: île
trānsportāre	**hinüberbringen, hinüberschaffen**	Transport
miser/misera/miserum	**elend, unglücklich, armselig**	miserabel
paucī/-ae/-a	**wenige**	
post *(Adv.)*	**später, darauf**	f: puis
venia, veni·ae *f*	**Verzeihung, Nachsicht**	
immō (vērō)	**ja sogar, vielmehr, im Gegenteil**	
vērō *(Adv.)*	**aber**	
negāre	**leugnen, bestreiten; sich weigern; verweigern, versagen**	negativ
tam	**so**	
sevērus/-a/-um	**ernst, streng**	
suī, su·ōrum *m*	**‚die Seinen', seine Leute, seine Angehörigen**	
aliter	**anders, sonst**	↗ 3 alius
līberī, līber·ōrum *m*	**Kinder**	↗ līber
solēre	**gewohnt sein, pflegen**	
quam	**als; wie**	

1. Tipps

- Fremdwörter eignen sich nicht nur als Gedächtnisstütze beim Wörterlernen, sie können auch bei der Erweiterung des Wortschatzes nützlich sein. Dasselbe gilt für viele Wörter aus den modernen Fremdsprachen. Latein hilft beispielsweise nicht nur beim Englischlernen, sondern auch Englisch bei Latein!

2. Die Probe aufs Exempel

Sie kennen aus der Mathematik die Fachbegriffe dividieren, Division, subtrahieren, multiplizieren, addieren. Erschließen Sie aufgrund Ihrer Kenntnis die Bedeutungen von
addere (addo, addidi, additum); dividere (divido, dividi, divisum); subtrahere (subtraho, subtraxi, subtractum); trahere (..., ..., ...); multiplicare; divisio, division·is f.

3. Wort im Bild

4. Auf den Fall kommt es an.

Eine Reihe von lateinischen Verben verlangen einen anderen Kasus als ihre deutschen Entsprechungen; darauf müssen Sie achten, wenn Sie jeweils ein Nomen aus B. mit einem Verb aus A. verbinden.
A. vacamus – studetis – cave B. iram – honoribus – timore

5. Adverb statt Verb

Die Verben *amare* und *solere* sollte man, wenn sie im Lateinischen mit einem Infinitiv verbunden sind, nicht wörtlich wiedergeben:
Titus cum amicis ambulare ***amat/solet****.* Titus geht mit seinen Freunden .../... spazieren.

6. Vieldeutig

Wie muss *agere* in Verbindung mit den folgenden Ausdrücken übersetzt werden?
~ vitam bonam; ~ cum populo; ~ multas causas; ~ cuncta

7. Schon recht weit entfernt

haben sich die folgenden französischen und englischen Wörter von ihrem lateinischen Ursprung:
paix/peace – neveu/nephew – vie – fils – honnête – chose – année.

8.

Bei Verben der ā- und ī-Konjugation werden keine Stammformen angeführt, wenn sie ein v-Perfekt haben; dasselbe gilt für Verben der ē-Konjugation mit u-Perfekt.
Vollständige Stammformen bisher gelernter Verben mit

- **v-Perfekt:** quaerere (quaerō, quaesīvī, quaesītum), petere (petō, petīvī, petītum), dēsinere (dēsinō, dēsiī, dēsitum)
- **u-Perfekt:** dēpōnere (dēpōnō, dēposuī, dēpositum)
- **s-Perfekt:** intellegere (intéllegō, intellēxī, intellēctum), mittere (mittō, mīsī, missum); *ebenso:* prōmittere (prōmittō, prōmīsī, prōmissum)
- **Dehnungs-Perfekt:** agere (agō, ēgī, āctum); legere (legō, lēgī, lēctum); relinquere (relinquō, relīquī, relictum); venīre (veniō, vēnī, ventum); *ebenso:* invenīre (inveniō, invēnī, inventum); cavēre (caveō, cāvī, cautum), sedēre (sedeō, sēdī, sessum), vidēre (videō, vīdī, vīsum)
- **Reduplikations-Perfekt:** dăre (dō, dedī, datum); currere (currō, cucurrī, cursum), occīdere (occīdō, occīdī, occīsum)

Hier nicht aufgeführte PPP-Formen begegnen selten oder nie.

nox, noct·is *f* (*Gen. Pl.* noct·ium)	**Nacht**	Nocturne; f: nuit
somnus, somn·ī *m*	**Schlaf**	somn·ambul
sē *(Akk., Abl.)* / **sibī** *(Dat.)*	**sich**	f: se
sē somnō dăre	**sich schlafen legen**	
imāgō, imāgin·is *f*	**Bild, Abbild**	e/f: image
fugere fugiō fūgī	**fliehen, meiden**	
hostis, host·is *m* (*Gen. Pl.* host·ium)	**Feind**	
mūrus, mūr·ī *m*	**Mauer**	f: mur
capere capiō cēpī captum	**fassen, ergreifen; erobern**	kapieren
sacrum, sacr·ī *n*	**Heiligtum, Opfer**; *Pl. auch*: **Kult, Religion; Gottesdienst**	sakral; Sakrament
patria, patri·ae *f*	**Vaterland, Heimat**	↗ 4 pater
servāre	**retten, bewahren**	kon·servieren
cupere cupiō cupīvī cupītum	**begehren, verlangen, wünschen**	
via, vi·ae *f*	**Weg, Straße**	f: voie
urbs, urb·is *f* (*Gen. Pl.* urb·ium)	**Stadt**	urban
iacere iaciō iēcī iactum	**werfen, schleudern**	
tēlum, tēl·ī *n*	(*Wurf-*)**Geschoss**, (*Angriffs-*)**Waffe**	
virgō, virgin·is *f*	**Mädchen**, (*junge*) Frau	e: virgin
rapere rapiō rapuī raptum	**rauben, fortreißen**	
sī	**wenn**	f: si
mulier, mulíer·is *f*	**Frau, Ehefrau**	
senex, sen·is *m*	**alt**; *Subst.*: **alter Mann, Greis**	senil
ille/illa/illud	**jener/jene/jenes**	
aspicere aspiciō aspexī aspectum	**ansehen, erblicken**	Aspekt
quī/quae/quod *(Relativ-Pronomen)*	**der/die/das; welcher/welche/welches; wer/was**	f: qui
arx, arc·is *f* (*Gen. Pl.* arc·ium)	**Burg**	
malum, mal·ī *n*	**Übel, Leid**	f: mal
facere faciō fēcī factum	**tun, machen, herstellen**	f: faire
hic/haec/hoc	**dieser/diese/dieses**	
verbum, verb·ī *n*	**Wort**	f: verbe
movēre moveō mōvī mōtum	**bewegen, erregen; beeinflussen, veranlassen**	Motor, Motiv; e: to move
dīcere dīcō dīxī dictum	**sagen, reden, nennen, benennen**	f: dire
flamma, flamm·ae *f*	**Flamme, Feuer, Glut**	
sīgnum, sīgn·ī *n*	**Zeichen, Merkmal; Feldzeichen**	f: signer
monēre	**mahnen, auffordern; erinnern; warnen**	monieren

1. Tipps

- Stellen Sie beim Wiederholen des Wortschatzes Wörter, die vom gleichen Bedeutungsteil gebildet sind, zusammen; so stützen sie sich gegenseitig, z. B. *malus/-a/-um*: böse – *malum, mal·i*: das Böse.
- Für die spätere Lektüre von Originaltexten ist es wichtig, dass Sie mehr Wörter erkennen, als Sie im Laufe dieses Lehrgangs lernen. Unsere Übungen helfen Ihnen dabei.

2. Ableitbar

fugiebat = **fuga** se servabat – Was bedeutet demnach *fuga, fug·ae*?
Hoc templum[1] ab Augusto aedificatum est. Templum **aedificium** est. – … *aedificium, aedifici·i*?
Is, qui errat, in **errore** est. – … *error, error·is*?
Is, qui miser est, in **miseria** est. – … *miseria, miseri·ae*?

3. Vom gleichen Bedeutungsteil gibt es zu den folgenden Verben Substantive:

gaudere – ? ; clamare – ? ; timere – ? ; ludere – ?.

4. (K)ein kleiner Unterschied:

iacēre
(iaceo, iacui)

iacere
(iacio, ieci, iactum)

5. Stadtleben

Stellen Sie Wörter zusammen, die zum Sachfeld „Stadt“ gehören.

6. Nicht mehr ganz fremd

Führen Sie die folgenden Fremdwörter auf ihren lateinischen Ursprung zurück.
Image – urban – Motor – Signal – Sakral*bau* – Aspekt – rapide – senil – verbal – Fakten – Patriot

7. Gebrandmarkt!

Sklaven, die ihrem Herrn davongelaufen und wieder eingefangen worden waren, wurden in Rom mit einem *F* gebrandmarkt. Erklären Sie das Zeichen.

8. Nur ein Buchstabe!

Hostes urbem c**a**piunt. – Hostes pacem c**u**piunt.

9. Vielseitig

Timor me
Frater gaudium
Hostis urbem — capit.
Forum homines non
Ille homo malus pecuniam

10. … nur drei Buchstaben

sēdēs, sēd·is *f*	**Sitz, Wohnsitz**	↗ 2 sedēre
beātus/-a/-um	**glücklich, glückselig**	Beate
sēdēs beātae	**Gefilde der Seligen**	
sors, sort·is *f* (*Gen. Pl.* sort·ium)	**Schicksal, Los**	sortieren
gēns, gent·is *f* (*Gen. Pl.* gent·ium)	**Geschlecht, Stamm, Volk**	f: les gens
dūcere dūcō dūxī ductum	**führen, ziehen; halten für**	f: con·duire, con·duct·eur
anima, anim·ae *f*	**Atem; Seele; Leben**	↗ 3 animus
mōnstrāre	**zeigen**	f: montrer
tempus, témpor·is *n*	**Zeit, Zeitpunkt**	f: temps
suō tempore	**zu seiner Zeit, zur rechten Zeit**	
lūx, lūc·is *f*	**Licht**	
fātum, fāt·ī *n*	**Schicksal; Göttерspruch**	fatal, Fatalismus
docēre doceō docuī doctum	**lehren, unterrichten, erklären**	Dozent
rēx, rēg·is *m*	**König**	f: roi
rēgnāre	**König sein**, *(als König)* **herrschen**	
mōns, mont·is *m* (*Gen. Pl.* mont·ium)	**Berg**	e: mountain, f: mont·agne, Mont (Blanc)
pōnere pōnō posuī positum	**stellen, setzen, legen**	f: poser
nōmen, nōmin·is *n*	**Name; Begriff**	f: nom
ōmen, ōmin·is *n*	**Vorzeichen, Vorbedeutung**	
condere condō cóndidī cónditum	**gründen; aufbewahren; bestatten**	
moenia, moen·ium *n (Pl.wort)*	**Stadtmauer, Mauer**	
turris, turr·is *f* (*Akk. Sg.* -im, *Abl. Sg.* -ī, *Gen. Pl.* -ium)	**Turm**	f: la tour
circúmdare circúmdō circúmdedī circúmdatum	**umgeben, umzingeln**	
prīmus/-a/-um	**der/die/das erste**	
opus, oper·is *n*	**Werk, Arbeit**	
vīs *f* (*Akk. Sg.* vim, *Abl. Sg.* vī, *Gen. Pl.* vīr·ium)	**Gewalt, Kraft; Menge**; *Pl. auch*: **Kräfte, Streitkräfte**	
vincere vincō vīcī victum	**siegen, besiegen**	↗ 3 victor, victōria
fīnis, fīn·is *m* (*Gen. Pl.* fīn·ium)	**Grenze, Ende, Ziel; Zweck**; *Pl. auch*: **Gebiet**	Finale; f: fin
imperium, imperi·ī *n*	**Befehl; Herrschaft; Reich**	e: empire
orbis, orb·is *m* (*Gen. Pl.* orb·ium)	**Kreis, Kreislauf**	
terra, terr·ae *f*	**Land, Erde**	Terrarium; f: terre
orbis terrārum	**Erdkreis, Welt**	
superbus/-a/-um	**hochmütig, stolz**	
pellere pellō pepulī pulsum	**treiben, schlagen; vertreiben**	Puls
cīvitās, cīvitāt·is *f*	**Bürgerrecht; Bürgerschaft, Staat**	e: city
cōnsul, cōnsul·is *m*	**Konsul**	
triumphus, triumph·ī *m*	**Triumph, Triumphzug**	
triumphum agere	**einen Triumph feiern**	
dux, duc·is *m/f*	**Führer/in, Anführer/in, Feldherr**	↗ dūcere
auctor, auctōr·is *m*	**Begründer; Urheber, Verfasser**	Autor
iūstus/-a/-um	**gerecht, rechtmäßig**	f: juste
parcere *(m. Dat.)* parcō pepercī	*(jmdn.)* **schonen**; *(an/mit etw.)* **sparen**	

1. **Tipps**

- Üben Sie sich darin, den Wortbestand eines Textes auf Lernformen zurückzuführen, z. B. *motus* auf *movere* oder *senum* auf *senex*. Je besser Sie das können, desto besser übersetzen Sie.
- Schärfen Sie Ihren Blick für eindeutige Signale und machen Sie sich bei mehrdeutigen klar, wodurch sie ggf. eindeutig werden.

2. **Eindeutig – mehrdeutig**

facient – fugisti – beatos – nominibus – illi – invenit – finis – pellunt – ducis – duces – pepuli

Ordnen Sie das Formenangebot nach folgendem Schema:

Nomina		Verben	
eindeutig	mehrdeutig	eindeutig	mehrdeutig

3. **Lernform gesucht** – Unter welchem Stichwort müssen Sie im Wörterverzeichnis nachsehen?

duxerunt – lucem – pepercit – pulsa – egi – opera – positi – regum – cepisti – cucurrimus – dixi – gentes – fecit – ieci – misi – missi – necem – cuius – ei – huic

4. **Kampfgewühl**

Das Bild zeigt den Kampf um eine antike Stadt. Welche lateinischen Wörter fallen Ihnen dazu ein?

5. **Bunte Mischung**
Hier sind englische, französische und italienische Wörter bunt gemischt. Stellen Sie die vom gleichen lateinischen Bedeutungsteil gebildeten zusammen und geben Sie auch das zugrunde liegende Wort an.
monte – duke – city – empire – tower – torre – cité – prime – (to) reign – duce – mountain – duc – temps – regno – (la) tour – premier – nom – impero – author – mont – città – primo – auteur – tempo – nome

6. **Erklärbar** sind die im Folgenden hervorgehobenen Wendungen:

Der Papst spendete den Segen ***urbi et orbi.***
Der Räuber heißt Fritz Wolf – nun ja, ***nomen est omen.***
Wir werden die Angelegenheit ***suo tempore*** regeln.

7. **Weltberühmt** ist der Satz

VENI, VIDI, VICI.

ācer/ācris/ācre, ācr·is	**spitz, scharf; heftig, eifrig**	
tribūnus, tribūn·ī *m*	**Tribun**	
celer/celeris/celere, celer·is	**schnell, rasch**	Ac·celerando
auxilium, auxili·ī *n*	**Hilfe**	
opus est (*m. Abl.*)	**es ist nötig, man braucht** (*etw./jmdn.*)	
discordia, discordi·ae *f*	**Zwietracht, Uneinigkeit**	
plēbs, plēb·is *f*	**Volk, Plebs**	Plebejer
lēx, lēg·is *f*	**Gesetz**	legal, Legislative
scrībere scrībō scrīpsī scrīptum	**schreiben, verfassen**	f: écrire
crūdēlis/crūdēle, crūdēl·is	**grausam, brutal**	e: cruel
iūdicium, iūdici·ī *n*	**Gericht, Gerichtshof; Urteil**	↗ 8 iūstus
īrā mōtus	**aus Zorn**	
iterum	**wiederum, zum zweiten Mal**	
fābula, fābul·ae *f*	**Erzählung, Geschichte; Theaterstück**	Fabel
brevis/breve, brev·is	**kurz**	Brevier, Brief
eques, equit·is *m*	**Reiter; Ritter**	
omnis/omne, omn·is	**all(es), ganz, jeder**	Omnibus
mortālis/mortāle, mortāl·is	**sterblich**	↗ 6 mors
putāre	**glauben, meinen;** (*mit doppeltem Akkusativ:*) **halten für**	
perīculum, perīcul·ī *n*	**Gefahr**	
imminēre	**drohen, bedrohen, bevorstehen**	
perdere perdō pérdidī pérditum	**vernichten, verlieren**	f: perdre
necesse est	**es ist nötig**	
concēdere concēdō concessī concessum	**zugestehen, einräumen; erlauben**	Konzession
cīvis, cīv·is *m* (*Gen. Pl.* cīv·ium)	**Bürger, Mitbürger**	↗ 8 cīvitās
ūtilis/ūtile, ūtil·is	**brauchbar, nützlich**	
cōnstat	**es ist bekannt, es steht fest;** (*m. AcI:*) **bekanntlich**	Konstante
salūs, salūt·is *f*	**Wohl, Gesundheit, Rettung**	↗ 1 salūtāre
commūnis/commūne, commūn·is	**gemeinsam, allgemein**	Kommune
cōnsulere cṓnsulō cōnsuluī cōnsultum	(*m. Akk.:*) **um Rat fragen; beratschlagen** (*mit*); (*m. Dat.:*) **sorgen** (*für*)	konsultieren
cónvenit	**es ziemt sich, es passt; man kommt überein, es kommt zu einer Einigung**	e: convenient
lēgātus, lēgāt·ī *m*	**Abgesandter; Legat**	
iūs, iūr·is *n*	**Recht**	↗ iūdicium
trādere trādō trādidī trāditum	**übergeben, überliefern**	Tradition
prūdēns, prūdent·is	**klug, umsichtig**	
corrigere córrigō corrēxī corrēctum	**berichtigen, verbessern**	f: corriger
tabula, tabul·ae *f*	**Tafel; Gemälde**	e/f: table
appāret	**es ist offensichtlich, klar**	↗ 1 appārēre

1. Tipps

- Mit jeder neuen Vokabel, die Sie lernen, erhöht sich die Gefahr von Verwechslungen durch Ähnlichkeit im Schriftbild, in der Bedeutung oder durch andere störende Einflüsse. Arbeiten Sie dem entgegen, indem Sie das Neue, wo immer möglich, an Früheres anbinden.

2. Schon einmal begegnet – ein Wort vom gleichen Bedeutungsteil zu

sedes; ius; mortalis; vincere; honos; civis; regnare; miser;

3. – und ein (weitgehend) bedeutungsgleiches zu

laedere; gens; opus est; sors; rogare; mors; vadere; murus; vocare.

4. Politik

Stellen Sie ein Sachfeld zu diesem Bereich zusammen und gliedern Sie es so:
Der Einzelne und die Gesellschaft – Institutionen – Recht – Moral/Werte

5. Anschaulich

brevis

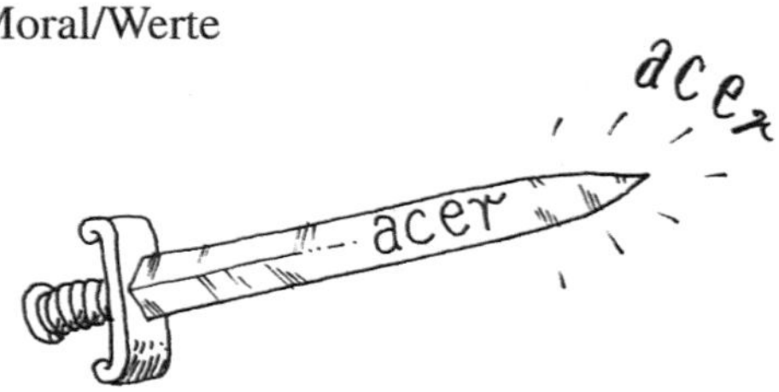

6. Redensarten

„Corriger la Fortune“, sagt man in Frankreich, wenn man dem Glück ein wenig nachhilft.
„Corrigo, ergo sum“, klagte ein Lehrer in Abwandlung eines berühmteren Spruchs.
„Vita nostra brevis est“, heißt es in einem bekannten Studentenlied.
„Mortale omne mortalium bonum“, meinte der Philosoph Seneca.

7. Zählen in Europa

Italien:	*Frankreich:*	*Spanien:*	*Portugal:*
uno una	un une	uno una	um uma
due	deux	dos	dois duas
tre	trois	tres	tres
quattro	quatre	cuatro	quatro
cinque	cinq	cinco	cinco
sei	six	seis	seis
sette	sept	siete	sete
otto	huit	ocho	oito
nove	neuf	nueve	nove
dieci	dix	diez	dez

Welche Zahlen sind ohne klare Entsprechung im Deutschen?

8. Rätselhaft – dieser Zweizeiler lässt sich so lesen, dass er insgesamt nur acht Wörter enthält und sich weiterhin reimt, doch es ist ein Trick dabei:

Wenn doch jeder 500 5 10 wäre auch ein 50 5 10!

tōtus/-a/-um; *Gen.* tōtīus, *Dat.* tōtī	**ganz**	f: tout/toute
ferē	**ungefähr, fast**	
exercitus, exercit·ūs *m*	**Heer**	exerzieren
caedere caedō cecīdī caesum	**fällen, niederhauen; schlagen, zusammenhauen**	↗ 3 oc·cīdere
socius, soci·ī *m*	**Gefährte; Verbündeter, Bundesgenosse**	sozial
pars, part·is *f* (*Gen. Pl.* part·ium)	**Teil; Richtung**	f: partie
et – et	**sowohl – als auch**	
quaestor, quaestōr·is *m*	**Quästor**	
mīles, mīlit·is *m*	**Soldat**	Militär
tribūnus mīlitum	**Militärtribun**	
praetereā	**außerdem**	
senātus, senāt·ūs *m*	**Senat, Senatsversammlung**	
pedes, pedit·is *m*	**Infanterist, Soldat zu Fuß**	
castra, castr·ōrum *n* *(Pluralwort)*	**Lager**	e: castle
ēvādere ēvādō ēvāsī	**herausgehen, entkommen**	↗ 2 vādere
nūntiāre	**melden, mitteilen**	f: pro·noncer
nēmō (*Dat.* nēminī, *Akk.* nēminem)	**niemand**	
clādēs, clād·is *f* (*Gen. Pl.* clād·ium)	**Niederlage, Verlust**	
numquam	**niemals**	
tantus/-a/-um	**so groß, so viel**	
tumultus, tumult·ūs *m*	**Aufruhr, Unruhe, Trubel**	Tumult
praetor, praetōr·is *m*	**Prätor**	
cūria, cūri·ae *f*	**Kurie** *(Versammlungsort des Senats)*	
magistrātus, magistrāt·ūs *m*	**Amt, Behörde; Beamter**	Magistrat
cōnsilium, cōnsili·ī *n*	**Rat, Beratung, Plan; Beschluss**	↗ 9 cōnsulere
prō certō habēre	**für sicher halten**	
impetus, impet·ūs *m*	**Angriff, Ansturm**	
impetū	**im Sturmangriff, im Eilschritt**	
prūdentia, prūdenti·ae *f*	**Klugheit**	↗ 9 prūdēns
cōnstantia, cōnstanti·ae *f*	**Festigkeit, Beständigkeit**	konstant
certus/-a/-um	**sicher, gewiss**	Zerti·fikat
certē	**sicherlich, gewiss**	
scīre	**wissen, verstehen**	e: science
augēre augeō auxī auctum	**vergrößern, vermehren, fördern**	Auktion
multitūdō, multitūdin·is *f*	**Menge, Vielzahl**	↗ 3 multus
tollere tollō sústulī sublātum	**heben; aufheben, beseitigen, beenden**	
arcēre	**abhalten, fern halten, abwehren**	↗ 7 arx
mātrōna, mātrōn·ae *f*	*(verheiratete)* **Frau, Matrone**	
pūblicum, pūblic·ī *n*	**Öffentlichkeit**	f: le public
custōs, custōd·is *m*	**Wächter, Wärter**	Küster
porta, port·ae *f*	**Tor**	f: porte
salvus/-a/-um	**wohlbehalten, unverletzt**	↗ 9 salūs
expūgnāre	**erstürmen, erobern**	

1. Eine kleine Warnung

- Lateinische Wörter helfen, wie bisher gezeigt wurde, oft beim Erschließen der Bedeutung von Fachbegriffen und fremdsprachlichen Vokabeln. Es gibt allerdings Fälle, wo eine Verschiebung, Einengung oder Erweiterung der Bedeutung eingetreten ist, z. B. bei *subito*.
  Das gleich lautende italienische Wort bedeutet „sofort, auf der Stelle".

2. Trotzdem …

lassen sich bei einigem Nachdenken Brücken zwischen der Bedeutung eines lateinischen Wortes und seinen modernen Entsprechungen schlagen.
Tabula bedeutet „Tafel, Gemälde", nicht aber, wie das englische und französische *table* und das italienische *tavola,* „Tisch".
Die Bedeutungsverschiebung erklärt sich daraus, dass man im Mittelalter Tische, wie die Römer sie hatten und wie wir sie wieder haben, kaum benützte. Das Essen wurde auf einer Tafel aufgetragen, die man auf Böcke setzte. Nach der Mahlzeit wurde „die Tafel aufgehoben", d. h. weggetragen.

3. Wie viele?

Ordnen Sie den Piktogrammen passende Mengenbezeichnungen zu.

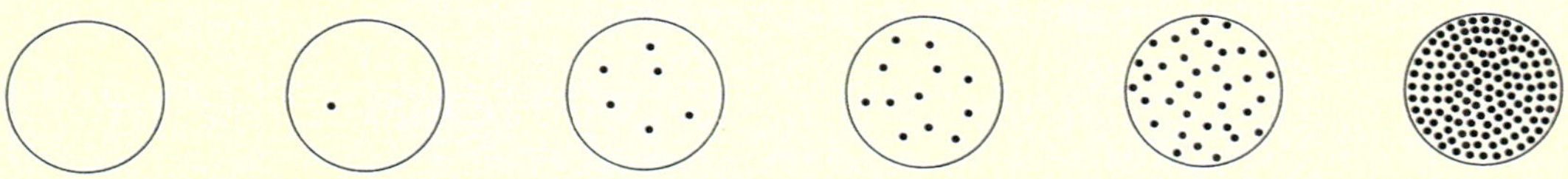

4. Was passt zusammen?

Achten Sie darauf, dass die Verbindungen nicht nur nach KNG, sondern auch nach dem Sinn stimmen (Mehrfachverbindungen möglich).

exercitus – moenia – multitudo – fatum – equites – quaestor – fabula – clades – plebs – auxilium	brevis – salva – totus – certa – crudele – multi – omnis – tanta – celere – prudens – utilis

5. Ein Wort für vielerlei

6. Kleiner Unterschied

7. Fast unverändert noch vorhanden

Tumult – Tribun – Senat – Magistrat – Matrone – total – Konstante – Impetus

8. Erklärbar

– Was hat eine Auktion mit *augere* zu tun?
– Was ist gemeint, wenn jemand von einer Zäsur in seinem Leben spricht?
– Warum sagen Juristen, sie hätten „Jura" studiert?

11 | III | A 1.1a/b; 1.2 a/b; 2.1
B 1.1/2 a/b
C v. a. 3.2

amor, amōr·is *m*	**Liebe**	↗ 1 amāre; f: amour·eux
addūcere addūcō addūxī addūctum	**heranführen; veranlassen**	
ut (*m. Konj.*)	**dass, damit, (um) zu; sodass**	
praecipere praecipiō praecēpī praeceptum	**vorwegnehmen; vorschreiben, anordnen**	
aut	**oder**	
memoria, memori·ae *f*	**Gedächtnis, Erinnerung**	e: memory, f: mémoire
memoriā tenēre	**im Gedächtnis behalten, sich erinnern**	
prōvincia, prōvinci·ae *f*	**Provinz, Amtsbereich**	Provence
hūmānitās, hūmānitāt·is *f*	**Menschlichkeit; Bildung**	Humanismus, Humanität
littera, litter·ae *f*	**Buchstabe;** *Pl. auch:* **Brief; Wissenschaft(en)**	Literatur; e: letter, f: lettre
māximē	**am meisten; sehr, überaus**	
nātūra, nātūr·ae *f*	**Natur, Wesen**	e/f: nature
virtūs, virtūt·is *f*	**Tapferkeit, Tüchtigkeit; gute Eigenschaft, Tugend**	↗ 6 vir
religiō, religiōn·is *f*	(*fromme*) **Bedenken, Scheu; Aberglaube, Glaube**	Religion
antīquitās, antīquitāt·is *f*	**Altertum; hohes Alter**	Antiquitäten
factum, fact·ī *n*	**Tat, Handlung, Ereignis**	e: fact, f: fait
antīquus/-a/-um	**alt, ehrwürdig**	
dēspicere dēspiciō dēspexī dēspectum	**herabsehen; verachten, gering schätzen**	
superbia, superbi·ae *f*	**Hochmut, Stolz**	↗ 8 superbus
īgnōrāre	**nicht wissen, nicht kennen**	Ignorant
nē (*m. Konj.*)	**dass nicht, damit nicht, (um) nicht zu;** (*im verneinten Aufforderungssatz:*) **nicht**	
clēmentia, clēmenti·ae *f*	**Milde, Nachsicht**	
conciliāre	**gewinnen; (sich) geneigt machen, vermitteln**	konziliant
terror, terrōr·is *m*	**Schrecken, Angst**	Terrorismus
abstinēre (*m. Abl.*)	**abhalten; sich fernhalten** (*von etw.*), **verzichten** (*auf etw.*)	abstinent
recēdere recēdō recessī recessum	**zurückweichen, sich zurückziehen**	Rezession
ante (*m. Akk.*)	**vor**	e: a. m. (ante meridiem)
oculus, ocul·ī *m*	**Auge**	Okular; f: œil
servīre	**Sklave sein, dienen; sich** (*für etw.*) **einsetzen**	↗ 4 servus; e/f: service
minuere minuō minuī minūtum	**verringern, vermindern**	
servitūs, servitūt·is *f*	**Sklaverei, Knechtschaft**	↗ servīre, 4 servus
turpis/turpe, turp·is	**hässlich, schändlich**	
lībertās, lībertāt·is *f*	**Freiheit**	↗ 6 līber; e: liberty
crēdere crēdō crḗdidī crḗditum	**glauben, anvertrauen**	Credo, Kredit
initium, initi·ī *n*	**Anfang, Beginn**	Initiative
initiō	**am Anfang, anfangs**	
équidem	**(ich) jedenfalls, allerdings; ich meinerseits**	
modus, mod·ī *m*	**Maß; Art, Weise; Melodie**	Mode, Modus; f: mode
nimius/-a/-um	**zu groß, zu viel, übermäßig**	
valē/valēte	**leb/lebt wohl!**	

1. Tipps

- Unter den knapp vierhundert Vokabeln, die Sie bisher gelernt haben, finden sich einige, die erkennbar nach den gleichen Prinzipien, z.B. mit der gleichen Vor- oder Nachsilbe, gebildet sind. Wenn Sie wissen, was diese „Präfixe“ und „Suffixe“ bezeichnen, können Sie auch die Bedeutung unbekannter Wörter erschließen.

2. *-tas* und *-tus*
Stellen Sie fest, wovon die Substantive *libertas, humanitas, virtus* abgeleitet sind und welchen deutschen Nachsilben die Suffixe *-tas* und *-tus* entsprechen.
Erschließen Sie nun die Bedeutung von *celeritas, crudelitas, mortalitas, utilitas, severitas, senectus.*

3. Vergleichbar

mit den eben betrachteten Suffixen sind die Nachsilben *-itia, -tia, -ia.*
Ein Beispiel finden Sie, wenn Sie den Gegenbegriff zu *severitas* nennen, ein weiteres als Gegenbegriff zu *modestia* (*modus > modestus>* ...).
Erschließen Sie nun *amicitia, adulescentia, pueritia, militia* und rufen Sie sich auch die folgenden Wörter in Erinnerung, von denen wir die Anfangsbuchstaben angeben:
cons...; mis...; pru... .

4. Parken in Italien – wo dürfen Sie, wo nicht?

INIZIO

FINE

5. Das Gegenteil zu ...

libertas – pulcher – augere – antiquus – ignorare – adulescens – victoria – venire.

6. Ein wenig Französisch

Führen Sie die folgenden Vokabeln auf lateinische zurück und erschließen Sie ihre Bedeutung:
la terre – le public – la lettre – la nature – tout – la fin – perdre – la partie – la porte – la mémoire – courir – montrer – l’image – le mur – le mal – faire – dire – le temps – la montagne – l’amour – juste.

7. Redensarten

„Omnia vincit amor“, meinte der Dichter Vergil.
„Libertas aut mors!“, schwor ein Revolutionär.

bellum, bell·ī *n*	**Krieg**	
gerere gerō gessī gestum	**tragen; ausführen, vollziehen**	
bellum gerere	**Krieg führen**	
dīvitiae, dīviti·ārum *f (Pluralwort)*	**Reichtum**	
cupidus/-a/-um *(m. Gen.)*	**begierig** *(nach)*	↗ 7 cupere
cum *(m. Konj.)*	**als, nachdem; da, weil; obwohl**	
occidēns, occident·is *m*	**Westen, Abendland**	Okzident
pergere pergō perrēxī perrēctum	**weitermachen, fortfahren**	
fīnem facere *(m. Dat.)*	**eine Grenze setzen, beenden**	
arma, arm·ōrum *n*	**Waffen**	Armee; e: army
oriēns, orient·is *m*	**Osten; Morgenland**	Orient
vertere vertō vertī versum	**wenden, drehen, kehren**	Version, Vers
pestis, pest·is *f*	**Seuche; Unglück**	Pest
nihil nisī	**nichts als, nur**	
nē … quidem	**nicht einmal, auch nicht**	
dissimulāre	**sich verstellen, verheimlichen**	
quōmodo	**wie, auf welche Weise**	↗ 11 modus
mīrus/-a/-um	**wunderbar; sonderbar**	Mirakel
rēgnum, rēgn·ī *n*	**Königreich;** *(Königs-)***Herrschaft**	↗ 8 rēx, rēgnāre
fās *n (nur Nom. u. Akk. Sg.)*	*(göttliches)* **Recht, Gebot**	
foedus, foeder·is *n*	**Bündnis, Vertrag**	Kon·föderation
frangere frangō frēgī frāctum	**brechen, verletzen, schwächen**	Fraktur, Fraktion
prōdere prōdō prṓdidī prṓditum	**preisgeben, verraten; überliefern**	
oppidum, oppid·ī *n*	*(befestigte)* **Stadt**	
dēlēre dēleō dēlēvī dēlētum	**zerstören, vernichten**	e: to delete
invidia, invidi·ae *f*	**Neid; Abneigung, Hass**	e: envy, f: envie
avāritia, avāriti·ae *f*	**Habgier, Geiz**	
etiam	**auch, sogar**	
praeda, praed·ae *f*	**Beute**	
spērāre	**hoffen, erhoffen, erwarten**	f: espérer
posse possum potuī	**können, in der Lage sein, mächtig sein**	
praesidium, praesidi·ī *n*	**Schutz, Hilfe; Besatzung; Posten**	Präsidium
intendere intendō intendī intentum	**anspannen; anstrengen; beabsichtigen**	Intention
damnum, damn·ī *n*	**Schaden, Verlust**	
imprīmīs	**besonders, vor allem**	↗ 8 prīmus
nēve	**und dass/damit nicht**	
sinere sinō sīvī situm	**lassen, zulassen**	
glōria, glōri·ae *f*	**Ruhm**	e: glory
latrō, latrōn·is *m*	**Räuber**	
opprimere ópprimō oppressī oppressum	**unterdrücken; überfallen, überwältigen**	

1. **Trügerische Ähnlichkeit**

- Irgendwie scheinen die Wörter *occidere* und *occidens* miteinander verwandt zu sein – doch wie? Die Antwort muss lauten: Gar nicht, denn hinter *occīdere* mit seinem langen *i* steckt *caedere*, während sich im Okzident *cadere* (fallen, untergehen) verbirgt; gemeint ist also der Teil der Welt, wo man die Sonne untergehen sieht.

2. **Krallenhand** – Welche lateinischen Wörter passen zu dieser Abbildung?

3. **Macht und Herrschaft – Recht und Unrecht**
Erstellen Sie aus den Ihnen bekannten Wörtern zwei Sachfelder.

4. **Tugenden und Laster**

avaritia, clementia, superbia, invidia …
Sie kennen schon eine ganze Reihe von Substantiven, die zur Charakterisierung eines Menschen dienen können.
Stellen Sie gute bzw. schlechte Eigenschaften zusammen.

5. **Alarm!**

Dieses Fremdwort geht über das Italienische (all' armi) auf das Lateinische *ad arma* zurück.
Was bedeutet es also?

6. **Medizinisch-Politisches**

Auf welches lateinische Wort lassen sich **Fraktur** und **Fraktion** zurückführen?
Beschreiben Sie den Bedeutungsunterschied.

7. **Vieldeutig**

initium / finem — facere — verba
bellum — facere — foedus
vim — facere — leges

finem — capere — oppidum
regnum — capere — praedam
arma — capere — hostem

ōrātiō, ōrātiōn·is *f*	**Rede; Sprache; Gebet**	↗ 2 ōrātor
valēre	**gesund sein; Einfluss haben**	↗ 11 valē
vōx, vōc·is *f*	**Stimme; Äußerung, Wort**	↗ 5 vocāre; e: voice, f: voix
perturbāre	**(völlig) verwirren, beunruhigen**	↗ 1 turba
statuere statuō statuī statūtum	**aufstellen; festsetzen, beschließen**	Statur
disserere disserō disseruī dissertum	**erörtern, sprechen** *(über)*	Dissertation
intrāre	**eintreten, hereinkommen, betreten**	e: to enter, f: entrer
nūllus/-a/-um; *Gen.* nūllīus, *Dat.* nūllī	**kein**	Null
cupiditās, cupiditāt·is *f*	**Begierde, Leidenschaft, Verlangen**	↗ 7 cupere, 12 cupidus
māiōrēs, māiōr·um *m*	**Vorfahren, Ahnen**	
vehemēns, vehement·is	**heftig**	vehement
vexāre	**quälen, beunruhigen**	
ideō	**deswegen, deshalb**	
dēfendere dēfendō dēfendī dēfēnsum	**verteidigen, abwehren**	defensiv
invādere invādō invāsī invāsum	**eindringen, angreifen; befallen**	Invasion
longus/-a/-um	**lang, weit; lang dauernd**	e: long, f: long/longue
lātus/-a/-um	**breit; weit**	
longē lātēque	**weit und breit**	
vāstāre	**verwüsten, verheeren**	
mūtāre	**ändern, verändern, wechseln, vertauschen**	Mutation
ager, agr·ī *m*	**Acker, Feld; Gebiet**	f: agri·culteur
atque, ac	**und, und auch; als**	
possidēre possideō possēdī possessum	**besitzen**	Possessiv-Pronomen
semper	**immer**	
impōnere impōnō imposuī impositum	**hineinsetzen, -legen; auferlegen**	imposant
tūtus/-a/-um	**geschützt, sicher**	Tutor
quiēs, quiēt·is *f*	**Ruhe; Erholung**	
stīpendium, stīpendi·ī *n*	**Steuer, Sold; Kriegsdienst, Dienstjahr**	Stipendium
tribūtum, tribūt·ī *n*	**Abgabe, Steuer**	Tribut
plērumque	**meistens**	
legiō, legiōn·is *f*	**Legion**	
praeesse praesum praefuī *(m. Dat.)*	**an der Spitze** *(von etw.)* **stehen,** *(etw.)* **leiten**	
regere regō rēxī rēctum	**lenken, leiten, beherrschen**	↗ 8 rēx, rēgnāre; regieren
claudere claudō clausī clausum	**schließen, absperren**	Klausur
quiētus/-a/-um	**ruhig, gelassen**	↗ quiēs; e: quiet, f: s'in·quiéter
cōpia, cōpi·ae *f*	**Vorrat; Menge;** *Pl. auch:* **Truppen, Streitkräfte**	

1. Nicht zu rasch aufgeben

- Manchmal sieht es so aus, als hätte sich ein Fremdwort von seinem lateinischen Ursprung so weit entfernt, dass eine erklärende Herleitung nicht mehr möglich ist.
  Beispielsweise geht ‚imponieren' sicher auf *imponere* zurück – doch was hat das Fremdwort mit hineinsetzen, -legen oder auferlegen zu tun?
  Nun, wenn man etwas irgendworauf stellt oder setzt, macht es einen Eindruck; ‚beeindrucken' ist also eine gute Verdeutschung von *imponere.*

2. Laut und leise

Stellen Sie ein Wortfeld „sprachliche Äußerung" zusammen.

3. Die rechte Antwort?

„Ut valet Servilius amicus tuus?" „Apud plebem multum valet."

4. Zweideutig

„Sine me cedere!" – „Cur sine me cedis?"

5. Pfeil-schnell

Den Abbildungen sollen aus dem Kasten passende Adjektive zugeordnet werden.
Achtung: Nicht alle angebotenen Wörter lassen sich unterbringen.

acer – turpis – honestus – laetus – malus – miser – celer – mirus – prudens – liber – multi – parvus

5. Das Gegenteil

Ein Mensch, der etwas *dissimulat*, ist das Gegenteil von einem Simulanten.
Was bedeutet demnach *simulare*?

6. Alles dreht sich …

Von dem Bedeutungsteil *vert-* sind zahlreiche Fremdwörter abgeleitet. Versuchen Sie sie zu erklären: Konverter – pervers – Inversions*wetterlage* – kontrovers – adversativ – vertikal – divers – reversibel – Aversion – konvertierbar.

7. Aha!

Woran erinnert Sie die Abkürzung DEL in der Computersprache?

8. Sprichwörtliches

Ex oriente lux. – Vox populi, vox dei. – Inter arma silent (~ tacent) Musae. –
E gloria invidia.

cohors, cohort·is *f* (*Gen. Pl.* cohort·ium)	**Kohorte** *(der zehnte Teil einer Legion, ca. 600 Mann)*	
flūmen, flūmin·is *n*	**Fluss, Strom**	
praefectus, praefect·ī *m*	**Präfekt, Befehlshaber**	
nāvis, nāv·is *f* (*Gen. Pl.* nāv·ium)	**Schiff**	Navigation; e: navy
lacus, lac·ūs *m*	**See, Teich**	e: lake, f: lac
āmittere āmittō āmīsī āmissum	**aufgeben; verlieren**	
agmen, agmin·is *n*	**Heereszug, Zug; Schar**	↗ 2 agere
ultimus/-a/-um	**der/die/das äußerste, letzte**	Ultimatum, Ultima Ratio
procul	**fern, weit weg, von weitem**	
dolus, dol·ī *m*	**List, Betrug**	
inīquus/-a/-um	**ungleich; ungünstig; ungerecht**	
inquīrere inquīrō inquīsīvī inquīsītum	**untersuchen, nachforschen**	Inquisition
reliquiae, reliqui·ārum *f*	**Überreste, Rest**	Reliquie
causā (*nachgestellt, m. Gen.*)	**um … willen, wegen; um … zu**	
praemittere praemittō praemīsī praemissum	**vorausschicken**	Prämisse
brevī (tempore)	**bald darauf, binnen kurzem**	↗ 9 brevis
aspectus, aspect·ūs *m*	**Anblick**	Aspekt
terribilis/terribile, terribil·is	**schrecklich, Furcht erregend**	↗ 11 terror; e/f: terrible
prīmō	**zuerst, zunächst; anfangs**	↗ 8 prīmus
deinde	**von da an; darauf; dann**	
campus, camp·ī *m*	**Ebene, Feld, Platz**	Campus, Camp
equus, equ·ī *m*	**Pferd**	↗ 9 eques
arbor, árbor·is *f*	**Baum**	f: arbre
fīgere fīgō fīxī fīxum	**heften, befestigen**	Fix·stern, fixieren
caput, capit·is *n*	**Kopf; Hauptstadt**	Kapitän, Kapital
silva, silv·ae *f*	**Wald**	
bárbarus, barbar·ī *m*	**Nichtrömer (-grieche), „Barbar“**	
centuriō, centuriōn·is *m*	**Zenturio, Hauptmann**	
cadere cadō cécidī	**fallen**	Kadenz, Kasus
secundus/-a/-um	**der/die/das zweite, folgende; günstig**	e/f: second
vulnus, vulner·is *n*	**Wunde**	↗ 3 vulnerāre
accipere accipiō accēpī acceptum	**annehmen, empfangen; erfahren**	akzeptieren; f: accepter
manus, man·ūs *f*	**Hand; Handvoll, Schar**	f: main
acerbus/-a/-um	**herb, bitter**	↗ 9 ācer
sepelīre sepeliō sepelīvī sepultum	**begraben, bestatten**	
colere colō coluī cultum	**bebauen; bewohnen; pflegen, verehren**	Kultur
fortis/forte, fort·is	**tapfer, mutig, stark**	f: fort/forte

1. **Mind-Maps**

- Damit die Wörter, die Sie sich eingeprägt haben, kein Einzeldasein führen und nicht rasch wieder vergessen werden, sollten Sie zwischen ihnen möglichst viele gedankliche Beziehungen herstellen. Eine gute Hilfe sind so genannte Mind-Maps („Gedächtnislandkarten"):
Man gewinnt sie, indem man alles zusammenträgt, was einem zu einem Zentralbegriff einfällt.

2. **Versuchen wir's!**

Legen Sie eine Mind-Map zum Thema „Militärisches" an.
Wir helfen mit ein paar Vorschlägen – auf Deutsch:

Führung und Geführte — Angriff/Verteidigung

Ausrüstung — **m i l i t i a** — Sieg und Niederlage

Risiken — ...

3. **In der Natur**

Sammeln Sie nun in einer gegliederten Übersicht alle Wörter, die Sie zu diesem Sachfeld kennen.

... Land

... Wasser

... Lebendiges

4. **Erklären Sie die Fremdwörter**
in den folgenden Wendungen:
defensive Fahrweise – *vehemente* Ablehnung – in strenger *Klausur* leben – eine *Dissertation* schreiben – wegen eines *Kapital*verbrechens anklagen – *inakzeptable* Bedingungen – Diese Orgel hat zwei *Manuale*.

5. **Kreuz und quer**

	Oratione	
Imperator	**brevi**	milites appellabit.
	eos monebit.	

	Audi, Syre,	
Num ipse	**vulnera**	times?
	Barbatum!	

	Haec est	
Amici	**causa**	gaudeo.
	gaudii mei.	

6. **Noch erkennbar?**

Die folgenden italienischen Wörter haben sich von ihrem lateinischen Ursprung etwas „wegentwickelt": fiume – lago – fisso – aspetto – capo – immagine – fare – chiudere – chiaro – giusto.

7. **Vieldeutig**

agere

equos — magistratum — vitam — praedam — pacem — nihil — triumphum — fabulam — acta

māior/māius, māiōr·is	**größer, bedeutender; älter**	Majorität
vīctus, vīct·ūs *m*	**Lebensunterhalt, Lebensweise**	↗ 4 vīvere
carō, carn·is *f*	**Fleisch**	(Re-)In·karnation, Karneval
cōnsistere cōnsistō cṓnstitī	**sich hinstellen; bestehen** *(aus)*	
proprius/-a/-um	**eigen, eigentümlich**	f: propri·étaire
singulī/-ae/-a	**einzeln, je ein(er)/eine/ein**	singulär, Singular
tribuere tribuō tribuī tribūtum	**zuteilen, zuweisen; erweisen**	↗ 13 tribūtum
cōgere cōgō coēgī coāctum	**sammeln; zwingen**	
potēns, potent·is	**mächtig**	potent, Potenzial
pauper, pauper·is (*Abl. Sg.* -e, *Gen. Pl.* -um)	**arm**	e: poor, f: pauvre
dīligēns, dīligent·is	**sorgfältig, gewissenhaft**	
incipere incipiō coepī coeptum	**anfangen, beginnen**	
luxuria, luxuri·ae *f*	**Überfluss; Genusssucht, Verschwendungssucht**	Luxus
māximus/-a/-um	**der/die/das größte; sehr groß**	
futūrum esse (~ **fore**)	*(in Zukunft)* **sein**	Futur
ops, op·is *f*	**Kraft, Stärke, Hilfe;** *Pl. auch:* **Reichtum, Macht**	
aequāre	**gleichmachen, erreichen**	↗ 14 in·īquus
laus, laud·is *f*	**Lob, Ruhm**	↗ 3 laudāre
quam *(beim Superlativ)*	**möglichst**	
circā/circum *(m. Akk.)*	**um … herum, ringsum**	
īgnōminia, īgnōmini·ae *f*	**Beschimpfung; Schande**	↗ 8 nōmen
extrā *(m. Akk.)*	**außerhalb**	
exercēre	**üben, betreiben**	↗ 10 exercitus; e: exercise, f: exercice
cum *(m. Ind.)*	**(immer) wenn; als**	
prīnceps, prīncip·is *m*	**erster Mann, Fürst**	↗ 8 prīmus; Prinz
concilium, concili·ī *n*	**Versammlung**	Konzil
comparāre	**vergleichen**	Komparativ; e: to compare
contendere contendō contendī contentum	(„sich anstrengen“:) **eilen; kämpfen; behaupten, darauf bestehen**	
domus, dom·ūs *f* (*Abl. Sg.* -ō, *Akk. Pl.* -ōs)	**Haus**	Dom
domī	**zu Hause**	
plūrimī/-ae/-a	**die meisten; sehr viele**	
contumēlia, contumēli·ae *f*	**Kränkung, Beleidigung, Schande**	
afficere *(m. Abl.)* afficiō affēcī affectum	**versehen** *(mit)*, **ausstatten** *(mit);* *(m. Akk. und Abl.:) (jmdm. etw.)* **zufügen**	Affekt
contumēliīs afficere	**schmähen, beschimpfen**	
iniūria, iniūri·ae *f*	**Unrecht, Ungerechtigkeit**	↗ 9 iūs
prohibēre	**abhalten, hindern; verbieten**	
sānctus/-a/-um	**heilig, geweiht**	sanktionieren, Sankt …
patēre	**offen stehen; offenbar sein**	Patent
iuvāre iuvō iūvī iūtum; *Part. Fut. Akt.* iuvātūrus	**unterstützen, helfen**	
plūs, plūr·is	**mehr**	f: plus

1. Da und dort daheim

- Ein **Wortfeld** kommt zustande, wenn man Wörter eines bestimmten Bedeutungsbereichs zusammenstellt (z. B. „Fortbewegung“); ein **Sachfeld** erfasst Wörter, die zur Beschreibung bestimmter Sachzusammenhänge dienen (z. B. „Rechtswesen"). Wörter mit mehreren Bedeutungen lassen sich dementsprechend auch verschiedenen Wort- und Sachfeldern zuordnen.

2. Musterfall *contendere*

Suchen Sie aus dem folgenden Angebot
– Wörter heraus, mit denen *contendere* eine Bedeutung gemeinsam hat, und
– Wörter, mit denen es in einem bestimmten Wortfeld erscheinen könnte:

? ?

c o n t e n d e r e

? ?

dicere – prohibere – pugna – studere – petere – currere – bellum – cogere – negare – reprehendere – pugnare – nuntiare – observare – monstrare

3. Das Gegenteil zu …

incipere – amor – ius – occidens – pax – finis – reprehendere – ignominia

4. Sklaventreiber

Welche lateinischen Wörter fallen Ihnen zu diesem Bild ein?

5. Quicklebendig

… sind Ableitungen von Steigerungsformen (↗ Anhang zur Systematischen Begleitgrammatik, *Tab.* IV):
Optimist – Pessimismus – Major – Maier – Plural – pluralistisch – Minimum – + – – – pejorativ – optimieren

6. Vielfach verwendbar – *afficere*

Suchen Sie für die folgenden Verbindungen mit *afficere* treffende deutsche Bedeutungen:

a f f i c e r e

iniuria nomine honore servitute ignominia laude timore morte vulnere

7. Rückschlüsse

Ein Laboratorium ist ein Arbeitsplatz – was bedeuten demnach *labor, labor·is (m)* und *laborare*?
Erklären Sie in Gegenrichtung das Wort Observatorium.
Sie kennen das englische Wort *difficult* – erschließen Sie daraus *difficultas, difficultat·is (f)* und *difficilis*. Das Antonym zu *difficilis* ist *facilis*. Welches Verb steckt in den drei Wörtern?

16 IV A 1.1 C 1/2

uxor, uxōr·is *f*	**Ehefrau, Gattin**	
arbitrārī arbitror arbitrātus sum	**meinen, glauben; halten für**	
aliquandō	**(irgendwann) einmal, einst**	
versārī versor versātus sum	**sich aufhalten, sich beschäftigen**	↗ 12 vertere
indīgnārī *(m. Akk.)* indīgnor indīgnātus sum	**empört sein, sich entrüsten** *(über)*	indigniert
proficīscī proficīscor profectus sum	**aufbrechen, abreisen, reisen**	
ōrāculum, ōrācul·ī *n*	**Orakel(stätte), Götterspruch**	
sīc	**so, auf diese Weise**	f: si
hortārī hortor hortātus sum	**ermahnen, mahnen; auf-, ermuntern; auffordern**	
māter, mātr·is *f*	**Mutter**	f: mère
(uxōrem) dūcere	**heiraten**	
régredī regredior regressus sum	**zurückgehen**	Regression
verērī vereor veritus sum	**sich scheuen, fürchten; verehren**	Re·verenz
vehere vehō vēxī vectum	**tragen, bringen, ziehen**	Vektor
vehī vehor vectus sum	**fahren, reiten**	Vehikel, Vektor
óbviam	**entgegen**	↗ 7 via
cunctārī cunctor cunctātus sum	**zögern**	
alter/altera/alterum; *Gen.* alterīus, *Dat.* alterī	**der/die/das eine** *(von zweien)* / **der/die/das andere**	Alternative; f: autre
īrāscī īrāscor	**zornig werden, zornig sein**	↗ 4 īra
tuērī tueor	**betrachten; (be-)schützen**	↗ 13 tūtus; Tutor
mentīrī mentior mentītus sum	**lügen**	f: mentir
posteā	**nachher, später**	↗ 6 post
morārī moror morātus sum	**(sich) aufhalten, zögern**	Moratorium
mōnstrum, mōnstr·ī *n*	**Ungeheuer; Götter-, Wunderzeichen**	Monster; f: monstre
cōnspicārī cṓnspicor cōnspicātus sum	**erblicken**	
corpus, córpor·is *n*	**Körper; Leiche**	
leō, leōn·is *m*	**Löwe**	
solvere solvō solvī solūtum	**lösen; befreien; zahlen**	solvent
quī/quae/quod (*adj. Interrogativ-Pron.*)	**welcher/welche/welches; was für ein/eine**	f: qui/que
animal, animāl·is *n (Abl. Sg.* -ī, *Nom. Pl.* -ia, *Gen. Pl.* -ium)	**Lebewesen, Tier**	e/f: animal
pēs, ped·is *m*	**Fuß**	↗ 10 pedes; Pedal
vesperī	**am Abend, abends**	Vesper
respondēre respondeō respondī respōnsum	**antworten, erwidern**	e: response, f: répondre
praecipitāre	*(kopfüber)* **stürzen**, *(sich)* **hinabstürzen**	↗ 14 caput
līberāre	**befreien**	↗ 6 līber
morī morior mortuus sum; *Part. Fut. Akt.* moritūrus	**sterben**	↗ 6 mors; f: mourir
fīnīre	**begrenzen; beenden**	↗ 8 fīnis; e: to finish, f: finir

1. Wortfamilien

Zu Wortfamilien kann man vom gleichen Bedeutungsteil gebildete Wörter zusammenfassen, z.B. *ius, iustus, iniuria.*
Sammeln Sie alle Ihnen bekannten Wörter mit dem Bedeutungsteil *reg-* (z.B. *regnare*), mit dem Bedeutungsteil *ora-* (red-) und dem Bedeutungsteil *liber* (frei).

2. Ableitbar

In der folgenden Übung haben wir bekannten Wörtern solche zugeordnet, die zur gleichen Wortfamilie gehören und deren Bedeutung Sie leicht erschließen können.
nomen – nominare; nuntius – nuntiare; celer – celeritas; pater – patrius/-a/-um; clementia – clemens, clement·is; omnis – omnino (Adv.); aequare – aequus/-a/-um (Gegenbegriff: iniquus); avaritia – avarus/-a/-um; certus – incertus; civis – civilis/civile

3. Wort im Bild

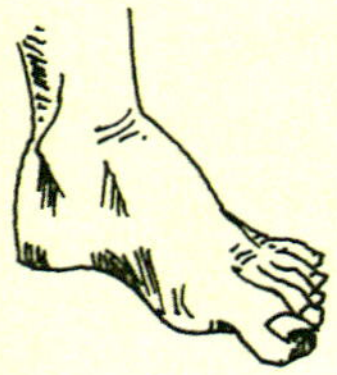
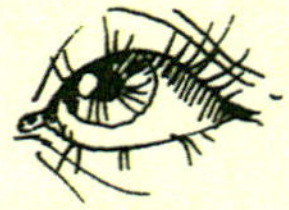

4. Schon nicht mehr ganz fremd

Die in den folgenden Sätzen hervorgehobenen Wörter lassen sich auf Deponentien zurückführen und erklären.

1. Dem schwer verschuldeten Entwicklungsland wurde ein *Moratorium* gewährt.
2. Die Mönche erwiesen dem Bischof ihre *Reverenz.*
3. Weil der Diktator Q. Fabius Maximus sich auf keine Schlacht mit Hannibal einließ, nannten ihn seine Gegner im Spott den *Cunctator.*
4. Über das Auftreten des Bewerbers zeigten sich die Mitglieder der Prüfungskommission *indigniert.*

5. Nur ein Buchstabe

Auf die Tür eines römischen Gasthauses hatte der Wirt geschrieben SALVE HOSPES (Sei willkommen, lieber Gast!). Ein Witzbold aber übermalte das A mit einem großen O.

6. Redensarten

Bella gerant alii!
Praestat[1] male vehi quam bene vadere.
Qui semel[2] mentitur, ei non creditur.

1) **praestat:** es ist besser 2) **semel:** einmal

vīvus/-a/-um	**lebend; zu Lebzeiten**	↗ 4 vīvere, 6 vīta
dīcī dīcor dictus sum	**heißen; man sagt, dass; sollen**	
uterque/útraque/utrumque; *Gen.* utrīusque, *Dat.* utrīque	**jeder** *(von beiden),* **beide**	
repetere répetō repetīvī repetītum	**zurückverlangen; wiederholen**	e: to repeat, f: répéter
contrahere cóntrahō contrāxī contrāctum	**zusammenziehen, einengen, sammeln**	Kontrakt, Kontrahent
oppūgnāre	**bestürmen, belagern**	
proelium, proeli·ī *n*	**Gefecht, Schlacht**	
vidērī videor vīsus sum	**scheinen, gelten** *(als)*	
canis, can·is *m/f*	**Hund**	f: chien
prōicere prōiciō prōiēcī prōiectum	**hinwerfen, preisgeben**	↗ 7 iacere; Projektor
iubēre iubeō iussī iussum	**beauftragen, befehlen**	
dispōnere dispōnō disposuī dispositum	**verteilen, aufstellen, ordnen**	Disposition
ēdīcere ēdīcō ēdīxī ēdictum	**bekannt machen, verkünden, anordnen**	Edikt
iste/ista/istud	**dieser/diese/dieses; der da/die da/das da**	
ēdictum, ēdict·ī *n*	**Anordnung, Verfügung**	↗ ēdīcere
mortuus/-a/-um	**tot, gestorben**	↗ 6 mors; f: mort/morte
cognōscere cognōscō cognōvī cógnitum	**erkennen, bemerken; kennen lernen**	f: connaître
pietās, pietāt·is *f*	**Frömmigkeit, Pflichtgefühl**	Pietät
humus, hum·ī *f*	**Erde, Boden**	
tegere tegō tēxī tēctum	**decken, bedecken**	
custōdīre	**bewachen, behüten**	↗ 10 custōs
comprehendere comprehendō comprehendī comprehēnsum	**ergreifen, fassen, erfassen; begreifen**	f: comprendre
praeceptum, praecept·ī *n*	**Vorschrift, Lehre, Regel**	↗ 11 praecipere
immortālis/immortāle, immortāl·is	**unsterblich, ewig**	↗ 9 mortālis
magis	**mehr, in höherem Grad**	
damnāre	**verurteilen, verdammen**	
capitis damnāre	**zum Tode verurteilen**	
resistere resistō réstitī	**Widerstand leisten**	resistent
sōlus/-a/-um; *Gen.* sōlīus, *Dat.* sōlī	**allein, bloß**	Solo; f: seul/seule
cōnstituere cōnstituō cōnstituī cōnstitūtum	**festsetzen, beschließen**	Konstitution
sepulcrum, sepulcr·ī *n*	**Grab, Grabmal**	↗ 14 sepelīre
aperīre aperiō aperuī apertum	**öffnen, aufdecken**	
dolor, dolōr·is *m*	**Schmerz**	f: douleur
propinquus, propinqu·ī *m*	**Verwandter**	
culpa, culp·ae *f*	**Schuld**	
sērō	**spät, zu spät**	f: soir
dolēre	**Schmerz empfinden, bedauern; wehtun**	↗ dolor

1. Teilsynonyme

Neben weitgehend bedeutungsgleichen Wörtern (Synonymen), wie z. B. *putare* und *arbitrari,* gibt es im Lateinischen zahlreiche Teilsynonyme, die nur eine einzige Bedeutung gemeinsam haben. Ermitteln Sie bei den folgenden Wörtern, welche Bedeutung das jeweils ist.

dubitare – cunctari – morari	arcere – defendere	colere – vereri
clades – damnum – calamitas (↗ 18)	capere – expugnare	acer – vehemens
contrahere – cogere	auxilium – praesidium	fatum – sors

Suchen Sie nun selbst im Wortschatz nach weiteren Teilsynonymen. Sie werden noch eine ganze Menge finden.

2. Vielseitig – das Wörtchen *quam*

Virgo,		amo, Thaïs vocatur.
O,		pulchra est!
Credo eam pulchriorem esse	**quam**	Venerem ipsam.
Itaque semper		maxime studebo eam tenere.
Certe tam beatus sum		Croesus.

3. Rückschlüsse

Ein Experiment ist ein (wissenschaftlicher) Versuch; was dürfte demnach das Deponens *experiri* (*experior, expertus sum*) bedeuten – und was ist, wörtlich genommen, ein Experte?
Ein fingierter Überfall hat nicht stattgefunden; er wurde …
Finden Sie eine passende deutsche Bedeutung für das Verb *fingere* (*fingo, finxi, fictum*) und überprüfen Sie sie an den Fremdwörtern fiktiv, fiktional, Sciencefiction.

4. *con-* & Co.

Die Vorsilbe *con-* hat sich aus der Präposition *cum* entwickelt und bedeutet oft „zusammen“. Suchen Sie aus dem folgenden Angebot die Wörter heraus, wo das der Fall ist.
conspicari – concedere – comprehendere – convenit – contendere – contrahere – consistere – conciliare – constituere – convocare – consulere

5. Eindeutig zweideutig

Ein älterer, noch unverheirateter Mann ließ, als er doch noch an eine Ehe dachte, über seiner Haustür den Satz anbringen UXORI PARENDUM EST. Wenig später stand er völlig unter dem Pantoffel seiner jungen Frau. Als ihn Bekannte deswegen frotzelten, meinte er: „Ich habe den Satz nie anders verstanden.“

18

IV A 1.2–4
B zur Vertiefung II B 2.2
C 1/2

nūmen, nūmin·is *n*	*(göttliche)* **Macht, Gottheit**	
mundus, mund·ī *m*	**Welt, Weltall**	f: monde
sub *(m. Abl.)*	**unter**	e: sub·marine
situs/-a/-um	**gelegen, befindlich**	Situation
īre eō iī itum	**gehen**	f: il ira
vincīre vinciō vīnxī vīnctum	**binden, fesseln**	
ferre ferō tulī lātum	**tragen, bringen; ertragen; berichten**	Legis·lative
modo	**eben (erst), gerade; nur**	
calamitās, calamitāt·is *f*	**Unglück, Unheil, Schaden**	
velle volō voluī	**wollen**	f: vouloir (<* volēre)
precēs, prec·um *f*	**Bitten, Gebet**	
adīre ádeō ádiī áditum	**herangehen, aufsuchen; angreifen**	
reddere reddō réddidī rédditum	**zurückgeben; machen** *(zu)*	
peragere péragō perēgī perāctum	**durchführen; verbringen**	
invītus/-a/-um	**ungern, unfreiwillig**	
hūmānus/-a/-um	**menschlich; gebildet**	↗ 11 hūmānitās; e: human
genus, gener·is *n*	**Geschlecht, Gattung, Art**	↗ 8 gēns; Genus
sīn (autem)	**wenn aber**	
nōlle nōlō nōluī	**nicht wollen**	
redīre rédeō rédiī réditum	**zurückgehen, zurückkehren**	
dulcis/dulce, dulc·is	**süß, angenehm**	Dolce Vita
cantāre	**singen**	f: chanter
flēre fleō flēvī flētum	**weinen, beklagen**	
stāre stō stetī	**stehen**	Status
captāre	**zu fangen suchen, jagen, fangen**	↗ 7 capere
saxum, sax·ī *n*	**Fels**	
volvere volvō volvī volūtum	**wälzen, rollen**	
prīmum	**zum ersten Mal**	↗ 8 prīmus
lacrima, lacrim·ae *f*	**Träne**	
fāma, fām·ae *f*	**Gerücht**; *(guter/schlechter)* **Ruf**	famos, in·fam; e: fame, famous
fāma fert	**es geht das Gerücht, es wird erzählt, man sagt**	
condiciō, condiciōn·is *f*	**Bedingung; Lage**	Kondition
flectere flectō flexī flexum	**biegen, beugen, wenden**	flexibel
priusquam	**bevor, ehe;** *(nach verneinten Sätzen:)* **bevor nicht**	
exīre éxeō éxiī éxitum	**hinausgehen, ausrücken**	Exitus; e: exit
propter *(m. Akk.)*	**wegen**	
appropinquāre	**sich nähern, herankommen**	↗ 17 propinquus; e: to approach

1. Vorsilben

- Die Kenntnis der Grundbedeutung häufiger Vorsilben erleichtert das Behalten zusammengesetzter Wörter (Komposita). Freilich ist, wie das Beispiel *con-* in 17.4 zeigte, diese Grundbedeutung nicht mehr in allen Fällen deutlich fassbar.
  Man wird darum zweckmäßigerweise einen Unterschied machen zwischen Wörtern, deren Bedeutung sich im Bedarfsfall erschließen lässt, und anderen, die mehr Lernenergie verlangen.

2. *ad- (ac-, af-, al-, ap-, ar-, a-/as-)*

Die Vorsilbe *ad-*, die sich oft durch Assimilation (Angleichung) an den folgenden Konsonanten verändert, bedeutet „an", „heran", „dabei". Überprüfen Sie, bei welchen der folgenden Wörter eine dieser Bedeutungen deutlich erkennbar ist.
accipere – adducere – adire – adulescens – afficere – appellare – apparere – appetere (Ap-petit!) – appropinquare – arripere (rapere!) – aspectus – aspicere

3. Alliteration

Alliteration leitet sich her von *ad-* und *littera*; das Wort bezeichnet eine stilistische Erscheinung folgenden Typs: „… *lacrimas in oculis Furiarum fuisse fama fert.*"
Formulieren Sie anhand dieses Beispiels eine kurze Definition des Fachbegriffs.

4. Gut versteckt

Der Bedeutungsteil von *ire, i* oder *e,* ist Ihnen bereits mehrfach begegnet und zwar in *in-i-tium; ped-es, ped-itis; equ-es; mil-es.* Erschließen Sie, was diese Wörter, genau genommen, bedeuten.
Ein Tipp: Im *miles* stecken ziemlich viele römische Meilen (*milia passuum*).
Auch *com-es, com-itis* m/f und *iter, itineris* n (teilsynonym mit *via*) sind nun erschließbar.

5. Ein wenig Französisch

la lettre – le monstre – l'animal – le monde – la main – fort, forte – seul, seule – long, longue – terrible – pauvre – le lac – l'arbre – entrer – comparer – répondre – répéter – comprendre – chanter – espérer – mentir

6. Schule und Bildung

Stellen Sie ein Sachfeld zusammen.

7. Sprichwörtliches

Fer, quod mutari non potest!
Errare humanum est.
… tulit alter honores (Vergil).
Si vis amari, ama!
Si vir es, i!

8. Klingt paradox

Was will jemand ausdrücken, der sagt,
er habe etwas *nolens volens* getan?

spēs, sp·eī *f*	**Hoffnung, Erwartung**	↗ 12 spērāre
mē spēs tenet	**ich habe die Hoffnung**	
iūdex, iūdic·is *m*	**Richter**	↗ 9 iūs; e: judge
bene	**gut**	f: bien
ēvenīre ḗvenit ēvēnit ēventum	**sich ereignen, geschehen; eintreten, in Erfüllung gehen**	eventuell; e: event
quod (*faktisches quod*)	**dass**	
aut – aut	**entweder – oder**	
sēnsus, sēns·ūs *m*	**Sinn, Empfindung**	e: sense, f: sens
auferre aúferō abstulī ablātum	**wegtragen, wegbringen; rauben**	Ablativ
ob (*m. Akk.*)	**wegen**	
rēs, r·eī *f*	**Sache, Ding; Angelegenheit, Ereignis**	
quam ob rem	**deswegen**	
altus/-a/-um	**hoch; tief**	f: haut/haute
similis/simile, simil·is (*Superlativ:* simillimus)	**ähnlich**	e: similar
diēs, di·ēī *m*	**Tag**	e: diary
reperīre reperiō répperī repertum	**wieder finden, finden**	Repertoir
antepōnere antepōnō anteposuī antepositum	**voranstellen; vorziehen**	
futūrus/-a/-um	**zukünftig**	
vērus/-a/-um	**wahr, echt**	
vērē	**in Wahrheit, wirklich; mit Recht**	
incolere íncolō incoluī incultum	**wohnen, bewohnen**	
excēdere excēdō excessī excessum	**heraus-, hinausgehen; weggehen**	Exzess
convenīre conveniō convēnī conventum	**zusammenkommen, -passen; sich einigen; zustande kommen; sich ereignen**; (*m. Akk.*:) (*jmdn.*) **treffen**	
fidēs, fid·eī *f*	**Treue, Glaube, Vertrauen**	Highfidelity
colloquī colloquor collocūtus sum	**sich unterhalten**	Kolloquium
licet	**es ist erlaubt, man darf; es ist möglich**	Lizenz; e/f: licence
fierī fīō factus sum	**werden, geschehen; gemacht werden**	
temptāre	**angreifen; erproben, versuchen**	
exquīrere exquīrō exquīsīvī exquīsītum	**untersuchen; herausfinden**	exquisit
sīcut	**(so) wie; wie zum Beispiel**	
absolvere absolvō absolvī absolūtum	**loslösen; freisprechen; vollenden**	Absolution
umquam	**jemals**	
neglegere néglegō neglēxī neglēctum	**sich** *(um etw.)* **nicht kümmern, gering schätzen, übersehen**	
nōn habeō quod (*m. Konj.*)	**ich habe keinen Grund (zu …)**	
suscēnsēre (*m. Dat.*)	**aufgebracht sein, zornig sein** *(auf jmdn.)*	
accūsāre	**anklagen, beschuldigen**	Akkusativ; f: accuser
nocēre	**schaden**	
abīre ábeō ábiī ábitum;	**weggehen, abtreten**	Abitur
uter/utra/utrum; *Gen.* utrīus, *Dat.* utrī	**welcher, welche, welches** *(von beiden); (Subst.:)* **wer** *(von beiden)*	↗ 17 uterque
melior/melius, meliōr·is	**besser**	f: meilleur

1. Ganz gleich und doch verschieden

Die Vorsilbe *in-* lässt sich bei Verben sehr oft auf die Präposition *in* (m. Akk. oder Abl.) zurückführen. Bei Nomina ist sie häufiger eine Verneinung, entsprechend dem deutschen un-.
Das *-n-* der beiden *in-* wird vor *l, r, m* durch Assimilation dem folgenden Konsonanten angeglichen, vor *p* wird es zu *m*, vor *g* verschwindet es.
Sortieren Sie den folgenden Vorrat von *in*-Verbindungen nach folgendem Schema:
Ortsangabe („wo?") Richtungsangabe („wohin?") Verneinung
iniuria – incolere – imponere – immortalis – indignari – inquirere – ignominia – imminere – impetus – incipere – iniquus – initium – intendere – invadere – invenire – iniuria – imprimis – invitus – ignorare – invidia – impedire (~ prohibere).

Bei der Lösung dieser Aufgabe ist es hilfreich, wenn man die ursprüngliche Bedeutung der Zusammensetzungen zu erschließen sucht.
Im-petus geht sicher auf das Verb *petere* zurück, in *im-ped-ire* dagegen steckt *pes, pedis*. Das Verb bezeichnet also einen Vorgang, den wir umgangssprachlich so formulieren: „Ich will ihm keinen Knüppel zwischen die Beine werfen!"

2. Dasselbe im Fremdwort

Ermitteln Sie, ggf. anhand eines Sachbuchs (Duden, Fremdwörterbuch), welche Art von *in-* in den folgenden Wörtern steckt und welche lateinischen Bedeutungsteile sie enthalten.
Illusion – illegal – illiberal – illuminieren – immanent – immateriell – immatrikulieren – Immissionen – immobil – Imperfekt – Impression – imposant – Impuls – inadäquat – incorporated – indezent – indirekt – Individuum – indolent – Induktion – infinit – Indiz – informieren – Injektion – Initiation – inkognito – inkomparabel – inoffiziell – inoperabel – invalide – Invektive – invariabel – irreparabel – irreal – irreversibel

3. Stunde – Tag – Jahr – jetzt – nicht mehr …

Erstellen Sie ein Sachfeld zum Thema „Zeit" und gliedern Sie es nach Wortarten.

4. Sprichwörtliches

Dies diem docet.
Dies dolorem minuit.
Vanae[1] sunt humanae res, vanae sunt humanae spes.
Res amicos invenit.
Rem actam agis.

1) **vānus, -a, -um**: nichtig, eitel, wertlos

5. Überraschend?

Es überrascht wohl nicht, dass es im Türkischen das Fremdwort *Filozof* (Philosoph) gibt. Doch dieses Wort bedeutet auch „heiter, gelassen, gutmütig" – warum?

disputāre	**erörtern, diskutieren**	Disput; f: disputer
adesse adsum affuī	**anwesend sein**; (*m. Dat.*:) **beistehen**	
quīdam/quaedam/quoddam *Subst.*: quīdam/quaedam/ quiddam	**ein (gewisser/gewisses)/eine (gewisse)**; *Pl.*: **einige, manche**	
philósophus, philósoph·ī *m*	**Philosoph**	
īnferre īnferō íntulī illātum	**hineintragen; zufügen; vorbringen**	
quā dē causā	**weshalb; deshalb**	
ita	**so**	
doctrīna, doctrīn·ae *f*	**Lehre; Gelehrsamkeit**	Doktrin
auris, aur·is *f* (*Gen. Pl.* aur·ium)	**Ohr**	
ergō	**also, folglich**	
medius/-a/-um	**der/die/das mittlere, mitten**	Medium
īgnōtus/-a/-um	**unbekannt**	↗ 11 īgnōrāre
nescīre	**nicht wissen, nicht verstehen**	
venerārī veneror venerātus sum	**verehren, anbeten**	
dēmōnstrāre	**zeigen, beweisen**	Demonstrant
quia	**weil**	
caelum, cael·ī *n*	**Himmel; Klima**	f: ciel
habitāre	**wohnen**	f: habiter
templum, templ·ī *n*	**Tempel**	
quasi	**wie, sozusagen**	
egēre *(m. Abl.)*	*(etw.)* **brauchen, nötig haben**	
quamvīs *(m. Konj.)*	**wenn auch, obwohl**	
ūnusquisque, ūnīuscuiusque	**jeder einzelne**	
poēta, poēt·ae *m*	**Dichter**	Poet, Poesie; f: poète
aestimāre	**schätzen, beurteilen; anerkennen, (hoch) schätzen**	e: to estimate
simulācrum, simulācr·ī *n*	**Abbild, Götterbild**	
aurum, aur·ī *n*	**Gold**	Eldorado
argentum, argent·ī *n*	**Silber; Geld**	f: argent
paenitentia, paenitenti·ae *f*	**Reue, Buße**	
scelus, sceler·is *n*	**Verbrechen, Frevel**	
flāgitium, flāgiti·ī *n*	**Schande; Vergehen**	
committere committō commīsī commissum	**zustande bringen; anvertrauen**	Kommission
iūdicāre	**richten, (be)urteilen**	↗ 19 iūdex
ut (*m. Ind. Perf.*)	**als, sobald**	
sunt quī (*m. Konj.*)	**(es gibt welche, die …) manche**	

Kopf-Wörter

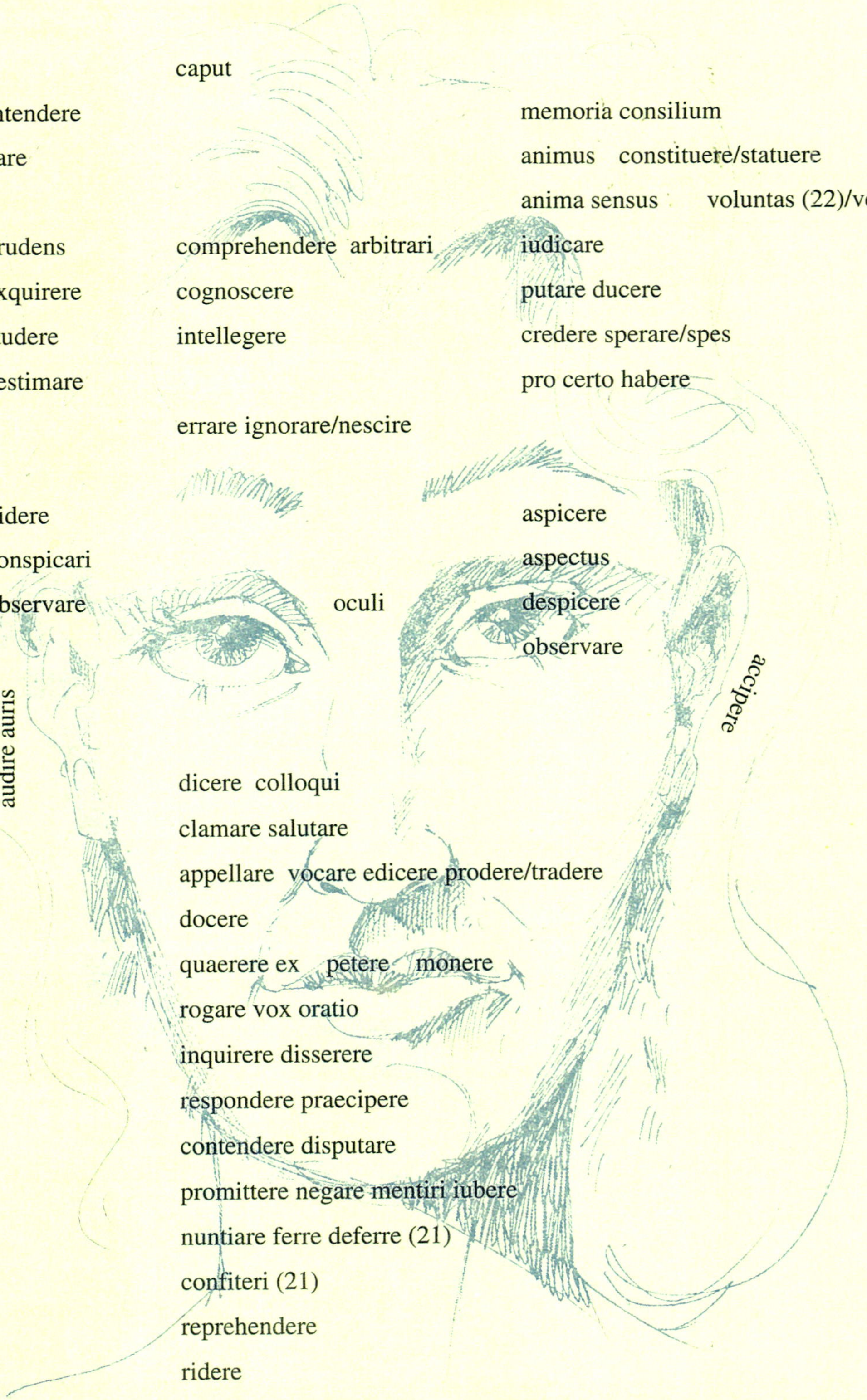

caput

instituere (24) intendere
deliberare dubitare
acer

memoria consilium
animus constituere/statuere
anima sensus voluntas (22)/velle

prudens
exquirere
studere
aestimare

comprehendere arbitrari
cognoscere
intellegere

iudicare
putare ducere
credere sperare/spes
pro certo habere

errare ignorare/nescire

videre
conspicari
observare

oculi

aspicere
aspectus
despicere
observare

audire auris

accipere

dicere colloqui
clamare salutare
appellare vocare edicere prodere/tradere
docere
quaerere ex petere monere
rogare vox oratio
inquirere disserere
respondere praecipere
contendere disputare
promittere negare mentiri iubere
nuntiare ferre deferre (21)
confiteri (21)
reprehendere
ridere

21

dubius/-a/-um	**zweifelhaft, unsicher**	↗ 3 dubitāre; dubios
prōpōnere prōpōnō prōposuī prōpositum	**vorlegen, vorschlagen, in Aussicht stellen; voranstellen**	e: to propose, f: proposer
continēre	**zusammenhalten, festhalten; enthalten**	Kontinent
cognitiō, cognitiōn·is *f*	**Untersuchung, Verfahren; Erkenntnis**	↗ 17 cognōscere
interesse intersum interfuī	**dazwischen sein,** *(m. Dat.:)* **teilnehmen** *(an)*	
crīmen, crīmin·is *n*	**Vorwurf; Verbrechen**	kriminell
crīminī dăre	**zum Vorwurf machen**	
pūnīre	**bestrafen, rächen**	e: to punish, f: punir
paulum	**(ein) wenig**	
utrum *(in dir. Wahlfragen:)*	*(Fragesignal)*	
(in indir. Wahlfragen:)	**ob**	
discrīmen, discrīmin·is *n*	**Unterschied; Entscheidung; gefährliche Lage**	diskriminieren
aetās, aetāt·is *f*	**Alter, Lebenszeit; Zeitalter**	
an *(in Wahlfragen)*	**oder**	
tener/tenera/tenerum	**zart; jung**	
rōbustus/-a/-um	**kräftig, stark; erwachsen**	robust
differre dífferō distulī dīlātum	**aufschieben; sich unterscheiden**	f: différ·ence
prōdesse prōsum prōfuī	**nützen, nützlich sein**	Pros(i)t
interim	**inzwischen, einstweilen**	↗ 4 inter
tamquam	**wie, als, als ob**	
dēferre dḗferō dētulī dēlātum	**überbringen; melden, anzeigen**	
sequī *(m. Akk.)* sequor secūtus sum	**folgen, befolgen**	Sequenz
interrogāre	**fragen, befragen**	f: interroger
an *(in indirekten Fragen)*	**ob**	
cōnfitērī cōnfiteor cōnfessus sum	**gestehen, bekennen**	Konfession
tertiō, tertium	**zum dritten Mal**	
supplicium, supplici·ī *n*	**Strafe, Todesstrafe**	
minārī minor minātus sum	**drohen, androhen**	
persevērāre	*(bei etw.)* **bleiben, hart bleiben**	
fatērī fateor fassus sum	**gestehen, bekennen**	
remittere remittō remīsī remissum	**zurückschicken, loslassen; vermindern; nachlassen**	f: remettre
dīmittere dīmittō dīmīsī dīmissum	**entlassen, gehen lassen; aufgeben**	
āctus, āct·ūs *m*	**Handlung, Vorgehensweise; Akt**	
conquīrere conquīrō conquīsīvī conquīsītum	**zusammensuchen, aufspüren**	f: conquête
arguere arguō arguī argūtum	**darlegen**; *(m. Gen.:) (wegen etw.)* **beschuldigen**	Argument
immolāre	**opfern**	
impetrāre	**durchsetzen, erreichen**	
pessimus/-a/-um	**der/die/das schlechteste, sehr schlecht**	Pessimist
exemplum, exempl·ī *n*	**Beispiel, Vorbild**	e: example, f: exemple

monachus, monach·ī *m*	**Mönch**	
dīligere dī́ligō dīlēxī dīlēctum	**lieben, schätzen**	↗ 15 dīligēns
cor, cord·is *n*	**Herz**	f: cœur
proximus/-a/-um	**der/die/das nächste, letzte**	
honōrāre	**ehren, auszeichnen**	↗ 6 honōs
egēns, egent·is	**bedürftig, arm**	↗ 20 egēre
recreāre	**wieder beleben, kräftigen**	f: récréation
nūdus/-a/-um	**nackt, bloß**	
vestīre	**kleiden, bekleiden**	
īnfirmus/-a/-um	**schwach; krank**	f: infirm·ier
vīsitāre	**besuchen**	Visite; e: to visit, f: visiter
cōnsōlārī cōnsōlor cōnsōlātus sum	**trösten**	
vēritās, vēritāt·is *f*	**Wahrheit**	↗ 19 vērus; f: vérité
ōs, ōr·is *n*	**Mund, Gesicht**	↗ ōrāre; oral
prōferre prṓferō prōtulī prōlātum	**hervorbringen, (vor)zeigen**	
malum prō malō reddere	**Böses mit Bösem vergelten**	
patiēns, patient·is	**geduldig**	Patience, Patient
inimīcus, inimīc·ī *m*	**Feind**	↗ 2 amīcus
iūstitia, iūstiti·ae *f*	**Gerechtigkeit**	↗ 8 iūstus; e/f: justice
sustinēre	**aushalten, ertragen**	
hōra, hōr·ae *f*	**Stunde**	e: hour, f: heure
respicere respiciō respexī respectum	**zurückschauen, berücksichtigen**	f: respecter
loquī loquor locūtus sum	**sprechen, reden**	
vānus/-a/-um	**nichtig, leer**	e: in vain
ēdere ēdō ḗdidī ḗditum	**herausgeben, verbreiten, hervorbringen**	Edition
iūrāre	**schwören**	↗ 9 iūs
ōdisse ōdī	**hassen**	
senior, seniōr·is	**älter**	Senioren
iūnior, iūniōr·is	**jünger**	
ōrāre	**beten, bitten**	↗ 2 ōrātor, ōs
sōl, sōl·is *m*	**Sonne**	f: sol·eil
grātia, grāti·ae *f*	**Dank; Gnade, Gunst, Beliebtheit**	ital.: grazie
cottīdiē	**täglich**	↗ 19 diēs
dēsīderium, dēsīderi·ī *n*	**Sehnsucht, Verlangen, Bedürfnis**	f: désirer
efficere efficiō effēcī effectum	**bewirken, durchsetzen**	Effekt
voluntās, voluntāt·is *f*	**Wille, Absicht**	↗ 18 velle
abesse absum āfuī	**abwesend sein, entfernt sein, fehlen**	Absenz
sē gerere	**sich benehmen**	
memor, memor·is (*m. Gen.*)	**in Erinnerung, sich erinnernd** (*an*)	↗ 11 memoria
memor est	**er/sie/es erinnert sich**	
nōlī/nōlīte (*clāmāre*)	(*schrei/schreit*) **nicht**	

23

aciēs, aci·ēī *f*	**Schärfe; Front; Heer** *(in Kampfbereitschaft);* **Schlacht(feld)**	↗ 9 ācer
crux, cruc·is *f*	**Kreuz; Kreuzigung, Marter**	Kruzi·fix
lūcēre lūceō lūxī	**leuchten, strahlen**	↗ 8 lūx
dūrus/-a/-um	**hart, unempfindlich**	f: dur/dure
audēre	**wagen**	
advenīre adveniō advēnī adventum	**ankommen, herankommen**	Advent; f: avenir
sanguis, sanguin·is *m*	**Blut**	f: sang
tyrannis, tyrannid·is *f*	**Tyrannis, Gewaltherrschaft**	
cōnfirmāre	**stärken; bekräftigen**	Konfirmation
quemádmodum	**auf welche Weise, wie**	↗ 11 modus
pānis, pān·is *m*	**Brot**	f: pain
cottīdiānus/-a/-um	**täglich, alltäglich**	↗ 22 cottīdiē
perīre péreō périī	**zugrunde gehen, umkommen**	
mēns, ment·is *f* (*Gen. Pl.* ment·ium)	**Verstand, Denken, Meinung**	mental
dēbitum, dēbit·ī *n*	**Schuldigkeit, Schuld**	↗ 4 dēbēre
interficere interficiō interfēcī interfectum	**töten**	
festīnāre	**eilen, sich beeilen**	
trahere trahō trāxī tractum	**ziehen, schleppen**	Traktor
cōgitāre	**denken, nachdenken; beabsichtigen**	

24

ratiō, ratiōn·is *f*	**Vernunft, Überlegung; Art und Weise**	f: raison
carēre *(m. Abl.)*	*(etw.)* **nicht haben,** *(auf etw.)* **verzichten müssen**	Karenz·tage
indīgnus/-a/-um	**unwürdig**	↗ 16 indīgnārī
prīncipātus, prīncipāt·ūs *m*	**erste Stelle, Vorrang, Herrschaft**	↗ 15 prīnceps
secundum *(m. Akk.)*	**längs, entlang; gemäß**	↗ 21 sequī
lēgitimus/-a/-um	**gesetzmäßig, legitim**	↗ 9 lēx
trāns *(m. Akk.)*	**über (… hinüber); jenseits**	Trans·fer
mare, mar·is *n (Abl. Sg.* -ī, *Nom. Pl.* -ia, *Gen. Pl.* -ium)	**Meer**	Marine
illūstris/illūstre, illūstr·is	**glänzend, berühmt, vornehm**	↗ 8 lūx
ingēns, ingent·is	**ungeheuer, gewaltig**	
sociālis/sociāle, sociāl·is	**gesellig, Gemeinschafts-**	↗ 10 socius; sozial
ūtī *(m. Abl.)* ūtor ūsus sum	*(etw.)* **benützen, gebrauchen**	f: us·ine
exsistere exsistō éxstitī	**hervortreten, auftreten, entstehen**	Existenz; f: exister
gubernāre	**steuern, lenken; regieren**	f: gouvernement
ferus/-a/-um	**wild, roh**	
immānis/immāne, immān·is	**ungeheuer, riesig, schrecklich, grausam**	
rēs pūblica, r·eī pūblic·ae *f*	**Gemeinwesen; Staat; Republik**	
rēctus/-a/-um	**recht, richtig, gerade**	e: right
īnstituere īnstituō īnstituī īnstitūtum	**einrichten, beginnen; beabsichtigen; unterrichten**	Institution; f: instituteur
optimus/-a/-um	**der/die/das beste, sehr gut**	Optimist
amīcitia, amīciti·ae *f*	**Freundschaft**	↗ 2 amīcus; f: amitié
societās, societāt·is *f*	**Gesellschaft, Gemeinschaft, Bündnis**	↗ 10 socius; f: société
coniungere coniungō coniūnxī coniūnctum	**verbinden, anschließen**	Konjunktion
negōtium, negōti·ī *n*	**Geschäft, Aufgabe**	
administrāre	**leiten; verwalten**	f: administrer
sapiēns, sapient·is	**weise, vernünftig**	Homo sapiens
admīrātiō, admīrātiōn·is *f*	**Bewunderung, Staunen**	↗ 12 mīrus; f: admirer
ars, art·is *f (Gen. Pl.* art·ium)	**Kunst, Fertigkeit, Handwerk**	e/f: art
perītus/-a/-um *(m. Gen.)*	*(in etw.)* **erfahren, kundig**	
cognitus/-a/-um	**bekannt**	↗ 17 cognōscere
praeferre praéferō praetulī praelātum	**vorantragen; zeigen; vorziehen**	f: préférer
pingere pingō pīnxī pictum	**zeichnen, malen, bemalen**	e: picture
ingenium, ingeni·ī *n*	**Anlage, Talent, Begabung**	f: ingénieur
industria, industri·ae *f*	**Fleiß, Eifer**	Industrie
ērudīre	**unterrichten, bilden**	
mūsica, mūsic·ae *f*	**Musik**	f: musique
dēlectāre	**erfreuen, Freude machen**	
ostendere ostendō ostendī ostentum	**zeigen, in Aussicht stellen**	ostentativ
āiō, ait, āiunt	**ich sage, er/sie/es sagt, sie sagen**	
artifex, artífic·is *m*	**Künstler**	↗ ars; Artist
commendāre	**anvertrauen; empfehlen**	

25

rēs gestae, r·ērum gest·ārum *f*	**Taten, Leistungen; Geschichte**	
vel	**oder**	
vel – vel	**entweder – oder**	
cōnsīderāre	**betrachten, erwägen, bedenken**	e: to consider
lingua, lingu·ae *f*	**Zunge, Sprache**	e: language, f: langue
superāre	**übertreffen, überwinden, besiegen**	
potīrī (*m. Abl. oder Gen.*) potior potītus sum	**sich bemächtigen, in seine Gewalt bekommen**	↗ 12 posse, 15 potēns
rērum potīrī	**die Herrschaft erringen, im Besitz der Macht sein**	
nōtus/-a/-um	**bekannt**	↗ 20 īgnōtus
paene	**fast, beinahe**	
septentriōnēs, septentriōn·um *m*	**Siebengestirn** *(Großer Bär/Wagen);* **Norden**	
exiguus/-a/-um	**klein, gering, unbedeutend**	
rēgīna, rēgīn·ae *f*	**Königin**	↗ 8 rēx
attinēre attineō attinuī attentum	**aufhalten, festhalten; sich erstrecken**	
quod attinet ad	**was … betrifft, soweit es ankommt auf**	
velut	**wie, sozusagen, wie zum Beispiel**	
praebēre	**hinhalten, gewähren, zeigen**	↗ 6 habēre
dubium, dubi·ī *n*	**Zweifel**	↗ 3 dubitāre, 21 dubius
praeclārus/-a/-um	**ausgezeichnet, glänzend, herrlich**	↗ 1 clārus
honōribus afficere	**ehren**	
nōmināre	**nennen, benennen**	↗ 8 nōmen
beneficium, benefici·ī *n*	**Wohltat; Verdienst**	Benefiz·konzert
cōnferre cōnferō contulī collātum	**zusammentragen, -bringen; vergleichen**	Konferenz
dīvīnus/-a/-um	**göttlich**	↗ 1 deus
potius	**vielmehr, eher, lieber**	
celebrāre	**feiern, verherrlichen; besuchen**	zelebrieren; e: celebrity
tantum	**nur, bloß**	↗ 10 tantus
pūblicus/-a/-um	**öffentlich, staatlich**	↗ 10 pūblicum; e/f: public
an vērō	**oder etwa**	
frūmentum, frūment·ī *n*	**Getreide**	
vīnum, vīn·ī *n*	**Wein**	e: wine, f: vin
repōnere repōnō reposuī repositum	**zurücklegen, (wieder) hinlegen**	f: se reposer
in deōs repōnere	**unter die Götter aufnehmen**	
nātiō, nātiōn·is *f*	**Volksstamm, Volk**	Nation; e/f: nation
distribuere distribuō distribuī distribūtum	**verteilen, einteilen**	f: distribuer
minor/minus, minōr·is	**kleiner**	↗ 11 minuere

Eigennamenverzeichnis

Alle Namen sind zunächst in ihrer lateinischen Form angeführt; demzufolge findet man Karthago unter C (*Cārthagō*), Jupiter unter I (*Iūppiter*).
Auf Artikel des Eigennamenverzeichnisses sowie auf die Informationen des Buchs (i) wird mit einem ↗ verwiesen.

Achāia, -ae: Bezeichnung Griechenlands als römischer Provinz.

Admētus, -ī: Admetos, ein König von Pherai in Thessalien, dem auf Befehl des ↗ Zeus der Gott ↗ Apollon ein Jahr als Hirte dienen musste, weil er im Zorn über den Verlust seines Sohnes Asklepios die Kyklopen getötet hatte, die für den Götterkönig die Blitze schmiedeten. Mithilfe Apollons gewann Admetos die schöne ↗ Alkestis: Es gelang ihm, wie ihr Vater Pelias es verlangt hatte, einen Löwen und einen Eber vor einen Wagen zu spannen. Apollon erwirkte für Admetos auch die Gunst der Schicksalsgöttinnen, nach deren Spruch ihn der Tod verschonen würde, wenn ein anderer für ihn stürbe.

Aeacus, -ī: Aiakos, ein Sohn des ↗ Zeus und König der Insel Aigina, war der frömmste Mann seiner Zeit. Nach seinem Tod wurde er einer der drei Richter in der Unterwelt.

Aegyptiī, -ōrum: die Ägypter.

Aemilius Paullus, Lūcius: Konsul im Jahr 216 v. Chr., zusammen mit C. Terentius Varro, fiel in der Schlacht bei ↗ Cannae, von der er seinen Kollegen vergeblich abzuhalten versucht hatte. Sein gleichnamiger Sohn besiegte 168 v. Chr. den makedonischen König Perseus bei Pydna und füllte den römischen Staatsschatz mit so gewaltiger Beute, dass seitdem auf eine Besteuerung der Bürger verzichtet wurde.

Aenēās, -ae (griech. *Aineias*): Äneas, Held aus ↗ Troja, der nach der Eroberung seiner Heimatstadt durch die Griechen mit einem Teil der Trojaner flüchtete und für sie nach langen Irrfahrten in Italien eine neue Heimat fand.

Africa, -ae: Afrika, worunter die Römer in der Regel Nordafrika bis zur Sahara verstanden.

Africānus, -ī: „Afrikaner“; ehrender Beiname des älteren und des jüngeren ↗ Scipio wegen ihrer Siege über ↗ Karthago.

Agrippa, Mārcus: Freund, Kampfgefährte und Schwiegersohn des Kaisers ↗ Augustus.

Agrippa, Menēnius: ↗ Menenius Agrippa.

Agrippa Póstumus: jüngster Sohn der ↗ Julia, der Tochter des ↗ Augustus. Der Beiname *Postumus* weist darauf hin, dass der Junge erst nach dem Tod seines Vaters ↗ Agrippa zur Welt kam. Agrippa Postumus wurde von Augustus adoptiert, bald danach aber, angeblich wegen seines aufbrausenden Wesens, auf eine kleine Insel bei Korsika verbannt. Dort wurde er nach dem Tod des Kaisers umgebracht.

Aeolus, -ī (griech. *Aiolos*): der Gott der Winde, der Odysseus (↗ Ulixes) einen Ledersack schenkte, in dem alle üblen Stürme eingeschlossen waren. So hätte der Held sicher in seine Heimat zurückkehren können, hätten nicht seine Gefährten diesen aus Neid und Neugier – sie vermuteten Schätze in dem Sack – geöffnet. Sofort trieben die Stürme sie wieder hinaus auf die Weite des Meeres.

Alba Longa, -ae: alte Stadt in den Albaner Bergen bei Rom, angeblich von ↗ Iulus, dem Sohn des ↗ Äneas, gegründet.

Alcēstis, -idis: Alkestis, die junge Frau des ↗ Admetos, die sich, im Gegensatz zu dessen alten Eltern, bereit fand anstelle ihres Mannes zu sterben. Als dieser die Tote bestatten wollte, erschien Herakles in dem Trauerhaus und wurde freundlich aufgenommen. Admetos verschwieg ihm rücksichtsvoll den Tod seiner Frau; erst von einem Diener, den der betrunkene Gast zum Mittrinken aufforderte, erfuhr er die Wahrheit und entschloss sich dem Todesgott seine Beute abzuringen. Tatsächlich brachte er Alkestis zurück, verschleiert, als eine angeblich Fremde, die er Admetos' Obhut anvertraute. Der sträubte sich heftig, bis Herakles die Frau entschleierte und die Eheleute wieder vereinte.

Alesia, -ae: befestigte Gallierstadt im heutigen Burgund, von ↗ Cäsar erst nach langer Belagerung erobert.

Alexander, -drī: Alexander der Große (356–323 v. Chr.), König von Makedonien und Eroberer des Perserreichs.

Alpēs, -ium: die Alpen.

Ambiorīx, -īgis: Gallierfürst, Führer einer Revolte gegen ↗ Cäsar.

Amīsia, -ae: der Fluss Ems in Nordwestdeutschland.

Amulius, -ī: Königssohn aus ↗ Alba Longa, der seinen älteren Bruder ↗ Numitor vertrieb, dessen Sohn tötete und ↗ Rea Silvia, Numitors Tochter, zur Priesterin der ↗ Vesta machte, damit sie kinderlos bleibe. Als diese dem ↗ Mars die Zwillinge ↗ Romulus und ↗ Remus gebar, ließ Amulius sie in den Tiber stürzen und die Kinder aussetzen. Später erschlug Romulus seinen bösen Onkel.

Anchīsēs, -ae: Vater des ↗ Äneas.

Antigona, -ae: Antigone, Tochter des ↗ Ödipus und seiner eigenen Mutter, begleitete ihren Vater in die Verbannung, kehrte nach seinem Tod aber nach ↗ Theben zurück und wurde dort auf Befehl König ↗ Kreons in ein Grab eingemauert, weil sie gegen sein ausdrückliches Verbot versucht hatte ihren Bruder ↗ Polyneikes, dessen Leichnam Kreon den Vögeln und Hunden zum Fraß hatte vorwerfen lassen, wenigstens symbolisch zu bestatten.

Apollodōrus, -ī: ein bedeutender griechischer Literaturwissenschaftler des 2. Jh.s v. Chr., unter dessen Namen ein erst drei Jahrhunderte nach seinem Tod entstandenes mythologisches Handbuch überliefert ist, das die griechischen Götter- und Heldensagen von der Entstehung der Welt bis zu den Ereignissen um Odysseus (↗ Ulixes) behandelt.

Apollō, -inis: Apollon, griechisch-römischer Gott des Lichts, der Musik und der Weissagung. Seine Orakelstätte in ↗ Delphi war weit über Griechenland hinaus berühmt.

Arēopagus, -ī: der Areopag („Hügel des Kriegsgotts") in Athen, auf dem in alter Zeit Gerichtsverhandlungen stattfanden.

Ares: ↗ Mars.

Arminius, -ī: Cheruskerfürst, Sieger über drei römische Legionen in der sog. Schlacht im ↗ Teutoburger Wald (9 n. Chr.); nach dem Urteil des römischen Historikers ↗ Tacitus „ohne Zweifel der Befreier Germaniens".

Asia, -ae: Kleinasien (die heutige Türkei und Teile von Syrien).

Assyriī, -ōrum: die Assyrer, ein Volk im heutigen Irak, das ein auf Terror gegründetes, kurzlebiges Großreich errichtete.

Athēnae, -ārum: Athen, das geistige Zentrum Griechenlands in der Landschaft Attika mit der Akropolis und zahlreichen Tempeln, die Heimat bedeutender Dichter, Künstler, Philosophen und Politiker.

Athēnaeus, -ī: Athenaios, ein Autor des 3. Jh.s n. Chr., der in seinem vielbändigen Werk *Deipnosophistai* („Gelehrtengelage") Interessantes und Kurioses aus aller Welt zusammentrug.

Athēniēnsēs, -ium: die Einwohner von ↗ Athen.

Atlās, Atlantis: ein Riese, der am Westrand des Erdkreises mit Haupt und Händen das Himmelsgewölbe tragen muss, weil ihn ↗ Zeus dazu zwang.

Augustus, -ī: (63 v. Chr. – 14 n. Chr.) der erste römische Kaiser, eigentlich C. Octavius, Neffe ↗ Cäsars, der ihn in seinem Testament adoptierte und zum Erben einsetzte. Seitdem nannte er sich C. Iulius Caesar Octavianus. Nach seinen Siegen im Bürgerkrieg über die Mörder Cäsars, Brutus und Cassius, und später über Antonius und die ägyptische Königin ↗ Kleopatra war er der unumschränkte Herr des Römischen Reichs. Er selbst nannte sich *princeps*, der Senat ehrte ihn mit dem Titel Augustus (der Erhabene). Es ist sein Verdienst, das Jahrhundert der Bürgerkriege beendet und Rom einen dauerhaften Frieden beschert zu haben.

Aulus, -ī: männlicher römischer Vorname, abgekürzt A.

Bacchus, -ī (griech. *Dionysos*): der Gott des Weins.

Barbātus, -ī: „der Bärtige", Name eines Gladiators.

basilica Iūlia: die julische Halle auf dem Forum, so genannt nach Iulius ↗ Caesar, ihrem Erbauer.

Benedictus, -ī: Benedikt von Nursia, der Begründer des abendländischen Mönchtums; ↗ 22 i.

Bīthȳnia, -ae: Bithynien, ein kleines Königreich im Nordosten Kleinasiens zwischen dem Bosporus und dem Schwarzen Meer. Seit 74 v. Chr. war Bithynien römische Provinz.

Boeōtia, -ae: Böotien, eine Landschaft in Mittelgriechenland mit der Hauptstadt ↗ Theben.

Brúcterī, -ōrum: die Brukterer, ein germanischer Stamm im Emsland (Nordwestdeutschland).

Brūtus, -ī: 1. Lucius Iunius Brutus, Neffe des letzten, gewalttätigen römischen Königs, spielte angeblich den Narren (*Brutus* bedeutet „Dummkopf") um nicht wie sein Vater ermordet zu werden. Er beteiligte sich am Sturz des Tyrannen und wurde 509 v. Chr. erster Konsul der jungen Republik.
2. Marcus Iunius Brutus, Vertrauter ↗ Cäsars und einer der Drahtzieher des Attentats gegen diesen. Von Oktavian (↗ Augustus) und Marcus Antonius besiegt, endete er durch Selbstmord. Brutus war an literarischen und philosophischen Fragen sehr interessiert, betätigte sich auch schriftstellerisch und war mit ↗ Cicero befreundet.

Caécina, -ae: Legat (Unterfeldherr) des ↗ Germanicus, ein altgedienter, erfahrener Soldat, der beim Rückzug aus dem Land der ↗ Brukterer nach einem Überfall der Germanen durch entschlossenes Handeln eine Panik verhinderte und so die Lage rettete.

Caesar, -aris: Gaius Iulius Caesar, römischer Heerführer und Diktator (100–44 v. Chr.), Eroberer ↗ Galliens, Sieger im Bürgerkrieg über Pompeius, seinen ehemaligen Partner im sog. 1. Triumvirat („Dreimännerbündnis"). Angeblich strebte Cäsar, mit dem Amt eines Diktators auf Lebenszeit nicht zufrieden, nach der Königskrone und wurde deshalb an den Iden des März (= am 15. März) ermordet. Sein Adoptivsohn Oktavian, der spätere Kaiser ↗ Augustus, übernahm auch seinen Beinamen; so wurde *Caesar* zum festen Bestandteil der Titulatur römischer Kaiser.

Caesar, Gāius und *Lūcius:* Söhne der ↗ Julia von ↗ Agrippa, von ↗ Augustus zur Thronfolge bestimmt, aber früh verstorben.

Calabria, -ae: Kalabrien, eine Landschaft im Südosten Italiens (heute: Apulien). Seit dem 7. Jh. n. Chr. heißt der äußerste Südwesten der Halbinsel Kalabrien.

Calpurnia, -ae: die vierte Frau ↗ Cäsars, etwa 23 Jahre jünger als dieser. Die 59 v. Chr. geschlossene Ehe blieb kinderlos.

Cannae, -ārum: kleiner Ort in Süditalien, wo ↗ Hannibal 216 v. Chr. die Römer vernichtend schlug;
Adj.: *Cannēnsis, -e.*

Capitōlium, -ī: das Kapitol, einer der sieben Hügel Roms, auf dem sich die wichtigsten Tempel der Stadt befanden.

Caracalla, -ae: Beiname des römischen Kaisers Marcus Aurelius Antonius (211–217), der seinem Vater Septimius Severus auf den Thron folgte und davon träumte, er könne als zweiter ↗ Alexander den Osten des Erdkreises erobern. Caracalla verlieh allen freien Personen seines Reichs das römische Bürgerrecht, was seine Einnahmen aus der Erbschaftssteuer kräftig ansteigen ließ. Er verstärkte die Grenzbefestigungen in Germanien und legte in Rom die nach ihm benannten riesigen Thermen an. Auf einem lange geplanten Feldzug gegen die ↗ Parther wurde er in Nordsyrien ermordet.

Carthāgō, -inis: Karthago, Handelsstadt an der Küste des heutigen Tunesien (Nordafrika), um 800 v. Chr. von Phöniziern, der Sage nach durch die Königin ↗ Dido, gegründet, in drei Kriegen von Rom besiegt und 146 v. Chr. völlig zerstört.

Carthāginiēnsēs, -ium: die Karthager.

Catō, -ōnis: Marcus Porcius Cato der Ältere (234–149 v. Chr.), ein ungemein vielseitiger, energischer Mann, dem es gelang, als *homo novus* („Newcomer") zu den höchsten Staatsämtern aufzusteigen. Als Zensor nahm er seine Aufgabe als Hüter der öffentlichen Moral so ernst, dass er den Beinamen *Censorius* erhielt. Er kämpfte gegen eine Überfremdung Roms, gegen den Luxus und vor allem gegen ↗ Karthago, das er vernichtet sehen wollte (*Ceterum censeo Carthaginem esse delendam*).

Cerberus, -ī: dreiköpfiger Hund in der Unterwelt, der die ankommenden Toten schweifwedelnd begrüßt, aber jedem, der es versucht, die Rückkehr verwehrt.

Cerēs, Cereris: römische Göttin der Erde und ihrer Früchte, früh mit der griechischen *Demeter* („Erdmutter") gleichgesetzt.

Ceriālis, -is: Quintus Petilius Cerialis, ein Verwandter des Kaisers Vespasian, kämpfte als römischer General mit wechselndem Kriegsglück in Britannien, wo er der Königin Boudicca unterlag, und in Gallien. Dort schlug er das Rebellenheer des Iulius Civilis in mehreren Schlachten, bevor er – diesmal als Gouverneur – nach Britannien versetzt wurde.

Charōn, -ontis: Grauen erregender, uralter Fährmann, der auf einem halb verfaulten Binsenboot die Verstorbenen über den Unterweltfluss Acheron bringt, sofern sie als Fährgeld einen Obolus, eine kleine Münze, im Mund haben.

Christiānus, -a, -um: christlich; Subst.: Christ(in).

Christus, -ī: Christus (griech. „der Gesalbte"), Begründer des Christentums, unter der Regierung des Kaisers ↗ Tiberius auf Befehl des römischen Statthalters von Palästina, Pontius Pilatus, gekreuzigt.

Cicerō, -ōnis: Marcus Tullius Cicero, römischer Politiker, Redner und Philosoph (106–43 v. Chr.), hatte sich wie ↗ Cato als *homo novus* durchzusetzen vermocht und als Konsul den Staat vor den Umtrieben des Revolutionärs Catilina gerettet, danach aber wegen seines allzu strengen Vorgehens gegen die Verschwörer in die Verbannung gehen müssen. Nach seiner Rückkehr sah er sich politisch kaltgestellt und begann damit, die Philosophie der Griechen seinen Landsleuten nahe zu bringen. ↗ Cäsars Tod und der Bürgerkrieg zwischen Oktavian (↗ Augustus) und Antonius veranlassten ihn nochmals als Sprecher der Senatspartei aktiv in die Politik einzugreifen. Damals hielt er seine berühmten „philippischen Reden", in denen er Antonius ebenso erbittert bekämpfte wie einst der griechische Redner Demosthenes den Makedonenkönig Philipp. Als Oktavian und Antonius sich überraschend verständigten, war Ciceros Schicksal besiegelt: Er wurde von Soldaten des Antonius auf der Flucht ermordet.

Cimbrī, -ōrum: die Kimbern, ein Germanenstamm, der zusammen mit den Teutonen, wohl wegen einer Sturmflut, sein Siedlungsgebiet im heutigen Dänemark verließ und beim Zug nach Süden den Römern mehrere schwere Niederlagen zufügte, aber schließlich dem tüchtigen Feldherrn Marius unterlag.

Circē, -ae: die göttliche Hexe Kirke, die einige Gefährten des Odysseus (↗ Ulixes) in Schweine verwandelte und auch ihn selbst verzaubert hätte, wäre er nicht von dem Götterboten Hermes gewarnt und unterstützt worden.

Cleopatra, -ae: Kleopatra, Königin von Ägypten, von ↗ Cäsar, der sich in sie verliebte, in ihrer Herrschaft bestätigt. Nach Cäsars Tod zog sie Antonius in ihren Bann. Als beide von Oktavian (↗ Augustus) in einer Seeschlacht besiegt worden waren, gab Kleopatra sich selbst den Tod.

Colossēum, -ī: das Kolosseum; so nannte man das größte Amphitheater in Rom nach einer Kolossalstatue des Nero, die nahe bei ihm stand und der man nach dem Tod des Kaisers den Kopf des Sonnengottes aufsetzte. Ursprünglich hieß die Anlage, die ca. 50 000 Menschen Platz bot, nach ihrem Erbauer, dem Kaiser Titus Flavius Vespasianus, *amphitheatrum Flavium.*

Corinthus, -ī: alte und bedeutende griechische Handelsstadt auf der Landenge von Korinth, 146 v. Chr. von ↗ Mummius zerstört.

Cornēlius, -ī: römischer Familienname; die Cornelii gehörten dem Patriziat an und konnten auf zahlreiche berühmte Vorfahren stolz sein. Allerdings trugen auch Freigelassene diesen Namen, darunter etwa 10 000 unverkäufliche Sklaven, denen der Diktator Sulla das römische Bürgerrecht verliehen hatte.

Creōn, -ontis: Kreon, Bruder des Königs ↗ Laios und Onkel des ↗ Ödipus, wurde nach dessen Vertreibung König in Theben.

Crēta, -ae: die Insel Kreta.

Creūsa, -ae (griech. *Kreusa*): die erste Frau des ↗ Äneas, die er bei seiner Flucht aus ↗ Troja verlor.

Croesus, -i: Krösus (griech. *Kroisos*), ein reicher und mächtiger König von Lydien in Kleinasien, der sich für den glücklichsten Menschen hielt, aber von dem weisen Athener ↗ Solon daran erinnert wurde, dass kein Mensch vor seinem Tod glücklich genannt werden dürfe.

Cūmae, -ārum: Ort bei Neapel, wo ↗ Äneas mit der ↗ Sibylle in die Unterwelt hinabgestiegen sein soll.

cūria Hostīlia, -ae: Nach der Sage teilte ↗ Romulus die Bevölkerung Roms in 30 *curiae* ein, von denen jede hundert Mann zum Heer entsenden musste. Die Gebäude, in denen sich die Mitglieder der *curiae* versammelten, hießen ebenfalls *curiae*; eine der ältesten und angesehensten war die *curia Hostilia.*

Cȳrus, -ī: Kyros, der Begründer des persischen Großreichs und Sieger über ↗ Krösus.

Daedalus, -ī: Dädalus, vielseitiger Erfinder aus Athen, der wegen eines Mordes seine Vaterstadt verlassen musste und bei König Minos von Kreta Aufnahme fand. Für dessen stierköpfigen Stiefsohn, den Minotaurus, erbaute er das Labyrinth. Als ihn Minos zwingen wollte für immer auf Kreta zu bleiben, verfertigte er sich und seinem Sohn ↗ Ikarus Flügel und entkam durch die Luft, während Ikarus das kühne Unternehmen mit dem Leben bezahlte.

Dārīus, -ī: Dareios III., der letzte König des Perserreichs, von ↗ Alexander besiegt.

Dāvus, -ī: häufiger Sklavenname.

Delphī, -ōrum: berühmte Orakelstätte des ↗ Apollon in Mittelgriechenland. Ein heiliger Stein im Tempel bezeichnete den „Nabel" (Mittelpunkt) der Welt. Die delphischen Orakelsprüche waren oft bewusst zweideutig gehalten ↗ S. 83.1.

Dēmētrius, -ī: von Demeter (↗ Ceres) abgeleiteter griechischer Männername, „Schützling der Demeter". Der Name lebt weiter im russischen Dimitrij.

Diāna, -ae: römische Göttin der Wälder, des Wilds und der Jagd, mit der griechischen *Artemis*, der Schwester ↗ Apollons, gleichgesetzt.

Dīdō, -ōnis: Königstochter aus Tyros in Phönizien, gründete der Sage nach ↗ Karthago. Nach römischer Überlieferung wurde von ihr ↗ Äneas nach seiner Flucht aus ↗ Troja gastfreundlich aufgenommen. Beide verliebten sich ineinander und Äneas wäre wohl in Karthago geblieben, hätte ihn der Götterbote Merkur nicht an seine Aufgabe erinnert. Als Äneas daraufhin Karthago verließ, verfluchte ihn Dido und nahm sich das Leben.

Diogenēs, -is: origineller griechischer Philosoph des 4. Jh.s v. Chr., der in einer Zeit allgemeinen Wohlstands seinen Mitmenschen das Ideal völliger Bedürfnislosigkeit vorlebte. Er hauste in einem ausgedienten Fass und besaß nichts als einen schäbigen Mantel, einen Stock und einen Becher. Auch den warf er weg, als er einen Jungen aus den Händen trinken sah. Wegen seines provozierenden Auftretens und seiner bissigen Reden nannte man Diogenes im Spott einen Hund (griech. *kýon, kynós*). Darum heißen die Anhänger dieses „Aussteiger-Philosophen" Kyniker.

Domitius, -ī: römischer Familienname; die weit verzweigte *gens* gehörte zur Plebs.

Duodecim tabulae: das um 450 v. Chr. nach griechischen Vorbildern aufgezeichnete Zwölftafelgesetz. Typisch für dessen Bestimmungen ist ihre Kürze, die oft durch Weglassen von Subjekten erreicht wird, und die Fallorientierung („Kasuistik": Wenn er nachts einen Diebstahl begeht, wenn er ihn erschlägt, dann soll er zu Recht erschlagen sein.).

Epicūrus, -ī: Epikur, Philosoph aus Athen (341–270 v. Chr.), übernahm von ↗ Demokrit die Atomtheorie und von Aristipp, einem Schüler des ↗ Sokrates, die Lehre von der Lust als dem höchsten Gut. Er verstand das aber nicht so, dass jeder seinen Trieben nachgeben sollte. Vielmehr riet er den Menschen, durch ein zurückgezogenes, bedürfnisloses Leben Schmerz und Ärger möglichst zu vermeiden. Die Anhänger seiner Lehre hießen *Epicurei*, Epikureer; so nennt man noch heute Freunde unbeschwerten Lebensgenusses.

Erasmus von Rotterdam: eigentlich Geert Geerts, wurde um 1469 als unehelicher Sohn einer Arzttochter und eines Mönchs geboren und nach dem Tod seiner Eltern in ein Kloster gesteckt, wo er sich nicht wohl fühlte. Der Bischof von Cambrai ermöglichte dem hoch begabten jungen Mann ein Studium in Paris; nach dessen Abschluss lehrte er an verschiedenen Universitäten und veröffentlichte zahlreiche Bücher, darunter die *colloquia familiaria*, die als erfolgreiches Schulbuch zahllose Auflagen erlebte, und eine berühmte Satire, das „Lob der Torheit". 1521 ging Erasmus nach Basel. Dort starb er 1536 und wurde im Münster beigesetzt.

Etéoclēs, -is: Eteokles, einer der beiden Söhne des ↗ Ödipus, bei der Verteidigung seiner Vaterstadt im Zweikampf mit seinem Bruder ↗ Polyneikes gefallen.

Etrūria, -ae: Etrurien, das Siedlungsgebiet der ↗ Etrusker in Mittel- und Oberitalien.

Etruscī, -ōrum: die Etrusker, ein möglicherweise aus dem Osten nach Italien eingewandertes Volk, das von Priesterkönigen beherrschte Stadtstaaten gründete, darunter auch Rom.

Eurōpa, -ae: der Sage nach eine phönizische Prinzessin, die ↗ Zeus in Stiergestalt nach Kreta entführte; von ihr soll der Kontinent seinen Namen erhalten haben. In Wirklichkeit ist Europa ein semitisches Wort und bedeutet „Dunkel, Abend, Sonnenuntergang", Europa ist also das „Abendland".

Eurýdica, -ae: Eurydike, die jung verstorbene Frau des Sängers ↗ Orpheus.

Fabius, -ī: Quintus Fabius Maximus, ein römischer General, setzte im Krieg mit ↗ Hannibal auf eine Ermattungsstrategie, die dem Karthager schwer zu schaffen machte. Von seinen Gegnern wurde Fabius als Zauderer (*Cunctator*) verspottet. Die Katastrophe von ↗ Cannae erwies, wie unberechtigt solcher Spott gewesen war.

Faustulus, -ī: der Hirte, der die Zwillinge ↗ Romulus und ↗ Remus fand und aufzog.

Fīdēna, -ae oder *Fīdēnae, -ārum:* alte Stadt, sechs Meilen nördlich von Rom, nach einem Aufstand zerstört.

Flāvia, -ae: So hießen alle Frauen aus der Familie der Flavii, da die Römer im Allgemeinen keine besonderen Namen, v. a. keine Vornamen, für Frauen gebrauchten.

Fortūna, -ae: die Göttin des Glücks.

Furiae, -ārum: die Rachegöttinnnen, fürchterliche Frauengestalten mit Schlangenhaaren. Friedrich v. Schiller hat sie in der Ballade „Die Kraniche des Ibykus" eindrucksvoll beschrieben.

Fūrius Philus, Pūblius: einer der Prätoren des Jahres 216 v. Chr.

Gabiī, -ōrum: Stadt der Latiner östlich von Rom, durch eine List des Tarquinius der römischen Herrschaft unterworfen.

Gāius, -ī: häufiger römischer Vorname, abgekürzt C.

Gallia, -ae: Gallien, das Siedlungsgebiet der ↗ Gallier; Adj.: *Gallicus, -a, -um*: gallisch.

Gallus, -ī: Gallier; als *Galli* bezeichneten die Römer eine Gruppe keltischer Stämme, die teilweise im heutigen Frankreich und Belgien, teilweise auch in Italien in der Poebene (*Gallia citerior*, Gallien diesseits der Alpen) siedelten und zeitweilig bedrohliche Gegner Roms waren.

Germānia, -ae: Germanien, das Siedlungsgebiet der Germanen (*Germānī, -ōrum*), hauptsächlich östlich des Rheins und nördlich der Donau. Über Leben und Brauchtum der Germanen schrieb der römische Historiker ↗ Tacitus in seiner „Germania".

Germānicus, -ī: Vater des Kaisers Caligula, von dessen Vorgänger ↗ Tiberius adoptiert und nach Germanien geschickt, wo er große Erfolge feierte. Er wurde daraufhin in den Orient versetzt. Dort starb er plötzlich, vielleicht durch Gift.

Germānus, -a, -um: germanisch; Subst.: Germane.

Graecia, -ae: Griechenland.

Graecus, -a, -um: griechisch; Subst.: Grieche.

Haemōn, -onis: Haimon, der Sohn des ↗ Kreon und der Verlobte der ↗ Antigone, der sie vergeblich zu retten suchte.

Hánnibal, -alis: karthagischer Feldherr, der im zweiten Punischen Krieg ein Heer über die Alpen nach Italien führte und die Römer in mehreren Schlachten besiegte. Erst nach seiner Rückkehr nach Afrika wurde er von ↗ Scipio bezwungen.

Hector, -oris: Hektor, der älteste Sohn des Trojanerkönigs Priamos und machtvolle Beschützer ↗ Trojas während der zehnjährigen Belagerung durch die Griechen. Als deren tapferster Krieger Achilles sich nach einem Streit mit Agamemnon grollend vom Kampf fern hielt, warf Hektor Feuer in die Schiffe der Angreifer, erschlug Achills Freund Patroklos, der dessen Rüstung angelegt hatte, und raubte ihm diese. Daraufhin nahm Achilles wieder an der Schlacht um Troja teil und stellte Hektor, der voll düsterer Ahnungen von seiner Frau Andromache Abschied genommen hatte, zum Zweikampf. Nach seinem Sieg band Achilles den toten Gegner an seinen Streitwagen und schleifte ihn mehrmals um Trojas Mauerring. Erst wollte er ihn den Hunden zum Fraß vorwerfen, doch als der alte Priamus zu ihm ins Lager kam, um den Leichnam bat und reiche Gaben anbot, ließ er sich erweichen. Mit Hektors Bestattung endet ↗ Homers „Ilias".

Helena, -ae: Tochter der Leda von ↗ Zeus, Gattin des Königs von Sparta, Menelaos, nach der Sage die schönste Frau der Welt.

Herculēs, -is (griech. *Herakles*): Herkules, ein Sohn des ↗ Zeus von einer sterblichen Mutter, Alkmene, aber mit übermenschlichen Kräften ausgestattet. So vermochte er nicht nur zwölf scheinbar unmögliche Aufgaben zu lösen, sondern bezwang nebenher eine Unzahl gefährlicher Gegner und befreite die Welt von furchtbaren Ungeheuern. Nach seinem Tod wurde er in den ↗ Olymp aufgenommen und von den Menschen als Helfer und Retter in Notlagen angerufen.

Hēsiodus, -ī: der zweite große Dichter der Griechen nach ↗ Homer, Verfasser der „Theogonie" (Herkunft der Götter) und der „Tagewerke", eines poetischen Ratgebers für den Landwirt.

Homērus, -ī: Homer, sagenhafter griechischer Dichter des 8. Jh.s v. Chr., der unter anderem die „Ilias", ein Heldenlied vom Kampf um Troja, und die „Odyssee" verfasst haben soll, in der die Irrfahrten des Odysseus (↗ Ulixes) beschrieben werden.

Hostīlia cūria: ↗ curia Hostilia.

Hygīnus, -ī: Freigelassener des Kaisers ↗ Augustus, Direktor einer von diesem gegründeten Bibliothek und produktiver Schriftsteller, unter dessen Namen ein mythologisches Handbuch aus dem 2. Jh. n. Chr. überliefert ist. Es enthält neben allgemein bekannten *fabulae* (Götter- und Heldensagen) auch Stoffe verlorener griechischer Tragödien.

Iācōbus, -ī: Jakobus, der Bruder des Johannes, ein Jünger Jesu, wurde auf Befehl des Königs Herodes hingerichtet.

Icarus, -ī: Ikarus, Sohn des ↗ Dädalus, entfloh mit seinem Vater mithilfe von Flügeln, die dieser geschaffen hatte, aus Kreta, kam aber bei dem Flug der Sonne zu nahe, sodass die Verklebung seines Gefieders schmolz und er ins Meer stürzte.

Idūs, -uum: die Iden, römische Bezeichnung eines Tages in der Mitte des Monats. Im März, Mai, Juli und Oktober fielen die Iden auf den 15., sonst auf den 13.; die *Idus Augustae* sind somit der 13. August.

Ierosolyma, -ōrum: die Stadt Jerusalem.

Iēsūs, -ū: ↗ Christus.

Indī, -ōrum: die Inder; als „Inder" bzw. als „Indianer" bezeichnete man zunächst auch die Ureinwohner Amerikas, weil man die neu entdeckten Länder zunächst für einen Teil Indiens hielt.

Iocasta, -ae: Jokaste, die Mutter und Gattin des ↗ Ödipus.

Italia, -ae: Italien.

Iūdaeī, -ōrum: die Juden.

Iūlia, -ae: die einzige Tochter des ↗ Augustus von seiner ersten Frau Scribonia, 37 v. Chr. im Alter von zwei Jahren mit dem Sohn des Marcus Antonius verlobt, 25 v. Chr. mit ihrem Vetter Marcellus und, nach dessen Tod, 21 v. Chr. mit ↗ Marcus Agrippa, dem damals 41-jährigen Kampfgefährten des Augustus, verheiratet. Ihm gebar sie fünf Kinder. Als auch Agrippa starb, musste Julia auf Drängen des Kaisers seinen Stiefsohn ↗ Tiberius zum Mann nehmen, der sie bald vernachlässigte und, nach einem Zerwürfnis mit Augustus, sich auf die Insel Rhodos zurückzog. In der Folge soll Julia ein ziemlich lockeres Leben geführt haben und auch an einer Verschwörung beteiligt gewesen sein, deren Ziel die Beseitigung des Tiberius war. 2 v. Chr. verfügte der Kaiser darum die Scheidung Julias und verbannte sie auf die kleine Insel Pandataria; ihre Mutter begleitete sie. Später wurde beiden gestattet in Rhegium (dem heutigen Reggio di Calabria) zu leben.

Nach dem Tod des Augustus gab Tiberius Befehl die Essensrationen seiner geschiedenen Frau drastisch zu verringern. Julia musste verhungern.

Iūlia basilica: ↗ basilica Iulia.

Iūlus, -ī: So wurde angeblich der Sohn des ↗ Äneas, Askanios, in Italien genannt, zur Erinnerung an seine trojanische Heimat; die Stadt ↗ Troja hieß nämlich auch Ilion, und aus Ilios, so meinten Angehörige der römischen *gens Iulia*, könne doch leicht Ilus oder Iulus werden. Mit diesem Iulus als Ahnherrn nahmen die Julier nicht nur Äneas als prominenten Vorfahren für sich in Anspruch, sondern auch dessen Mutter, die Göttin Aphrodite (↗ Venus).

Iūnō, -ōnis (griech. *Hera*): Juno, die Gattin des ↗ Jupiter.

Iūppiter, Iovis: Jupiter, der höchste Gott der Römer (griech. *Zeus*).

Kalypso: eine Meergöttin, die Odysseus (↗ Ulixes) sieben Jahre auf einer Insel festhielt, weil sie ihn unbedingt zum Mann haben wollte. Erst als ↗ Zeus persönlich eingriff, gab sie den Gefangenen frei.

Kikonen: Volk in ↗ Thrakien, von Odysseus (↗ Ulixes) überfallen.

Lacedaemoniī, -ōrum: die Spartaner. Dieses griechische Kriegervolk legte besonderen Wert auf Abhärtung und die Fähigkeit Entbehrungen zu ertragen.

Lāius, -ī: Laios, sagenhafter König von ↗ Theben, Vater des ↗ Ödipus.

Las Casas: Bartolomé de Las Casas (1474–1566) wirkte als spanischer Dominikanermönch und Missionar unter den Indianern Mittelamerikas, gegen deren Diskriminierung, Ausbeutung und Ausrottung er sich energisch einsetzte. Zwar gelang es ihm, Kaiser Karl V. Gesetze zugunsten der Eingeborenen abzuringen, doch wussten seine zahlreichen Feinde deren Ausführung zu verhindern. Ein Vorschlag des streitbaren Mönchs und späteren Bischofs von Chiapas in Mexiko wirkte sich verhängnisvoll aus: Er empfahl zum Schutz der Indianer den Import von Sklaven aus Schwarzafrika. – Lesenswert ist Reinhold Schneiders Erzählung „Las Casas vor Karl V. Szenen aus der Konquistadorenzeit“ (Erstausgabe: Leipzig 1938, seitdem zahlreiche Auflagen).

Latīnus, -a, -um: latinisch, Subst.: Latiner, bzw. – als Bezeichnung für die Sprache der aus dem Latinervolk hervorgegangenen Römer – lateinisch.

Lāvīnium, -ī: alte Stadt an der Küste von Latium, der Sage nach von ↗ Äneas an der Stelle gegründet, wo er gelandet war.

Lentulus, -ī: römischer Beiname aus dem Etruskischen.

Lepidus, -ī: „der Nette“, in verschiedenen römischen Familien üblicher Beiname.

Līvius, -ī: römischer Historiker (59 v. Chr. – 17 n. Chr.), der in 142 Büchern die Geschichte seines Volkes *ab urbe condita*, also von der Gründung der Stadt an, darstellte. Erhalten sind nur die Bücher 1–10 und 21–45. Mit Beispielen heldenhaften Verhaltens der Vorfahren wollte Livius seine Mitbürger zur Nachahmung begeistern.

Lotosesser (Lotophagen): sagenhaftes Volk irgendwo im Süden, das sich ausschließlich von Lotos ernährt und dabei ungemein glücklich ist. Als Gefährten des Odysseus (↗ Ulixes) von dem Lotos gegessen hatten, wollten sie nicht mehr weiterrudern. Odysseus schleppte sie daraufhin gewaltsam auf die Schiffe und fesselte sie an die Ruderbänke.

Lūcius, -ī: männlicher römischer Vorname, abgekürzt L.

Macedonēs, -um: die Makedonier, ein Volk in Griechenland.

Macedonia, -ae: Makedonien.

Mārcus, -ī: männlicher römischer Vorname, abgekürzt M.

Mārs, Mārtis: römischer Kriegsgott, als Vater des ↗ Romulus gewissermaßen Urahn aller Römer, die ihn auch in ganz anderer Weise verehrten als die Griechen ihren rohen und brutalen Kriegsgott Ares.

Massilia, -ae: Stadt an der Südküste des heutigen Frankreich; um 600 v. Chr. von griechischen Kolonisten gegründet, heute: Marseille.

Mēdī, -ōrum: die Meder (ein mit den Persern verwandtes Volk im heutigen Iran).

Menēnius Agrippa, -ae: redegewandter römischer Patrizier, Konsul des Jahres 503 v. Chr. Er schaffte es, die im Streit mit dem Adel aus der Stadt auf den ↗ *Mons Sacer* ausgezogenen Plebejer wieder zurückzuholen, indem er ihnen eine schlichte Fabel erzählte: Einmal, als die einzelnen Teile des menschlichen Körpers noch mehr Entscheidungsfreiheit und die Gabe der Sprache gehabt hätten, seien sie mit dem Magen in Streit geraten, weil dieser offensichtlich nichts anderes tat, als ihm Gebotenes zu verdauen. Darum hätten sie vereinbart in den Streik zu treten, aber bald gemerkt, dass sie damit sich selbst schadeten und dass auch der Magen eine wichtige Aufgabe erfüllte.

Minerva, -ae (griech. *Athene*): Göttin des Kriegs, aber auch der Künste und Wissenschaften, Beschützerin der ihr heiligen Ölbäume und der Städte, besonders ↗ Athens, wo auf der Akropolis noch heute ihr mächtiger Tempel, der Parthenon, steht. In Rom wurde Minerva zusammen mit ↗ Jupiter und ↗ Juno auf dem Kapitol verehrt.

Mīnōs, -ōis: nach der Sage ein mächtiger König von ↗ Kreta, Sohn des ↗ Zeus (↗ Iuppiter) und der Königstochter ↗ Europa, nach seinem Tod einer der Totenrichter in der Unterwelt.

Mithridātēs, -is: König von Pontus am Schwarzen Meer, ein gefährlicher Gegner der Römer, 66 v. Chr. von dem fähigen General Pompeius besiegt.

Mōns Sacer, Montis Sacrī: der „Heilige Berg", knapp 5 km nördlich vom Kapitol. Hier ließen sich die Plebejer bei ihrem Auszug aus der Stadt (494 v. Chr.) nieder; ↗ Menenius Agrippa.

Mummius, -ī: der römische General Lucius Mummius eroberte und zerstörte ↗ Korinth 146 v. Chr., also im gleichen Jahr, in dem auch ↗ Karthago ausgelöscht wurde.

Neptūnus, -ī: römischer Gott der Gewässer, mit dem griechischen *Poseidon* gleichgesetzt.

Nerō, -ōnis: römischer Kaiser (reg. 54–68 n. Chr.), der sich nach einem hoffnungsvollen Beginn seiner Herrschaft immer mehr zu Ausschweifungen und Grausamkeiten hinreißen ließ.

Nōmentum, -ī: Kleinstadt nordöstlich von Rom.

Numitor, -ōris: König von ↗ Alba Longa in Latium, Vater der ↗ Rea Silvia, von seinem Bruder ↗ Amulius vertrieben, von ↗ Romulus und ↗ Remus wieder in seine Herrschaft eingesetzt.

Oceanus, -ī: der Ozean als Weltmeer (*mare Oceanum*), das nach griechischer Vorstellung das Festland rings umgibt.

Oedipūs, -podis: Ödipus (griech. „Schwellfuß"), Sohn des ↗ Laios, von diesem ausgesetzt, da ein Orakel verkündet hatte, er werde seinen Vater töten. Hirten fanden das Kleinkind mit durchstochenen und daher geschwollenen Füßen in der Wildnis und brachten es zu dem kinderlosen König ↗ Polybos von Korinth, der es aufzog. Als auch Ödipus vom Orakel des ↗ Apollon erfuhr, er werde seinen Vater töten, verließ er Korinth und erfüllte gerade dadurch die Prophezeiung: Bei einem Streit erschlug er einen alten Mann, seinen Vater; als Lohn für die Rettung Thebens erhielt er die Hand der Königin, seiner Mutter ↗ Jokaste; ↗ 16 i.

Olympicus, -a, -um: olympisch; die Olympischen Spiele fanden seit 776 v. Chr. alle vier Jahre im heiligen Bezirk von Olympia auf der Peleponnes statt.

Olympus, -ī: der Olymp, Berg in Nordgriechenland, der als Wohnsitz der Götter galt.

Orpheus, -eī: sagenhafter Sänger, der durch seinen Gesang sogar wilde Tiere bezauberte und dem es beinahe gelungen wäre, seine tote Gattin aus der Unterwelt zurückzuholen.

Ovidius, -ī: Publius Ovidius Naso, Ovid; römischer Dichter (43 v. Chr.–18 n. Chr.), schrieb „Metamorphosen" (Verwandlungssagen), die *ars amandi* (Liebeskunst), „Fasti" (Kalendergeschichten) und – nach seiner Verbannung ans Schwarze Meer – „Tristia" (Lieder der Trauer) und „Epistulae ex Ponto" (Schwarzmeerbriefe).

Páris, Páridis: Königssohn aus ↗ Troja, der die schöne ↗ Helena entführte und dadurch den zehnjährigen Krieg auslöste, der mit ↗ Trojas Zerstörung endete.

Parthī, -ōrum: Volk im heutigen Iran, das Rom immer wieder gefährlich wurde.

Paulus, -ī: „der Geringe"; so nannte sich ↗ Saulus, der eifrigste Verfolger der jungen Christengemeinde, als er sich ihr angeschlossen hatte; ↗ 20 i.

Pāx Augusta: Personifikation des von Kaiser ↗ Augustus dem Reich wiedergegebenen Friedens.

Pedānius Secundus, -ī: Stadtpräfekt von Rom unter Kaiser ↗ Nero, von einem seiner Sklaven ermordet.

Pedō, -ōnis: Reiterkommandant unter ↗ Germanicus.

Periboea, -ae: Periboia, die Frau des Königs ↗ Polybos von Korinth, die sich des Findelkinds ↗ Ödipus annahm.

Persae, -ārum: die Perser, ein altes Volk im heutigen Iran.

Petrōnius, -ī: Verfasser eines Romans, der die gesellschaftlichen Verhältnisse des 1. Jh.s n. Chr. satirisch behandelt.

Petrus, -ī: Beiname („der Fels") Simons, des ersten Jüngers Jesu.

Philodēmus, -ī: Philodemos, „Volksfreund", ein griechischer Männername.

Platō, -ōnis: Platon, griechischer Philosoph (427–347 v. Chr.), bedeutendster Schüler des ↗ Sokrates, Begründer der Philosophenschule der „Akademie".

Plautus, -ī: einfallsreicher römischer Komödiendichter (um 250–184 v. Chr.); seine an komischen Verwicklungen und derber Drastik reichen Stücke, z. B. der „Amphitruo" oder der „Miles gloriosus" („Der Maulheld") haben die europäische Literatur nachhaltig beeinflusst und erheitern auch heute noch ihr Publikum.

Plīnius, -ī: Gaius Plinius Caecilius Secundus der Jüngere (so benannt im Gegensatz zu seinem gleichnamigen Onkel, einem bewährten Staatsbeamten und engagierten Naturforscher); römischer Schriftsteller des 1. Jh.s n. Chr., unter Kaiser ↗ Trajan Gouverneur von ↗ Bithynien, das Muster eines gewissenhaften Beamten, der in schwierigen Fragen seinen Chef um Auskunft bittet.

Pólybus, -ī: König Polybos von Korinth, der Adoptivvater des ↗ Ödipus.

Polynīcēs, -is: Polyneikes, der zweite Sohn des ↗ Ödipus.

Pompōnius, Mānius, -ī: einer der beiden Prätoren, die nach der Katastrophe von ↗ Cannae in Rom eine Panik verhinderten.

Príamus, -ī: König von ↗ Troja, Vater vieler Töchter und Söhne, u. a. von ↗ Hektor und ↗ Paris, wurde bei der Eroberung der Stadt durch die Griechen am Altar des ↗ Zeus erschlagen.

Prosérpina, -ae (griech. *Persephone*): Tochter der Erdgöttin Demeter (röm. ↗ *Ceres*), vom Herrn der Unterwelt, Pluto, entführt, an dessen Seite sie nun über die Toten herrscht.

Pūblius, -ī: männlicher römischer Vorname, abgekürzt P.

Pyrrhus, -ī: König von Epirus in Nordwestgriechenland, der um 275 v. Chr. gegen die Römer Krieg führte und dabei die sprichwörtlich gewordenen verlustreichen „Pyrrhussiege" errang.

Quíntus, -ī: der Fünfte – einer der wenigen, oft recht phantasielosen römischen Vornamen, abgekürzt Q.

Rabīrius, -ī: römischer Familienname; die Mitglieder der *gens Rabiria* gehörten dem Ritterstand an.

Rēa Silvia, -ae: Tochter des ↗ Numitor, von dessen Bruder ↗ Amulius zur Priesterschaft der ↗ Vesta und damit zur Ehelosigkeit gezwungen; als sie von ↗ Mars Mutter von ↗ Romulus und ↗ Remus wurde, ließ Amulius sie ertränken und die Kinder aussetzen.

Remus, -ī: Zwillingsbruder des ↗ Romulus, von diesem im Streit getötet.

Rhadamantus, -ī: Rhadamanthys, ein Sohn des ↗ Zeus von ↗ Europa, Bruder des ↗ Minos, Gesetzgeber ↗ Kretas und nach seinem Tod Richter in der Unterwelt.

Rhēnus, -ī: der Rhein.

Rōma, -ae: Rom.

Rōmānus, -a, -um: römisch; Subst.: Römer.

Rōmulus, -ī: Sohn des Kriegsgotts ↗ Mars und der ↗ Rea Silvia, Zwillingsbruder des ↗ Remus, mit dem er im ↗ Tiber ausgesetzt, aber auf wunderbare Weise gerettet, von einer Wölfin ernährt und von einem Hirten gefunden wurde. Als junger Mann erfuhr er durch Zufall, dass er der Enkel des vertriebenen Königs ↗ Numitor sei, führte diesen auf seinen Thron zurück, gründete die Stadt Rom und wurde ihr erster König.

Sallustius, -ī: römischer Historiker des 1. Jh.s v. Chr., ein scharfer Kritiker der patrizischen Herrschaft.

Sardinia, -ae: die Insel Sardinien.

Saulus, -ī: Name des strengen Pharisäers und eifrigen Christenverfolgers ↗ Paulus vor seiner Bekehrung.

Scīpiō, -ōnis: 1. Publius Cornelius Scipio Africanus der Ältere, bedeutender römischer Heerführer, Sieger über ↗ Hannibal bei Zama (202 v. Chr.), später von ↗ Cato wegen angeblicher finanzieller Unregelmäßigkeiten angegriffen. Er starb in freiwilliger Verbannung fern von Rom.
2. Publius Cornelius Scipio Africanus der Jüngere, römischer General, der 146 v. Chr. nach dreijähriger Belagerung ↗ Karthago eroberte und zerstörte.

Seneca, -ae: Lucius Annaeus Seneca, römischer Philosoph und Schriftsteller, Erzieher und Vertrauter des jungen Kaisers ↗ Nero, der ihn zum reichsten Mann seiner Zeit machte, sich aber seinem Einfluss mehr und mehr entzog und ihn schließlich zum Selbstmord zwang, als er in den Verdacht geraten war, an einer Verschwörung beteiligt zu sein.

Sibylla, -ae: eigentlich kein Name, sondern Bezeichnung einer Prophetin.

Sicilia, -ae: die Insel Sizilien.

Sisyphus, -ī: Sisyphos, ein gewalttätiger und verschlagener König von ↗ Korinth, der sogar die Götter betrog und für kurze Zeit den Tod überlistete. Zur Strafe dafür muss er in der Unterwelt einen Felsblock, der immer wieder herabrollt, auf einen hohen Berg wälzen.

Sōcratēs, -is: Sokrates, Philosoph aus ↗ Athen (470–399 v. Chr.), von dem das Orakel des ↗ Apollon von ↗ Delphi erklärt hatte, er sei der weiseste aller Menschen. Im Bestreben den Irrtum des Gottes nachzuweisen – er selbst glaubte nämlich nicht etwas Besonderes zu wissen – stellte Sokrates diejenigen Athener auf die Probe, die als weise galten, und fand dabei viel Einbildung. Seine bohrenden

Fragen machten ihm zahlreiche Feinde, die ihn schließlich der Gottlosigkeit und Verführung der Jugend anklagten. Nach seiner Verurteilung verschmähte es Sokrates, aus dem Gefängnis zu fliehen, und ging gefasst in den Tod; ↗ 19 i.

Solō, -ōnis: Solon, athenischer Staatsmann des 6. Jh.s v. Chr., einer der „Sieben Weisen".

Sophoclēs, -is: Sophokles, griechischer Tragödiendichter (497–406 v. Chr.) aus Athen, behandelte unter anderem die Schicksale des ↗ Ödipus und seines Hauses (*Oedipus rex, Ödipus auf Kolonos, Antigone*); die Stücke des Sophokles dienten vielen Späteren als Vorbild.

Sophokleis: so könnte der Plural von ↗ Sophokles („Sophoklesse") lauten, doch in Wirklichkeit enthält der Spottname das griechische Adverb *sophōs* („blitzgescheit") und den Verbstamm *kal-*, der dasselbe bedeutet wie das lateinische *clamare*. Die „Sophoklesse" sind also bezahlte Bravorufer, die wilde Begeisterung heucheln. Insoweit haben sie immerhin ein wenig mit dem Theater zu tun.

Sphīnx, Sphīngis: die Sphinx, ein Mischwesen, halb Frau, halb Löwin, das die Götter sandten um den König von ↗ Theben, ↗ Laios, wegen eines lange zurückliegenden Verbrechens zu bestrafen. ↗ Ödipus löste das Rätsel der Sphinx und diese stürzte sich in den Abgrund.

Stōicī, -ōrum: Angehörige einer um 300 v. Chr. gegründeten Philosophenschule, die die Verpflichtung des Einzelnen betonten sich für die Menschheit einzusetzen und ein naturgemäßes Leben forderten.

Suēbī, -ōrum: die Sueben, ein mächtiger Germanenstamm.

Suētōnius, -ī: Sueton, römischer Historiker des 1. Jh.s n. Chr., verfasste Lebensbeschreibungen ↗ Cäsars und der Kaiser von ↗ Augustus bis Domitian.

Syria, -ae: Syrien, Landschaft in Asien, nördlich des heutigen Israel.

Syrus, -ī: „der Syrer", häufiger Name von Sklaven und Gladiatoren nach ihrem Herkunftsland Syrien.

Tacitus, -ī: Publius Cornelius Tacitus (um 55 – um 120 n. Chr.); römischer Historiker, stellte in seiner Schrift „Germania" die Germanen seinen Landsleuten als sittlich noch kaum verdorbenes Volk vor. In seinen „Annalen" und „Historien" beschrieb er Ereignisse des 1. Jh.s n. Chr., beginnend mit dem Tod des ↗ Augustus.

Tántalus, -ī: Sohn des ↗ Zeus, König von Lydien in Kleinasien, ein Liebling der Götter, die ihn zu ihren Festen auf den ↗ Olymp einluden. Tantalus aber stahl Nektar und Ambrosia, die Nahrung der Götter, um seine Freunde damit zu bewirten. Außerdem hinterbrachte er ihnen alles, was er über die Pläne der Himmlischen erfuhr. Als er gar noch um die Allwissenheit der Götter zu prüfen seinen eigenen Sohn Pelops tötete und ihnen als Fleischgericht vorsetzte, war das Maß voll: Tantalus wurde dazu verdammt, in der Unterwelt auf ewig Hunger und Durst zu leiden, und zwar, obwohl er mitten in einem Teich steht und die schönsten Früchte über ihm hängen.

Tarquinius, -ī: „Mann aus Tarquinia"; so hießen die Angehörigen einer etruskischen Familie, die in Rom die Königsherrschaft erlangte. Ihr gehörte auch Tarquinius Superbus, der letzte König Roms, an, der im Jahre 510 v. Chr. vertrieben wurde.

Tellūs, Tellūris: die göttliche Mutter Erde.

Terentīlius Arsa, -ae: Volkstribun, beantragte als erster die Einsetzung einer Kommission zur Aufzeichnung von Gesetzen.

Teutoburgiēnsis saltus, -ūs: Landschaft in Nordwestdeutschland, nach dem Bericht des ↗ Tacitus Schauplatz der Niederlage des ↗ Varus im Jahr 9 n. Chr., wahrscheinlich der Osning unweit von Osnabrück, also nicht der erst im 17. Jh. als „Teutoburger Wald" bezeichnete Höhenzug bei Bielefeld. In der Nähe der Ortschaft Kalkriese wurden vor einigen Jahren zahlreiche Zeugnisse dafür gefunden, dass zumindest ein Teil der mehrtägigen Schlacht dort stattgefunden hat. Die Ergebnisse der Grabungen sind in einem modernen Museum ansprechend dokumentiert.

Teútonēs, -um: die Teutonen, ↗ Cimbri.

Thēbae, -ārum: Theben, alte Stadt in Mittelgriechenland.

Thēbanī, -ōrum: die Thebaner.

Thrācia, -ae: Thrakien, das Siedlungsgebiet der wilden Thraker nordöstlich von Griechenland.

Tiberis, -is: der Tiber, der Fluss, an dem Rom liegt.

Tiberius, -ī: römischer Kaiser (reg. 14–37 n. Chr.), Nachfolger des ↗ Augustus; misstrauisch wegen erlittener Zurücksetzung, aber in der Verwaltung des Reichs gewissenhaft, wird er von den Historikern eher zu negativ beurteilt.

Titus, -ī: männlicher römischer Vorname, abgekürzt T.

Tityus, -ī: Tityos, ein riesenhafter Sohn der Erdgöttin Gaia, der für den Versuch der Göttin Leto Gewalt anzutun in der Unterwelt büßen muss: Geier fressen an seiner stets nachwachsenden Leber.

Trāiānus, -ī: Marcus Ulpius Traianus Caesar Augustus

Parthicus. Trajan war einer der fähigsten und erfolgreichsten römischen Kaiser. Während seiner Herrschaft (98–117 n. Chr.) erreichte das Imperium seine größte Ausdehnung. Unter anderem eroberte Trajan Dakien, das heutige Rumänien, und besiegte die ↗ Parther, ein kriegerisches Volk im heutigen Irak und Iran.

Trōia, -ae: Stadt im Nordwesten Kleinasiens, der Sage nach von einem griechischen Aufgebot zehn Jahre lang belagert; Adj.: *Trōiānus, -a, -um*; die Bewohner: *Trōiānī, -ōrum.*

Ulixēs, -is: Odysseus, König der Insel Ithaka, nahm am Kampf um ↗ Troja teil und überlistete die Trojaner mit dem hölzernen Pferd, vor dem sie ihr Priester Laokoon vergebens warnte. Auf der Heimreise musste er, verfolgt vom Zorn des Meergotts Poseidon, viele Abenteuer bestehen, unter anderem mit dem einäugigen Riesen Polyphem, mit den Meerungeheuern Skylla und Charybdis und den lockenden Sirenen. Erst nach zwanzig Jahren sah Odysseus seine treue Frau Penelope wieder.

Valla, Laurentius: latinisierter Name des gelehrten italienischen Humanisten Lorenzo della Valle (1407–1457). Er lehrte als Professor der Redekunst in Pavia, Neapel und Rom, übersetzte die Werke griechischer Autoren, darunter des Herodot und Thukydides, ins Lateinische und verfasste eine lateinische Stilkunde.

Vārus, -ī: Publius Quinctilius Varus, der Statthalter des ↗ Augustus in Germanien, fiel 9 n. Chr. in der Schlacht im ↗ Teutoburger Wald.

Vellēius Paterculus, -ī: römischer Historiker des 1. Jh.s n. Chr., verfasste einen Abriss der römischen Geschichte bis zum Jahr 30 n. Chr.

Venus, Veneris: die römische Liebesgöttin, der griechischen *Aphrodite* gleichgesetzt.

Vergilius, -ī: Publius Vergilius Maro, Vergil; bedeutender römischer Dichter (70–19 v. Chr.), der in seiner „Äneis" die Irrfahrten und Kämpfe des ↗ Äneas nach dem Vorbild ↗ Homers schilderte.

Vesta, -ae (griech. *Hestia*): Göttin des Herdfeuers, das in einem Rundtempel auf dem Forum von sechs Priesterinnen, den *virgines Vestales,* gehütet wurde.

Zeus: der oberste Gott der Griechen, mit ↗ *Jupiter* gleichgesetzt.

Vokabelverzeichnis

Die Zahlen bezeichnen den jeweiligen Band und die Lektion, in der die Vokabel zum ersten Mal auftaucht. [G] bzw. [Tab.III] kennzeichnet eine Vokabel, die nicht im Lernwortschatz steht, sondern nur in der Systematischen Begleitgrammatik behandelt wird.

a

ā, ab (*m. Abl.*)	von, von … her; seit	2
abesse absum āfuī	abwesend sein, entfernt sein, fehlen	22
abīre ábeō ábiī ábitum	weggehen, abtreten	19
absolvere absolvō absolvī absolūtum	loslösen; freisprechen; vollenden	19
abstinēre (*m. Abl.*)	abhalten; sich fernhalten (*von etw.*), verzichten (*auf etw.*)	11
accipere accipiō accēpī acceptum	annehmen, empfangen; erfahren	14
accūsāre	anklagen, beschuldigen	19
ācer/ācris/ācre, ācr·is	spitz, scharf; heftig, eifrig	9
acerbus/-a/-um	herb, bitter	14
aciēs, aci·ēī *f*	Schärfe; Front; Heer (*in Kampfbereitschaft*); Schlacht(feld)	23
āctus, āct·ūs *m*	Handlung, Vorgehensweise; Akt	21
ad (*m. Akk.*)	zu, zu … hin; an, bei	2
addūcere addūcō addūxī adductum	heranführen; veranlassen	11
adesse adsum affuī	anwesend sein; (*m. Dat.:*) beistehen	20
adīre ádeō ádiī áditum	herangehen, aufsuchen; angreifen	18
administrāre	leiten; verwalten	24
admīrātiō, admīrātiōn·is *f*	Bewunderung, Staunen	24
adulēscēns, adulēscent·is *m* (*Gen. Pl.* adulēs-cent·ium)	junger Mann	6
advenīre adveniō advēnī adventum	ankommen, herankommen	23
aedificāre	bauen, errichten	6
aequāre	gleichmachen, erreichen	15
aestimāre	schätzen, beurteilen; anerkennen, (hoch) schätzen	20
aetās, aetāt·is *f*	Alter, Lebenszeit; Zeitalter	21
afficere (*m. Abl.*) afficiō affēcī affectum	versehen (*mit*), ausstatten (*mit*); (*m. Akk. und Abl.:*) (*jmdm. etw.*) zufügen	15
contumēliīs afficere	schmähen, beschimpfen	15
honōribus afficere	ehren	25
ager, agr·ī *m*	Acker, Feld; Gebiet	13
agere agō ēgī āctum	treiben, betreiben; handeln, verhandeln	2
agmen, agmin·is *n*	Heereszug, Zug; Schar	14
āiō, ait, āiunt	ich sage, er/sie/es sagt, sie sagen	24
aliquandō	(irgendwann) einmal, einst	16
aliquī/aliqua/aliquod	(irgend)ein/e	15[G]
aliquis/aliquid	(irgend)jemand/(irgend)etwas	15[G]
aliter	anders, sonst	6
alius/-a/-ud; *Gen.* alterīus, *Dat.* aliī	ein anderer	3
aliī – aliī	die einen – die anderen	3
alter/altera/alterum; *Gen.* alterīus, *Dat.* alterī	der/die/das eine (*von zweien*) / der/die/das andere	16
altus/-a/-um	hoch; tief	19
amāre	lieben, verliebt sein	1
ambulāre	spazieren gehen	5
amīca, amīc·ae *f*	Freundin	2
amīcitia, amīciti·ae *f*	Freundschaft	24
amīcus, amīc·ī *m*	Freund	2
āmittere āmittō āmīsī āmissum	aufgeben; verlieren	14
amor, amōr·is *m*	Liebe	11
an (*in Wahlfragen*)	oder	21
an vērō	oder etwa	25
an (*in indirekten Fragen*)	ob	21
anima, anim·ae *f*	Atem; Seele; Leben	8
animal, animāl·is *n* (*Abl. Sg.* -ī, *Nom. Pl.* -ia, *Gen. Pl.* -ium)	Lebewesen, Tier	16
animus, anim·ī *m*	Geist, Gesinnung, Sinn; Verstand; Mut; Herz	3
bonō animō esse	guten Mutes sein, zuversichtlich sein	3
annus, ann·ī *m*	Jahr	6
ante (*m. Akk.*)	vor	11
antepōnere antepōnō anteposuī antepositum	voranstellen; vorziehen	19
antīquitās, antīquitāt·is *f*	Altertum; hohes Alter	11
antīquus/-a/-um	alt, ehrwürdig	11
aperīre aperiō aperuī apertum	öffnen, aufdecken	17
appārēre	erscheinen, sich zeigen	1
appāret	es ist offensichtlich, klar	9
appellāre	anreden, nennen, benennen	1
appropinquāre	sich nähern, herankommen	18
apud (*m. Akk.*)	bei, in der Nähe (*von*)	4
aqua, aqu·ae *f*	Wasser	5
āra, ār·ae *f*	Altar	6
arbitrārī arbitror arbitrātus sum	meinen, glauben; halten für	16
arbor, árbor·is *f*	Baum	14
arcēre	abhalten, fern halten, abwehren	10
arēna, arēn·ae *f*	Sand; Arena	3
argentum, argent·ī *n*	Silber; Geld	20
arguere arguō arguī argūtum	darlegen; (*m. Gen.:*) (*wegen etw.*) beschuldigen	21
arma, arm·ōrum *n*	Waffen	12

ars, art·is *f* (*Gen. Pl.* art·ium)	Kunst, Fertigkeit, Handwerk	24
artifex, artífic·is *m*	Künstler	24
arx, arc·is *f*	Burg	7
aspectus, aspect·ūs *m*	Anblick	14
aspicere aspiciō aspexī aspectum	ansehen, erblicken	7
atque, ac	und, und auch; als	13
attinēre attineō attinuī attentum	aufhalten, festhalten; sich erstrecken	25
quod attinet ad	was … betrifft, soweit es ankommt auf	25
auctor, auctōr·is m	Begründer; Urheber, Verfasser	8
audēre (*Tab.* IX)	wagen	23
audīre	hören, zuhören, anhören	1
auferre aúferō abstulī ablātum	wegtragen, wegbringen; rauben	19
augēre augeō auxī auctum	vergrößern, vermehren, fördern	10
auris, aur·is *f* (*Gen. Pl.* aur·ium)	Ohr	20
aurum, aur·ī *n*	Gold	20
aut	oder	11
aut – aut	entweder – oder	19
autem (*nachgestellt*)	aber, jedoch	1
auxilium, auxili·ī *n*	Hilfe	9
avāritia, avāriti·ae *f*	Habgier, Geiz	12
avē	sei gegrüßt!	1

b

bárbarus, barbar·ī *m*	Nichtrömer (-grieche), „Barbar“	14
basilica, basilic·ae *f*	Basilika, Kirche	2
beātus/-a/-um	glücklich, glückselig	8
bellum, bell·ī *n*	Krieg	12
bene	gut	19
beneficium, benefici·ī *n*	Wohltat; Verdienst	25
bibliothēca, bibliothēc·ae *f*	Bibliothek	5
bonus/-a/-um	gut, tüchtig	3
brevis/breve, brev·is	kurz	9
brevī (tempore)	bald darauf, binnen kurzem	14

c

cadere cadō cécidī	fallen	14
caedere caedō cecīdī caesum	fällen, niederhauen; schlagen, zusammenhauen	10
caelum, cael·ī *n*	Himmel; Klima	20
calamitās, calamitāt·is *f*	Unglück, Unheil, Schaden	18
campus, camp·ī *m*	Ebene, Feld, Platz	14
canis, can·is *m/f*	Hund	17
cantāre	singen	18
capere capiō cēpī captum	fassen, ergreifen; erobern	7
captāre	zu fangen suchen, jagen, fangen	18
caput, capit·is *n*	Kopf; Hauptstadt	14
carēre (*m. Abl.*)	(*etw.*) nicht haben, (*auf etw.*) verzichten müssen	24
carō, carn·is *f*	Fleisch	15
castra, castr·ōrum *n* (*Pluralwort*)	Lager	10
causa, caus·ae *f*	Ursache, Grund; Sachverhalt; Prozess	2
quā dē causā	weshalb; deshalb	20
causam agere	einen Prozess führen	2
causā (*nachgestellt, m. Gen.*)	um … willen, wegen; um … zu	14
cavēre (*m. Akk.*) caveō cāvī cautum	sich in Acht nehmen, sich hüten (*vor*)	3
cēdere cēdō cessī	(weg)gehen; nachgeben	3
vītā cēdere	sterben	6
celebrāre	feiern, verherrlichen; besuchen	25
celer/celeris/celere, celer·is	schnell, rasch	9
centuriō, centuriōn·is *m*	Zenturio, Hauptmann	14
certus/-a/-um	sicher, gewiss	10
certē	sicherlich, gewiss	10
cēterī/-ae/-a	die übrigen	1
circā/circum (*m. Akk.*)	um … herum, ringsum	15
circúmdare circúmdō circúmdedī circúmdatum	umgeben, umzingeln	8
cīvis, cīv·is *m* (*Gen. Pl.* cīv·ium)	Bürger, Mitbürger	9
cīvitās, cīvitāt·is *f*	Bürgerrecht; Bürgerschaft, Staat	8
clādēs, clād·is *f* (*Gen. Pl.* clād·ium)	Niederlage, Verlust	10
clāmāre	rufen, schreien	1
clāmor, clāmōr·is *m*	Geschrei	1
clārus/-a/-um	klar, hell; berühmt	1
claudere claudō clausī clausum	schließen, absperren	13
clēmentia, clēmenti·ae *f*	Milde, Nachsicht	11
cōgere cōgō coēgī coāctum	sammeln; zwingen	15
cōgitāre	denken, nachdenken; beabsichtigen	23
cognitiō, cognitiōn·is *f*	Untersuchung, Verfahren; Erkenntnis	21
cognitus/-a/-um	bekannt	24
cognōscere cognōscō cognōvī cógnitum	erkennen, bemerken; kennen lernen	17
cohors, cohort·is *f* (*Gen. Pl.* cohort·ium)	Kohorte (*der zehnte Teil einer Legion, ca. 600 Mann*)	14
colere colō coluī cultum	bebauen; bewohnen; pflegen, verehren	14
colloquī colloquor collocūtus sum	sich unterhalten	19
commendāre	anvertrauen; empfehlen	24
committere committō commīsī commissum	zustande bringen; anvertrauen	20
commūnis/commūne, commūn·is	gemeinsam, allgemein	9

comparāre	vergleichen	15
comprehendere comprehendō comprehendī comprehēnsum	ergreifen, fassen, erfassen; begreifen	17
concēdere concēdō concessī concessum	zugestehen, einräumen; erlauben	9
conciliāre	gewinnen; (sich) geneigt machen, vermitteln	11
concilium, concili·ī *n*	Versammlung	15
condere condō cóndidī cónditum	gründen; aufbewahren; bestatten	8
condiciō, condiciōn·is *f*	Bedingung; Lage	18
cōnferre cṓnferō contulī collātum	zusammentragen, -bringen; vergleichen	25
cōnfirmāre	stärken; bekräftigen	23
cōnfitērī cōnfiteor cōnfessus sum	gestehen, bekennen	21
coniungere coniungō coniūnxī coniūnctum	verbinden, anschließen	24
conquīrere conquīrō conquīsīvī conquīsītum	zusammensuchen, aufspüren	21
cōnsīderāre	betrachten, erwägen, bedenken	25
cōnsilium, cōnsili·ī *n*	Rat, Beratung, Plan; Beschluss	10
cōnsistere cōnsistō cṓnstitī	sich hinstellen; bestehen (*aus*)	15
cōnsōlārī cōnsōlor cōnsōlātus sum	trösten	22
cōnspicārī cōnspicor cōnspicātus sum	erblicken	16
cōnstantia, cōnstanti·ae *f*	Festigkeit, Beständigkeit	10
cōnstat	es ist bekannt, es steht fest; (*m. AcI*:) bekanntlich	9
cōnstituere cōnstituō cōnstituī cōnstitūtum	festsetzen, beschließen	17
cōnsul, cōnsul·is *m*	Konsul	8
cōnsulere cṓnsulō cōnsuluī cōnsultum	(*m. Akk.*:) um Rat fragen; beratschlagen (*mit*); (*m. Dat.*:) sorgen (*für*)	9
contendere contendō contendī contentum	(„sich anstrengen“:) eilen; kämpfen; behaupten, darauf bestehen	15
continēre	zusammenhalten, festhalten; enthalten	21
contrahere cóntrahō contrāxī contrāctum	zusammenziehen, einengen, sammeln	17
contumēlia, contumēli·ae *f*	Kränkung, Beleidigung, Schande	15
convenīre conveniō convēnī conventum	zusammenkommen, -passen; sich einigen; zustande kommen; sich ereignen; (*m. Akk.*:) (*jmdn.*) treffen	19
cónvenit	es ziemt sich, es passt; man kommt überein, es kommt zu einer Einigung	9
cōpia, cōpi·ae *f*	Vorrat; Menge; *Pl. auch:* Truppen, Streitkräfte	13
cor, cord·is *n*	Herz	22
corpus, córpor·is *n*	Körper; Leiche	16
corrigere córrigō corrēxī corrēctum	berichtigen, verbessern	9
cottīdiānus/-a/-um	täglich, alltäglich	23
cottīdiē	täglich	22
crēdere crḗdō crḗdidī crēditum	glauben, anvertrauen	11
crīmen, crīmin·is *n*	Vorwurf; Verbrechen	21
crīminī dăre	zum Vorwurf machen	21
crūdēlis/crūdēle, crūdēl·is	grausam, brutal	9
crux, cruc·is *f*	Kreuz; Kreuzigung, Marter	23
culpa, culp·ae *f*	Schuld	17
cum (*m. Abl.*)	(zusammen) mit	2
cum (*m. Ind.*)	als, als plötzlich	5
cum (*m. Ind.*)	(immer) wenn; als	15
cum (*m. Konj.*)	als, nachdem; da, weil; obwohl	12
cunctārī cunctor cunctātus sum	zögern	16
cūnctus/-a/-um	all(es), gesamt, ganz	3
cupere cupiō cupīvī cupītum	begehren, verlangen, wünschen	7
cupiditās, cupiditāt·is *f*	Begierde, Leidenschaft, Verlangen	13
cupidus/-a/-um (*m. Gen.*)	begierig (*nach*)	12
cūr	warum	2
cūrāre (*m. Akk.*)	besorgen, sorgen (*für*), sich kümmern (*um*)	4
cūria, cūri·ae *f*	Kurie (*Versammlungsort des Senats*)	10
currere currō cucurrī cursum	laufen, rennen	5
custōdīre	bewachen, behüten	17
custōs, custōd·is *m*	Wächter, Wärter	10

d

damnāre	verurteilen, verdammen	17
capitis damnāre	zum Tode verurteilen	17
damnum, damn·ī *n*	Schaden, Verlust	12
dăre dō dedī datum	geben	5
sē somnō dăre	sich schlafen legen	7
dē (*m. Abl.*)	von, von … herab; von, über	3
dea, de·ae *f*	Göttin	1
dēbēre	müssen; schulden, verdanken	4
nōn dēbēre	nicht dürfen	
dēbitum, dēbit·ī *n*	Schuldigkeit, Schuld	23
decem (*undekliniert*)	zehn	9 [Tab. III]
dēfendere dēfendō dēfendī dēfēnsum	verteidigen, abwehren	13
dēferre dḗferō dētulī dēlātum	überbringen; melden, anzeigen	21
deinde	von da an; darauf; dann	14
dēlectāre	erfreuen, Freude machen	24
dēlēre dēleō dēlēvī dēlētum	zerstören, vernichten	12
dēlīberāre	erwägen, überlegen; (*m. Inf.*:) sich entscheiden, beschließen	3
dēmōnstrāre	zeigen, beweisen	20

dēpōnere dēpōnō dēposuī dēpositum	ablegen, niederlegen; aufgeben	5
dēscendere dēscendō dēscendī dēscēnsum	herabsteigen, herabkommen	4
dēsīderium, dēsīderi·ī *n*	Sehnsucht, Verlangen, Bedürfnis	22
dēsinere dḗsinō dēsiī dēsitum	ablassen, aufhören	4
dēspicere dēspiciō dēspexī dēspectum	herabsehen; verachten, gering schätzen	11
deus, de·ī *m* (*Nom. Pl. auch*: dī)	Gott	1
dīcere dīcō dīxī dictum	sagen, reden, nennen, benennen	7
dīcī dīcor dictus sum	heißen; man sagt, dass; sollen	17
diēs, di·ēī *m*	Tag	19
differre díferō distulī dīlātum	aufschieben; sich unterscheiden	21
dīligēns, dīligent·is	sorgfältig, gewissenhaft	15
dīligere dī́ligō dīlēxī dīlēctum	lieben, schätzen	22
dīmittere dīmittō dīmīsī dīmissum	entlassen, gehen lassen; aufgeben	21
discordia, discordi·ae *f*	Zwietracht, Uneinigkeit	9
discrīmen, discrīmin·is *n*	Unterschied; Entscheidung; gefährliche Lage	21
dispōnere dispōnō disposuī dispositum	verteilen, aufstellen, ordnen	17
disputāre	erörtern, diskutieren	20
disserere dísserō disseruī dissertum	erörtern, sprechen (*über*)	13
dissimulāre	sich verstellen, verheimlichen	12
distribuere distribuō distribuī distribūtum	verteilen, einteilen	25
diū	lange, lange Zeit	5
dīvīnus/-a/-um	göttlich	25
dīvitiae, dīviti·ārum *f* (*Pluralwort*)	Reichtum	12
docēre doceō docuī doctum	lehren, unterrichten, erklären	8
doctrīna, doctrīn·ae *f*	Lehre; Gelehrsamkeit	20
dolēre	Schmerz empfinden, bedauern; wehtun	17
dolor, dolōr·is *m*	Schmerz	17
dolus, dol·ī *m*	List, Betrug	14
domina, domin·ae *f*	Herrin	4
dominus, domin·ī *m*	Herr	4
domus, dom·ūs *f* (*Abl. Sg.* -ō, *Akk. Pl.* -ōs)	Haus	15
domī	zu Hause	15
dubitāre	zögern; zweifeln	3
dubium, dubi·ī *n*	Zweifel	25
dubius/-a/-um	zweifelhaft, unsicher	21
dūcere dūcō dūxī ductum	führen, ziehen; halten für	8
(uxōrem) dūcere	heiraten	16
dulcis/dulce, dulc·is	süß, angenehm	18
dum (*m. Ind. Präs.*)	während	3
dum (*m. Ind./Konj.*)	solange, (*solange*) bis	6
duo/duae/duo	zwei	9 [Tab. III]
duodecim (*undekliniert*)	zwölf	9 [Tab. III]
dūrus/-a/-um	hart, unempfindlich	23
dux, duc·is *m/f*	Führer/in, Anführer/in, Feldherr	8

e

ē, ex (*m. Abl.*)	aus, von … aus; von … an	2
ēdere ēdō ḗdidī ḗditum	herausgeben, verbreiten, hervorbringen	22
ēdīcere ēdīcō ēdīxī ēdictum	bekannt machen, verkünden, anordnen	17
ēdictum, ēdict·ī *n*	Anordnung, Verfügung	17
efficere efficiō effēcī effectum	bewirken, durchsetzen	22
egēns, egent·is	bedürftig, arm	22
egēre (*m. Abl.*)	(*etw.*) brauchen, nötig haben	20
ego	ich	2
ēiúsmodī	derart(ig), solch	2
enim	denn, nämlich	1
eques, equit·is *m*	Reiter; Ritter	9
équidem	(ich) jedenfalls, allerdings; ich meinerseits	11
equus, equ·ī *m*	Pferd	14
ergō	also, folglich	20
errāre	irren, sich irren, sich täuschen	2
ērudīre	unterrichten, bilden	24
esse sum fuī; *Part. Fut. Akt.* futūrus	sein	1
sunt quī (*m. Konj.*)	(es gibt welche, die …) manche	20
et	und; auch	1
et – et	sowohl – als auch	10
etiam	auch, sogar	12
ēvādere ēvādō ēvāsī	herausgehen, entkommen	10
ēvenīre ḗvenit ēvēnit ēventum	sich ereignen, geschehen; eintreten, in Erfüllung gehen	19
excēdere excēdō excessī excessum	heraus-, hinausgehen; weggehen	19
exemplum, exempl·ī *n*	Beispiel, Vorbild	21
exercēre	üben, betreiben	15
exercitus, exercit·ūs *m*	Heer	10
exiguus/-a/-um	klein, gering, unbedeutend	25
exīre éxeō éxiī éxitum	hinausgehen, ausrücken	18
expūgnāre	erstürmen, erobern	10
exquīrere exquīrō exquīsīvī exquīsītum	untersuchen; herausfinden	19
exsistere exsistō éxstitī	hervortreten, auftreten, entstehen	24
extrā (*m. Akk.*)	außerhalb	15

f

fābula, fābul·ae *f*	Erzählung, Geschichte; Theaterstück	9
facere faciō fēcī factum	tun, machen, herstellen	7
factum, fact·ī *n*	Tat, Handlung, Ereignis	11
fāma, fām·ae *f*	Gerücht; (*guter/schlechter*) Ruf	18

familia, famili·ae *f*	Familie, Hausgemeinschaft	4
fās *n* (*nur Nom. u. Akk. Sg.*)	(*göttliches*) Recht, Gebot	12
fatērī fateor fassus sum	gestehen, bekennen	21
fātum, fāt·ī *n*	Schicksal; Göttersprauch	8
ferē	ungefähr, fast	10
ferre ferō tulī lātum	tragen, bringen; ertragen; berichten	18
fāma fert	es geht das Gerücht, es wird erzählt, man sagt	18
ferus/-a/-um	wild, roh	24
festīnāre	eilen, sich beeilen	23
fidēs, fid·eī *f*	Treue, Glaube, Vertrauen	19
fierī fīō factus sum	werden, geschehen; gemacht werden	19
fīgere fīgō fīxī fīxum	heften, befestigen	14
fīlia, fīli·ae *f*	Tochter	4
fīlius, fīli·ī *m*	Sohn	4
fīnīre	begrenzen; beenden	16
fīnis, fīn·is *m* (*Gen. Pl.* fīn·ium)	Grenze, Ende, Ziel; Zweck; *Pl. auch*: Gebiet	8
fīnem facere (*m. Dat.*)	eine Grenze setzen, beenden	12
flāgitium, flāgiti·ī *n*	Schande; Vergehen	20
flamma, flamm·ae *f*	Flamme, Feuer, Glut	7
flectere flectō flexī flexum	biegen, beugen, wenden	18
flēre fleō flēvī flētum	weinen, beklagen	18
flūmen, flūmin·is *n*	Fluss, Strom	14
foedus, foeder·is *n*	Bündnis, Vertrag	12
fore (~ futūrum esse)	(*in Zukunft*) sein	15
fortāsse	vielleicht	2
fortis/forte, fort·is	tapfer, mutig, stark	14
forum, for·ī *n*	Forum, Marktplatz	2
frangere frangō frēgī frāctum	brechen, verletzen, schwächen	12
frāter, frātr·is *m*	Bruder	6
frūmentum, frūment·ī *n*	Getreide	25
frūstrā (*Adv.*)	vergeblich	5
fugere fugiō fūgī	fliehen, meiden	7
futūrus/-a/-um	zukünftig	19
futūrum esse (~ fore)	(*in Zukunft*) sein	15

g

gaudēre (*Tab.* IX)	sich freuen	3
gaudium, gaudi·ī *n*	Freude, Vergnügen	5
gēns, gent·is *f* (*Gen. Pl.* gent·ium)	Geschlecht, Stamm, Volk	8
genus, gener·is *n*	Geschlecht, Gattung, Art	18
gerere gerō gessī gestum	tragen; ausführen, vollziehen	12
bellum gerere	Krieg führen	12
sē gerere	sich benehmen	22
gladiātor, gladiatōr·is *m*	Gladiator	3
gladius, gladi·ī *m*	Schwert	3
glōria, glōri·ae *f*	Ruhm	12
grātia, grāti·ae *f*	Dank; Gnade, Gunst, Beliebtheit	22
gubernāre	steuern, lenken; regieren	24

h

habēre	haben, halten, besitzen	6
nōn habeō quod (*m. Konj.*)	ich habe keinen Grund (zu …)	19
prō certō habēre	für sicher halten	10
habitāre	wohnen	20
hic/haec/hoc	dieser/diese/dieses	7
hīc	hier	3
homō, homin·is *m*	Mensch; *Pl. auch*: Leute	1
honestus/-a/-um	angesehen, ehrenhaft, anständig	4
honōrāre	ehren, auszeichnen	22
honōs/honor, honōr·is *m*	Ehre, Ehrenamt	6
hōra, hōr·ae *f*	Stunde	22
hortārī hortor hortātus sum	ermahnen, mahnen; auf-, ermuntern; auffordern	16
hospes, hospit·is *m*	Gast, Gastfreund; Fremder	4
hostis, host·is *m* (*Gen. Pl.* host·ium)	Feind	7
hūmānitās, hūmānitāt·is *f*	Menschlichkeit; Bildung	11
hūmānus/-a/-um	menschlich; gebildet	18
humus, hum·ī *f*	Erde, Boden	17

i

iacēre	liegen, daliegen	3
iacere iaciō iēcī iactum	werfen, schleudern	7
iam	schon, bereits; gleich	4
nōn iam	nicht mehr	5
ibī	da, dort	1
ideō	deswegen, deshalb	13
igitur	also, folglich, daher	4
īgnōminia, īgnōmini·ae *f*	Beschimpfung; Schande	15
īgnōrāre	nicht wissen, nicht kennen	11
īgnōtus/-a/-um	unbekannt	20
ille/illa/illud	jener/jene/jenes	7
illūstris/illūstre, illūstr·is	glänzend, berühmt, vornehm	24
imāgō, imāgin·is *f*	Bild, Abbild	7
immānis/immāne, immān·is	ungeheuer, riesig, schrecklich, grausam	24
imminēre	drohen, bedrohen, bevorstehen	9
immō (vērō)	ja sogar, vielmehr, im Gegenteil	6
immolāre	opfern	21
immortālis/immortāle, immortāl·is	unsterblich, ewig	17
imperātor, imperātōr·is *m*	Feldherr; Herrscher, Kaiser	1
imperium, imperi·ī *n*	Befehl; Herrschaft; Reich	8
impetrāre	durchsetzen, erreichen	21
impetus, impet·ūs *m*	Angriff, Ansturm	10
impetū	im Sturmangriff, im Eilschritt	10
impōnere impōnō imposuī impositum	hineinsetzen, -legen; auferlegen	13
imprīmīs	besonders, vor allem	12
in (*m. Akk.*)	in (… hinein), nach, auf; gegen	2

in (*m. Abl.*)	in, an, auf	2
incipere incipiō coepī coeptum	anfangen, beginnen	15
incolere íncolō incoluī incultum	wohnen, bewohnen	19
indignārī (*m. Akk.*) indignor indignātus sum	empört sein, sich entrüsten (*über*)	16
indignus/-a/-um	unwürdig	24
industria, industri·ae *f*	Fleiß, Eifer	24
īnferre īnferō īntulī illātum	hineintragen; zufügen; vorbringen	20
īnfirmus/-a/-um	schwach; krank	22
ingenium, ingeni·ī *n*	Anlage, Talent, Begabung	24
ingēns, ingent·is	ungeheuer, gewaltig	24
inimīcus, inimīc·ī *m*	Feind	22
inīquus/-a/-um	ungleich; ungünstig; ungerecht	14
initium, initi·ī *n*	Anfang, Beginn	11
initiō	am Anfang, anfangs	11
iniūria, iniūri·ae *f*	Unrecht, Ungerechtigkeit	15
inquam / inquit	sag(t)e ich / sagt(e) er/sie	5
inquīrere inquīrō inquīsīvī inquīsītum	untersuchen, nachforschen	14
īnstituere īnstituō īnstituī īnstitūtum	einrichten, beginnen; beabsichtigen; unterrichten	24
īnsula, īnsul·ae *f*	Insel; Wohnblock	6
intellegere intéllegō intellēxī intellēctum	erkennen, einsehen, verstehen	2
intendere intendō intendī intentum	anspannen; anstrengen; beabsichtigen	12
inter (*m. Akk.*)	zwischen, unter; während	4
interesse intersum interfuī	dazwischen sein, (*m. Dat.*:) teilnehmen (*an*)	21
interficere interficiō interfēcī interfectum	töten	23
interim	inzwischen, einstweilen	21
interrogāre	fragen, befragen	21
intrāre	eintreten, hereinkommen, betreten	13
invādere invādō invāsī invāsum	eindringen, angreifen; befallen	13
invenīre inveniō invēnī inventum	finden, erfinden	5
invidia, invidi·ae *f*	Neid; Abneigung, Hass	12
invītus/-a/-um	ungern, unfreiwillig	18
ipse/ipsa/ipsum; *Gen.* ipsīus, *Dat.* ipsī	selbst	6
īra, īr·ae *f*	Zorn, Wut	4
īrāscī īrāscor	zornig werden, zornig sein	16
īre eō iī itum	gehen	18
is/ea/id	er/sie/es; dieser/diese/dieses; der(jenige)/die(jenige)/das(jenige)	6
iste/ista/istud	dieser/diese/dieses; der da/die da/das da	17
ita	so	20
itaque	deshalb, daher, also	4
iterum	wiederum, zum zweiten Mal	9
iubēre iubeō iussī iussum	beauftragen, befehlen	17
iūdex, iūdic·is *m*	Richter	19
iūdicāre	richten, (be)urteilen	20
iūdicium, iūdici·ī *n*	Gericht, Gerichtshof; Urteil	9
iūnior, iūniōr·is	jünger	22
iūrāre	schwören	22
iūs, iūr·is *n*	Recht	9
iūstitia, iūstiti·ae *f*	Gerechtigkeit	22
iūstus/-a/-um	gerecht, rechtmäßig	8
iuvāre iuvō iūvī iūtum; *Part. Fut. Akt.* iuvātūrus	unterstützen, helfen	15

l

lacrima, lacrim·ae *f*	Träne	18
lacus, lac·ūs *m*	See, Teich	14
laedere laedō laesī laesum	verletzen, stoßen	6
laetus/-a/-um	froh, fröhlich	1
latrō, latrōn·is *m*	Räuber	12
lātus/-a/-um	breit; weit	13
laudāre	loben, rühmen	3
laus, laud·is *f*	Lob, Ruhm	15
lēgātus, lēgāt·ī *m*	Abgesandter; Legat	9
legere legō lēgī lēctum	lesen; sammeln	5
legiō, legiōn·is *f*	Legion	13
lēgitimus/-a/-um	gesetzmäßig, legitim	24
leō, leōn·is *m*	Löwe	16
lēx, lēg·is *f*	Gesetz	9
līber/lībera/līberum	frei, unabhängig	6
līberāre	befreien	16
līberī, līber·ōrum *m*	Kinder	6
lībertās, lībertāt·is *f*	Freiheit	11
lībertus, lībert·ī *m*	Freigelassener	4
licet	es ist erlaubt, man darf; es ist möglich	19
lingua, lingu·ae *f*	Zunge, Sprache	25
littera, litter·ae *f*	Buchstabe; *Pl. auch:* Brief; Wissenschaft(en)	11
locus, loc·ī *m*, *Pl.*: loca *n*	Ort, Platz, Stelle; Rang; Gegend	3
longus/-a/-um	lang, weit; lang dauernd	13
longē lātēque	weit und breit	13
loquī loquor locūtus sum	sprechen, reden	22
lūcēre lūceō lūxī	leuchten, strahlen	23
lūdere lūdō lūsī lūsum	spielen, sich vergnügen	2
lūdus, lūd·ī *m*	Spiel; Schule	3
lūx, lūc·is *f*	Licht	8
luxuria, luxuri·ae *f*	Überfluss; Genusssucht, Verschwendungssucht	15

m

magis	mehr, in höherem Grad	17
magistrātus, magistrāt·ūs *m*	Amt, Behörde; Beamter	10
māgnus/-a/-um	groß, bedeutend	1
māior/māius, māiōr·is	größer, bedeutender; älter	15
māiōrēs, māiōr·um *m*	Vorfahren, Ahnen	13

malum, mal·ī *n*	Übel, Leid	7
malus/-a/-um	schlecht, schlimm, böse	3
manēre maneō mānsī	bleiben, warten (*auf*), erwarten	5
manus, man·ūs *f*	Hand; Handvoll, Schar	14
mare, mar·is *n* (*Abl. Sg.* -ī, *Nom. Pl.* -ia, *Gen. Pl.* -ium)	Meer	24
māter, mātr·is *f*	Mutter	16
mātrōna, mātrōn·ae *f*	(*verheiratete*) Frau, Matrone	10
māximē	am meisten; sehr, überaus	11
māximus/-a/-um	der/die/das größte; sehr groß	15
medius/-a/-um	der/die/das mittlere, mitten	20
melior/melius, meliōr·is	besser	19
memor, memor·is (*m. Gen.*)	in Erinnerung, sich erinnernd (*an*)	22
memor est	er/sie/es erinnert sich	
memoria, memori·ae *f*	Gedächtnis, Erinnerung	11
memoriā tenēre	im Gedächtnis behalten, sich erinnern	11
mēns, ment·is *f* (*Gen. Pl.* ment·ium)	Verstand, Denken, Meinung	23
mentīrī mentior mentītus sum	lügen	16
mercātor, mercātōr·is *m*	Kaufmann	4
meus/-a/-um	mein	4[G]
mīles, mīlit·is *m*	Soldat	10
mīlle (*undekliniert*); (*Pl.*:) mīlia, mīl·ium (*m. Gen.*)	tausend	9[Tab. III]
minārī minor minātus sum	drohen, androhen	21
minor/minus, minōr·is	kleiner	25
minuere minuō minuī minūtum	verringern, vermindern	11
mīrus/-a/-um	wunderbar; sonderbar	12
miser/misera/miserum	elend, unglücklich, armselig	6
misericordia, misericordi·ae *f*	Mitleid, Barmherzigkeit	3
mittere mittō mīsī missum	schicken; gehen lassen, entlassen; werfen	5
modo	eben (erst), gerade; nur	18
modus, mod·ī *m*	Maß; Art, Weise; Melodie	11
moenia, moen·ium *n* (*Pluralwort*)	Stadtmauer, Mauer	8
molestus/-a/-um	beschwerlich, lästig; peinlich	4
monachus, monach·ī *m*	Mönch	22
monēre	mahnen, auffordern; erinnern; warnen	7
mōns, mont·is *m* (*Gen. Pl.* mont·ium)	Berg	8
mōnstrāre	zeigen	8
mōnstrum, mōnstr·ī *n*	Ungeheuer; Götterzeichen, Wunderzeichen	16
morārī moror morātus sum	(sich) aufhalten, zögern	16
morī morior mortuus sum; *Part. Fut. Akt.* moritūrus	sterben	16
mors, mort·is *f*	Tod	6
mortālis/mortāle, mortāl·is	sterblich	9
mortuus/-a/-um	tot, gestorben	17
mōs, mōr·is *m*	Sitte, Brauch, Art; *Pl. auch:* Charakter, Verhalten	2
movēre moveō mōvī mōtum	bewegen, erregen; beeinflussen, veranlassen	7
īrā mōtus	aus Zorn	9
mulier, mulíer·is *f*	Frau, Ehefrau	7
multitūdō, multitūdin·is *f*	Menge, Vielzahl	10
multus/-a/-um	viel, zahlreich	3
mundus, mund·ī *m*	Welt, Weltall	18
mūrus, mūr·ī *m*	Mauer	7
mūsica, mūsic·ae *f*	Musik	24
mūtāre	ändern, verändern, wechseln, vertauschen	13

n

nam	denn, nämlich	1
nātiō, nātiōn·is *f*	Volksstamm, Volk	25
nātūra, nātūr·ae *f*	Natur, Wesen	11
nāvis, nāv·is *f* (*Gen. Pl.* nāv·ium)	Schiff	14
-ne (*angehängt*)	(*Fragesignal*)	2
nē (*m. Konj.*)	dass nicht, damit nicht, (um) nicht zu; (*im verneinten Aufforderungssatz*:) nicht	11
nē … quidem	nicht einmal, auch nicht	12
necesse est	es ist nötig	9
negāre	leugnen, bestreiten; sich weigern; verweigern, versagen	6
neglegere néglegō neglēxī neglēctum	sich (*um etw.*) nicht kümmern, gering schätzen, übersehen	19
negōtium, negōti·ī *n*	Geschäft, Aufgabe	24
nēmō (*Dat.* nēminī, *Akk.* nēminem)	niemand	10
nepōs, nepōt·is *m*	Enkel; Neffe	6
neque, nec	(und/auch/aber) nicht	2
neque – neque	weder – noch	4
neque enim	denn nicht	3
neque tamen	aber nicht, jedoch nicht	4
nescīre	nicht wissen, nicht verstehen	20
nēve	und dass/damit nicht	12
nex, nec·is *f*	(gewaltsamer) Tod, Mord	6
nihil (= nīl)	nichts	4
nimius/-a/-um	zu groß, zu viel, übermäßig	11
nisī	wenn nicht; außer	4
nihil nisī	nichts als, nur	12
nocēre	schaden	19
nōlle nōlō nōluī	nicht wollen	18
nōlī/nōlīte (*clamare*)	(*schrei/schreit*) nicht	22

nōmen, nōmin·is *n*	Name; Begriff	8
nōmināre	nennen, benennen	25
nōn	nicht	1
nōndum	noch nicht	2
nōnne?	(etwa) nicht?	2
nōnnūllī/-ae/-a	einige, manche	6
nōs	wir	4[G]
noster/nostra/nostrum	unser	4[G]
nōtus/-a/-um	bekannt	25
novus/-a/-um	neu, neuartig	5
nox, noct·is *f* (*Gen. Pl.* noct·ium)	Nacht	7
nūdus/-a/-um	nackt, bloß	22
nūllus/-a/-um; *Gen.* nūllīus, *Dat.* nūllī	kein	13
num?	etwa?	2
nūmen, nūmin·is *n*	(*göttliche*) Macht, Gottheit	18
numquam	niemals	10
nunc	jetzt, nun	1
nūntiāre	melden, mitteilen	10

o

ob (*m. Akk.*)	wegen	19
observāre	beobachten; einhalten	3
óbviam	entgegen	16
occidēns, occident·is *m*	Westen, Abendland	12
occīdere occīdō occīdī occīsum	niederschlagen, töten	3
oculus, ocul·ī *m*	Auge	11
ōdisse ōdī	hassen	22
ōmen, ōmin·is *n*	Vorzeichen, Vorbedeutung	8
omnis/omne, omn·is	all(es), ganz, jeder	9
oppidum, oppid·ī *n*	(*befestigte*) Stadt	12
opprimere óppirmō oppressī oppressum	unterdrücken; überfallen, überwältigen	12
oppūgnāre	bestürmen, belagern	17
ops, op·is *f*	Kraft, Stärke, Hilfe; *Pl. auch*: Reichtum, Macht	15
optimus/-a/-um	der/die/das beste, sehr gut	24
opus, oper·is *n*	Werk, Arbeit	8
opus est (*m. Abl.*)	es ist nötig, man braucht (*etw./jmdn.*)	9
ōrāculum, ōrācul·ī *n*	Orakel(stätte), Götterspruch	16
ōrāre	beten, bitten	22
ōrātiō, ōrātiōn·is *f*	Rede; Sprache; Gebet	13
ōrātor, ōrātōr·is *m*	Redner	2
orbis, orb·is *m*	Kreis, Kreislauf	8
orbis terrārum	Erdkreis, Welt	8
oriēns, orient·is *m*	Osten; Morgenland	12
ōrnāre	ausstatten, schmücken	6
ōs, ōr·is *n*	Mund, Gesicht	22
ostendere ostendō ostendī ostentum	zeigen, in Aussicht stellen	24

p

paene	fast, beinahe	25
paenitentia, paenitenti·ae *f*	Reue, Buße	20
pānis, pān·is *m*	Brot	23
parāre	bereiten, vorbereiten	6
parcere (*m. Dat.*) parcō pepercī	(*jmdn.*) schonen; (*an/mit etw.*) sparen	8
parentēs, parent·(i)um *m*	Eltern	5
pārēre	gehorchen	4
pars, part·is *f* (*Gen. Pl.* part·ium)	Teil; Richtung	10
parvus/-a/-um	klein, gering	6
pater, patr·is *m*	Vater	4
patrēs, patr·um *m*	Senatoren, Patrizier; Vorfahren	4
patēre	offen stehen; offenbar sein	15
patiēns, patient·is	geduldig	22
patria, patri·ae *f*	Vaterland, Heimat	7
paucī/-ae/-a	wenige	6
paulum	(ein) wenig	21
pauper, pauper·is (*Abl. Sg.* -e, *Gen. Pl.* -um)	arm	15
pāx, pāc·is *f*	Friede	6
pecūnia, pecūni·ae *f*	Geld	2
pedes, pedit·is *m*	Infanterist, Soldat zu Fuß	10
pellere pellō pepulī pulsum	treiben, schlagen; vertreiben	8
per (*m. Akk.*)	durch (… hindurch); über (… hin); überall in/auf	5
peragere péragō perēgī perāctum	durchführen; verbringen	18
perdere perdō pérdidī pérditum	vernichten, verlieren	9
pergere pergō perrēxī perrēctum	weitermachen, fortfahren	12
perīculum, perīcul·ī *n*	Gefahr	9
perīre péreō périī	zugrunde gehen, umkommen	23
perītus/-a/-um (*m. Gen.*)	(*in etw.*) erfahren, kundig	24
persevērāre	(*bei etw.*) bleiben, hart bleiben	21
perturbāre	(völlig) verwirren, beunruhigen	13
pēs, ped·is *m*	Fuß	16
pessimus/-a/-um	der/die/das schlechteste, sehr schlecht	21
pestis, pest·is *f*	Seuche; Unglück	12
petere petō petīvī petītum	aufsuchen; angreifen, haben wollen; verlangen, bitten	3
philósophus, philósoph·ī *m*	Philosoph	20
pietās, pietāt·is *f*	Frömmigkeit, Pflichtgefühl	17
pingere pingō pīnxī pictum	zeichnen, malen, bemalen	24
placēre	gefallen	1
plaudere plaudō plausī plausum	Beifall klatschen	1
plēbs, plēb·is *f*	Volk, Plebs	9
plērumque	meistens	13
plūrimī/-ae/-a	die meisten; sehr viele	15

plūs, plūr·is	mehr	15
poēta, poēt·ae *m*	Dichter	20
pōnere pōnō posuī positum	stellen, setzen, legen	8
populus, popul·ī *m*	Volk; Publikum	1
porta, port·ae *f*	Tor	10
posse possum potuī	können, in der Lage sein, mächtig sein	12
possidēre possideō possēdī possessum	besitzen	13
post (*Adv.*)	später, darauf	6
post (*m. Akk.*)	nach; hinter	6
posteā	nachher, später	16
postquam (*m. Ind. Perf.*)	nachdem, als	5
potēns, potent·is	mächtig	15
potīrī (*m. Abl. oder Gen.*) potior potītus sum	sich bemächtigen, in seine Gewalt bekommen	25
potius	vielmehr, eher, lieber	25
praebēre	hinhalten, gewähren, zeigen	25
praeceptum, praecept·ī *n*	Vorschrift, Lehre, Regel	17
praecipere praecipiō praecēpī praeceptum	vorwegnehmen; vorschreiben, anordnen	11
praecipitāre	(*kopfüber*) stürzen, (sich) hinabstürzen	16
praeclārus/-a/-um	ausgezeichnet, glänzend, herrlich	25
praeda, praed·ae *f*	Beute	12
praeesse praesum praefuī (*m. Dat.*)	an der Spitze (*von etw.*) stehen, (*etw.*) leiten	13
praefectus, praefect·ī *m*	Präfekt, Befehlshaber	14
praeferre praéferō praetulī praelātum	vorantragen; zeigen; vorziehen	24
praemittere praemittō praemīsī praemissum	vorausschicken	14
praesidium, praesidi·ī *n*	Schutz, Hilfe; Besatzung; Posten	12
praetereā	außerdem	10
praetor, praetōr·is *m*	Prätor	10
precēs, prec·um *f*	Bitten, Gebet	18
prīmus/-a/-um	der/die/das erste	8
prīmō	zuerst, zunächst; anfangs	14
prīmum	zum ersten Mal	18
prīnceps, prīncip·is *m*	erster Mann, Fürst	15
prīncipātus, prīncipāt·ūs *m*	erste Stelle, Vorrang, Herrschaft	24
priusquam	bevor, ehe; (*nach verneinten Sätzen:*) bevor nicht	18
prō (*m. Abl.*)	vor; für, anstelle (*von*)	2
procul	fern, weit weg, von weitem	14
prōdere prōdō prṓdidī prṓditum	preisgeben, verraten; überliefern	12
prōdesse prōsum prōfuī	nützen, nützlich sein	21
proelium, proeli·ī *n*	Gefecht, Schlacht	17
profectō	in der Tat, auf alle Fälle	4
prōferre prṓferō prōtulī prōlātum	hervorbringen, (vor)zeigen	22
proficīscī proficīscor profectus sum	aufbrechen, abreisen, reisen	16
prohibēre	abhalten, hindern; verbieten	15
prōicere prōiciō prōiēcī prōiectum	hinwerfen, preisgeben	17
prōmittere prōmittō prōmīsī prōmissum	versprechen	1
propinquus, propinqu·ī *m*	Verwandter	17
prōpōnere prōpōnō prōposuī prōpositum	vorlegen, vorschlagen, in Aussicht stellen; voranstellen	21
proprius/-a/-um	eigen, eigentümlich	15
propter (*m. Akk.*)	wegen	18
prōvincia, prōvinci·ae *f*	Provinz, Amtsbereich	11
proximus/-a/-um	der/die/das nächste, letzte	22
prūdēns, prūdent·is	klug, umsichtig	9
prūdentia, prūdenti·ae *f*	Klugheit	10
pūblicum, pūblic·ī *n*	Öffentlichkeit	10
pūblicus/-a/-um	öffentlich, staatlich	25
puer, puer·ī *m*	Junge	6
pūgna, pūgn·ae *f*	Kampf	3
pūgnāre	kämpfen	3
pulcher/pulchra/pulchrum	schön, hübsch	6
pūnīre	bestrafen, rächen	21
putāre	glauben, meinen; (*mit doppeltem Akkusativ:*) halten für	9

q

quadrāgintā (*undekliniert*)	vierzig	9 [Tab. III]
quaerere quaerō quaesīvī quaesītum	suchen, erwerben	5
quaerere ex/ab (*m. Abl.*)	(*jmdn.*) fragen	
quaestor, quaestōr·is *m*	Quästor	10
quam	als; wie; (*beim Superlativ:*) möglichst	6 15
quamquam	obwohl, obgleich	5
quamvīs (*m. Konj.*)	wenn auch, obwohl	20
quantus/-a/-um	wie groß, wie viel	5
quasi	wie, sozusagen	20
quattuor (*undekliniert*)	vier	9 [Tab. III]
-que (*angehängt*)	und	1
quemádmodum	auf welche Weise, wie	23
quī/quae/quod (*Relativ-Pronomen*)	der/die/das; welcher/welche/welches; wer/was	7
quī/quae/quod (*adj. Interrogativ-Pron.*)	welcher/welche/welches; was für ein/eine	16
quī/qua/quod (*Indefinit-Pronomen*)	(irgend)ein/e	15 [G]
quia	weil	20
quid	was	2
quīdam/quaedam/quoddam (*Subst.:* quīdam/quaedam/quiddam)	ein (gewisser/gewisses)/eine (gewisse); *Pl.*: einige, manche	20

quidem	zwar; wenigstens, freilich, allerdings	4
quiēs, quiēt·is *f*	Ruhe; Erholung	13
quiētus/-a/-um	ruhig, gelassen	13
quīngentī/-ae/-a	fünfhundert	9[Tab. III]
quis	wer	4
quis/quid (*Indefinit-Pronomen*)	(irgend)jemand/(irgend)etwas	15[G]
quisquam/quicquam	(irgend)jemand/(irgend)etwas	15[G]
quisque/quaeque/ quodque (*Subst. n* quidque)	jeder/jede/jedes, alles	15[G]
quō	wohin	2
quod	weil	5
quod (*faktisches quod*)	dass	19
quōmodo	wie, auf welche Weise	12
quoque (*nachgestellt*)	auch	4
quot	wie viele	5

r

rapere rapiō rapuī raptum	rauben, fortreißen	7
ratiō, ratiōn·is *f*	Vernunft, Überlegung; Art und Weise	24
recēdere recēdō recessī recessum	zurückweichen, sich zurückziehen	11
recreāre	wieder beleben, kräftigen	22
rēctus/-a/-um	recht, richtig, gerade	24
reddere reddō réddidī rédditum	zurückgeben; machen (*zu*)	18
malum prō malō reddere	Böses mit Bösem vergelten	22
redīre rédeō rédiī réditum	zurückgehen, zurückkehren	18
regere regō rēxī rēctum	lenken, leiten, beherrschen	13
rēgīna, rēgīn·ae *f*	Königin	25
rēgnāre	König sein, (*als König*) herrschen	8
rēgnum, rēgn·ī *n*	Königreich; (*Königs-*)Herrschaft	12
régredī regredior regressus sum	zurückgehen	16
religiō, religiōn·is *f*	(*fromme*) Bedenken, Scheu; Aberglaube, Glaube	11
relinquere relinquō relīquī relictum	zurücklassen, hinterlassen, verlassen	5
reliquiae, reliqui·ārum *f*	Überreste, Rest	14
remittere remittō remīsī remissum	zurückschicken, loslassen; vermindern; nachlassen	21
reperīre reperiō répperī repertum	wieder finden, finden	19
repetere répetō repetīvī repetītum	zurückverlangen; wiederholen	17
repōnere repōnō reposuī repositum	zurücklegen, (wieder) hinlegen	25
in deōs repōnere	unter die Götter aufnehmen	25
reprehendere reprehendō reprehendī reprehēnsum	tadeln	4
rēs, r·eī *f*	Sache, Ding; Angelegenheit, Ereignis	19
quam ob rem	deswegen	19
rēs gestae	Taten, Leistungen; Geschichte	25
rēs pūblica	Gemeinwesen; Staat; Republik	24
rērum potīrī	die Herrschaft erringen, im Besitz der Macht sein	25
resistere resistō réstitī	Widerstand leisten	17
respicere respiciō respexī respectum	zurückschauen, berücksichtigen	22
respondēre respondeō respondī respōnsum	antworten, erwidern	16
rēx, rēg·is *m*	König	8
rīdēre rīdeō rīsī rīsum	lachen, auslachen	1
rōbustus/-a/-um	kräftig, stark; erwachsen	21
rogāre	fragen; bitten	5

s

sacrum, sacr·ī *n*	Heiligtum, Opfer; *Pl. auch:* Kult, Religion; Gottesdienst	7
saepe	oft	6
salūs, salūt·is *f*	Wohl, Gesundheit, Rettung	9
salūtāre	grüßen	1
salvus/-a/-um	wohlbehalten, unverletzt	10
sānctus/-a/-um	heilig, geweiht	15
sanguis, sanguin·is *m*	Blut	23
sapiēns, sapient·is	weise, vernünftig	24
satis	genug	5
saxum, sax·ī *n*	Fels	18
scelus, sceler·is *n*	Verbrechen, Frevel	20
scīre	wissen, verstehen	10
scrībere scrībō scrīpsī scrīptum	schreiben, verfassen	9
sē (*Akk., Abl.*) / sibī (*Dat.*)	sich	7
secundum (*m. Akk.*)	längs, entlang; gemäß	24
secundus/-a/-um	der/die/das zweite, folgende; günstig	14
sed	aber; sondern	1
sedēre sedeō sēdī sessum	sitzen	2
sēdēs, sēd·is *f*	Sitz, Wohnsitz	8
sēdēs beātae	Gefilde der Seligen	8
semper	immer	13
senātus, senāt·ūs *m*	Senat, Senatsversammlung	10
senex, sen·is *m*	alt; *Subst.:* alter Mann, Greis	7
senior, seniōr·is	älter	22
sēnsus, sēns·ūs *m*	Sinn, Empfindung	19
sepelīre sepeliō sepelīvī sepultum	begraben, bestatten	14
septem (*undekliniert*)	sieben	9[Tab. III]
septentriōnēs, septentriōn·um *m*	Siebengestirn (*Großer Bär/Wagen*); Norden	25
sepulcrum, sepulcr·ī *n*	Grab, Grabmal	17
sequī (*m. Akk.*) sequor secūtus sum	folgen, befolgen	21
sermō, sermōn·is *m*	Gespräch; Sprache	4

sērō	spät, zu spät	17
serva, serv·ae *f*	Sklavin	4
servāre	retten, bewahren	7
servīre	Sklave sein, dienen; sich (*für etw.*) einsetzen	11
servitūs, servitūt·is *f*	Sklaverei, Knechtschaft	11
servus, serv·ī *m*	Sklave	4
sevērus/-a/-um	ernst, streng	6
sextus/-a/-um	der/die/das sechste	14 [Tab. III]
sī	wenn	7
sīc	so, auf diese Weise	16
sīcut	(so) wie; wie zum Beispiel	19
sīgnum, sīgn·ī *n*	Zeichen, Merkmal; Feldzeichen	7
silva, silv·ae *f*	Wald	14
similis/simile, simil·is (*Superlativ:* simillimus)	ähnlich	19
simulācrum, simulācr·ī *n*	Abbild, Götterbild	20
sīn (autem)	wenn aber	18
sine (*m. Abl.*)	ohne	2
sinere sinō sīvī situm	lassen, zulassen	12
singulī/-ae/-a	einzeln, je ein(er)/eine/ein	15
situs/-a/-um	gelegen, befindlich	18
sociālis/sociāle, sociāl·is	gesellig, Gemeinschafts-	24
societās, societāt·is *f*	Gesellschaft, Gemeinschaft, Bündnis	24
socius, soci·ī *m*	Gefährte; Verbündeter, Bundesgenosse	10
sōl, sōl·is *m*	Sonne	22
solēre (*Tab.* IX)	gewohnt sein, pflegen	6
sōlum	allein, nur	3
sōlus/-a/-um; *Gen.* sōlīus, *Dat.* sōlī	allein, bloß	17
solvere solvō solvī solūtum	lösen; befreien; zahlen	16
somnus, somn·ī *m*	Schlaf	7
sors, sort·is *f* (*Gen. Pl.* sort·ium)	Schicksal, Los	8
spectāculum, spectācul·ī *n*	Schau, Schauspiel	1
spērāre	hoffen, erhoffen, erwarten	12
spēs, sp·eī *f*	Hoffnung, Erwartung	19
spoliāre	entkleiden; berauben, wegnehmen, plündern	5
stāre stō stetī	stehen	18
statim	auf der Stelle, sofort	5
statuere statuō statuī statūtum	aufstellen; festsetzen, beschließen	13
stīpendium, stīpendi·ī *n*	Steuer, Sold; Kriegsdienst, Dienstjahr	13
studēre (*m. Dat.*)	sich bemühen (*um*), wollen; sich bilden	2
sub (*m. Abl.*)	unter	18
subitō	plötzlich	3
summus/-a/-um	der/die/das oberste, höchste	1
superāre	übertreffen, überwinden, besiegen	25
superbia, superbi·ae *f*	Hochmut, Stolz	11
superbus/-a/-um	hochmütig, stolz	8
supplicium, supplici·ī *n*	Strafe, Todesstrafe	21
suscēnsēre (*m. Dat.*)	aufgebracht sein, zornig sein (*auf jmdn.*)	19
sustinēre	aushalten, ertragen	22
suus/-a/-um	sein/ihr	4 [G]
suī, su·ōrum *m*	‚die Seinen‘, seine Leute, seine Angehörigen	6

t

tabula, tabul·ae *f*	Tafel; Gemälde	9
tacēre	schweigen	4
tam	so	6
tamen	dennoch, doch, trotzdem	3
tamquam	wie, als, als ob	21
tandem	endlich, schließlich; (*in Fragen:*) denn eigentlich	3
tantum	nur, bloß	25
tantus/-a/-um	so groß, so viel	10
tegere tegō tēxī tēctum	decken, bedecken	17
tēlum, tēl·ī *n*	(*Wurf-*)Geschoss, (*Angriffs-*)Waffe	7
templum, templ·ī *n*	Tempel	20
temptāre	angreifen; erproben, versuchen	19
tempus, tempor·is *n*	Zeit, Zeitpunkt	8
suō tempore	zu seiner Zeit, zur rechten Zeit	8
tener/tenera/tenerum	zart; jung	21
tenēre	halten, festhalten	4
mē spēs tenet	ich habe die Hoffnung	19
terra, terr·ae *f*	Land, Erde	8
terribilis/terribile, terribil·is	schrecklich, Furcht erregend	14
terror, terrōr·is *m*	Schrecken, Angst	11
tertiō, tertium	zum dritten Mal	21
thermae, therm·ārum *f*	Bäder, Thermen	5
timēre	(sich) fürchten, besorgt sein	3
timor, timōr·is *m*	Furcht	3
tollere tollō sústulī sublātum	heben; aufheben, beseitigen, beenden	10
tot	so viele	5
tōtus/-a/-um; *Gen.* tōtīus, *Dat.* tōtī	ganz	10
trādere trādō trádidī trāditum	übergeben, überliefern	9
trahere trahō trāxī tractum	ziehen, schleppen	23
trāns (*m. Akk.*)	über (… hinüber); jenseits	24
trānsportāre	hinüberbringen, hinüberschaffen	6
trēs/tria, tri·um	drei	9 [Tab. III]
tribuere tribuō tribuī tribūtum	zuteilen, zuweisen; erweisen	15
tribūnus, tribūn·ī *m*	Tribun	9
tribūnus mīlitum	Militärtribun	10
tribūtum, tribūt·ī *n*	Abgabe, Steuer	13
triumphus, triumph·ī *m*	Triumph, Triumphzug	8
triumphum agere	einen Triumph feiern	8
tū	du	4 [G]
tuērī tueor	betrachten; (be-)schützen	16

tum	da, dann, darauf; damals	1
tumultus, tumult·ūs *m*	Aufruhr, Unruhe, Trubel	10
turba, turb·ae *f*	(*Menschen-*)Menge; Verwirrung, Durcheinander	1
turpis/turpe, turp·is	hässlich, schändlich	11
turris, turr·is *f* (*Akk. Sg.* -im, *Abl. Sg.* -ī, *Gen. Pl.* -ium)	Turm	8
tūtus/-a/-um	geschützt, sicher	13
tuus/-a/-um	dein	4[G]
tyrannis, tyrannid·is *f*	Tyrannis, Gewaltherrschaft	23

u

ubī	wo	2
ubīque	überall	5
ultimus/-a/-um	der/die/das äußerste, letzte	14
umquam	jemals	19
unde	woher	4
ūndēvīcēsimus/-a/-um	der/die/das neunzehnte	14[Tab. III]
ūnus/-a/-um; *Gen.* ūnīus, *Dat.* ūnī	ein, eine(r/s), ein(e) einzelne(r/s)	2
ūnusquisque, ūnīuscuiusque	jeder einzelne	20
urbs, urb·is *f* (*Gen. Pl.* urb·ium)	Stadt	7
ut	wie	2
ut (*m. Ind. Perf.*)	als, sobald	20
ut (*m. Konj.*)	dass, damit, (um) zu; sodass	11
uter/utra/utrum; *Gen.* utrīus, *Dat.* utrī	welcher, welche, welches (*von beiden*); (*Subst.*:) wer (*von beiden*)	19
uterque/útraque/utrumque; *Gen.* utrīusque, *Dat.* utrīque	jeder (*von beiden*), beide	17
ūtī (*m. Abl.*) ūtor ūsus sum	(*etw.*) benützen, gebrauchen	24
ūtilis/ūtile, ūtil·is	brauchbar, nützlich	9
utrum (*in dir. Wahlfragen:*)	(*Fragesignal*)	21
(*in indir. Wahlfragen:*)	ob	
uxor, uxōr·is *f*	Ehefrau, Gattin	16

v

vacāre (*m. Abl.*)	frei sein (*von*), (*etw.*) nicht haben	3
vādere vādō	gehen, schreiten	2
valē/valēte	leb/lebt wohl!	11
valēre	gesund sein; Einfluss haben	13
vānus/-a/-um	nichtig, leer	22
vāstāre	verwüsten, verheeren	13
vehemēns, vehement·is	heftig	13
vehere vehō vēxī vectum	tragen, bringen, ziehen	16
vehī vehor vectus sum	fahren, reiten	16
vel	oder	25
vel – vel	entweder – oder	25
velle volō voluī	wollen	18
velut	wie, sozusagen, wie zum Beispiel	25
venerārī veneror venerātus sum	verehren, anbeten	20
venia, veni·ae *f*	Verzeihung, Nachsicht	6
venīre veniō vēnī ventum	kommen	1
verbum, verb·ī *n*	Wort	7
verērī vereor veritus sum	sich scheuen, fürchten; verehren	16
vēritās, vēritāt·is *f*	Wahrheit	22
vērō (*Adv.*)	aber	6
versārī versor versātus sum	sich aufhalten, sich beschäftigen	16
vertere vertō vertī versum	wenden, drehen, kehren	12
vērus/-a/-um	wahr, echt	19
vērē	in Wahrheit, wirklich; mit Recht	19
vesperī	am Abend, abends	16
vester/vestra/vestrum	euer	4[G]
vestīre	kleiden, bekleiden	22
vexāre	quälen, beunruhigen	13
via, vi·ae *f*	Weg, Straße	7
victor, victōr·is *m*	Sieger	3
victōria, victōri·ae *f*	Sieg	3
vīctus, vīct·ūs *m*	Lebensunterhalt, Lebensweise	15
vidēre videō vīdī vīsum	sehen	2
vidērī videor vīsus sum	scheinen, gelten (*als*)	17
vincere vincō vīcī victum	siegen, besiegen	8
vincīre vinciō vīnxī vīnctum	binden, fesseln	18
vīnum, vīn·ī *n*	Wein	25
vir, vir·ī *m*	Mann	6
virgō, virgin·is *f*	Mädchen, (junge) Frau	7
virtūs, virtūt·is *f*	Tapferkeit, Tüchtigkeit; gute Eigenschaft, Tugend	11
vīs *f* (*Akk. Sg.* vim, *Abl. Sg.* vī, *Gen. Pl.* vīr·ium)	Gewalt, Kraft; Menge; *Pl. auch:* Kräfte, Streitkräfte	8
vīsitāre	besuchen	22
vīta, vīt·ae *f*	Leben	6
vītam agere	ein Leben führen, sein Leben verbringen	6
vīvere vīvō vīxī	leben	4
vīvus/-a/-um	lebend; zu Lebzeiten	17
vix	kaum	4
vocāre	rufen, nennen	5
voluntās, voluntāt·is *f*	Wille, Absicht	22
volvere volvō volvī volūtum	wälzen, rollen	18
vōs	ihr	4[G]
vōx, vōc·is *f*	Stimme; Äußerung, Wort	13
vulnerāre	verwunden	3
vulnus, vulner·is *n*	Wunde	14

Was war wann?

Ovid
43 v. Chr. → (1) (18)

Vergil
70 – 19 (7) (8)

Livius
59 v. Chr. → (10)

Sophokles
496 – 406 (17)

Cicero
106 – 43 (19)

Orpheus (18)

Sokrates

hingerichtet 399 (19)

Sallust
86 – 35 (12)

Christi Geburt

9 v. Chr. Ara Pacis

Ödipus/Antigone (16) (17)

(6)

500 – 400 – 300 – 200 – 100 v. Chr.

216 Cannae

(10)

451: 12 Tafeln

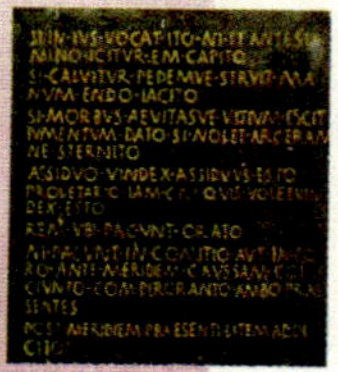

(9)

Cäsar
100 – 44 (15)

Hannibal
246 – 183 (10)

Kaiser Augustus
27 v. Chr. → (6)

Äneas (7) (8)

Mithridates
ca. 132 – 63 (12)

Ovid
18 n. Chr.

Seneca
4 v. Chr. 65
(3)

Livius
17 n. Chr.

Plinius der Jüngere
62 114
(2) (11) (21)

Petron
? 66
(4)

Tacitus
ca. 55 ca. 115
(13) (14)

um 65: Tod des Paulus
(20)

Christi Geburt
100 n. Chr.
300
500
1500
1600

9 n. Chr.:

Arminius siegt im Teutoburger Wald
(14)

Augustus
14 n. Chr.

Kaiser Trajan
98 117
(1) (21)

Benediktinerkloster Ettal

gegründet 1332

1407 1457
Lorenzo della Valle
(25)

Benedikt von Nursia
480 543
(22)

Erasmus von Rotterdam
1469 1536
(23)

Las Casas
1474 1566
(24)

Die Kreiszahlen verweisen auf die Lektion, in der die jeweilige Thematik oder Person behandelt wird.

Bildquellenverzeichnis

S. 9.1: Deutsches Institut für Filmkunde e.V., Frankfurt/M. – S. 9.2, 11.2, 13.2, 17, 21.2, 25.2, 33, 35.2, 37, 47, 57, 59.3, 61, 65.2, 67.2, 91.3, 105.2, 111, 182.2–10, 183: Dr. Gerhard Fink, Nürnberg. – S. 11.1, 43.2: Werner Thiel, Hamburg. – S. 11.3 (Giraudon), 59.1, 81.1: Archiv Alinari, Florenz. – S. 13.1: Scala, Florenz. – S. 15: Hermann Koller, Orbis Pictus Latinus © 1976, 1998 Artemis & Winkler Verlag, Düsseldorf/Zürich. – S. 19.2: Staatl. Graphische Sammlung, München. – S. 19.3: dpa, Frankfurt/M. – S. 19.4, 5 : LPM-Landesinstitut f. Pädagogik u. Medien, Saarbrücken. – S. 21.1, 39: Bildarchiv Preußischer Kulturbesitz, Berlin. – S. 23: Museum für Völkerkunde, Berlin. – S. 35.1: Leonard von Matt, Buochs/Schweiz. – S. 35.3: Hirmer Verlag, München. – S. 35.4: Mary Evans Pictures Library, London. – S. 39: Kartographie Peckmann, Reichertsheim–Ramsau – S. 41: Musée des Beaux-Arts, Budapest (Foto: Rázso András). – S. 49.1: Artothek, Peißenberg. – S. 59.2: Bavaria Bildagentur, Gauting (Picture Finders). – S. 59.4, 67.1: Plurigraf, Narni/Italien. – S. 59.5: Römisch-Germanisches Museum, Köln (Foto: Sandra Siegers). – S. 59.6: G. Matheus, Hamburg. – S. 65.1: Museum der Stadt Regensburg (Foto: Wilkin Spitta). – S. 67.3: H.-D. Unger, Bad Brückenau. – S. 67.4: Irwin Isenberg, Julius Caesar, Reutlingen 1965. – S. 67.5: Putzger, Historischer Weltatlas, 102. Auflage © 1992, Cornelsen Verlag, Berlin. – S. 67.6 © 2000 – Les Editions Albert René/Goscinny-Uderzo. – S. 67.7: Interfoto, München. – S. 67.8: Niedersächsisches Landesmuseum, Hannover. – S. 69: Kulturgeschichtliches Museum, Osnabrück. – S. 71.1: W. Mellies, Detmold. – S. 71.2: Staatl. Münzsammlung, München. – S. 73, Vorsatz/ Nachsatz: P & G Büro f. Produktion u. Gestaltung, Weilheim. – S. 75.3: Textilmuseum, Neumünster. – S. 81.2: Foto: Peter Darville, Associates. – S. 83: Jens Köln, Die Etrusker. Middelhauve Verlag GmbH, München, für Der Kinderbuch Verlag, Berlin. – S. 85.1: Foto: Nobby Clark. – S. 87: Oda Sternberg, München. – S. 89, 99, 182.1: Archiv für Kunst und Geschichte, Berlin. – S. 91.2: Borislav Sajtinac, München. – S. 97: Victoria & Albert Museum, London (Foto: Kitcatt). – S. 105.1: Zeiten und Menschen, Band 1, F. Schöningh Verlag, Paderborn 1984. – S. 107: Benedictus. Symbol Abendländischer Kultur. Jaca Book Editoriale, Mailand. – S. 113: Staatl. Museen Preußischer Kulturbesitz, Berlin.

Textquellenverzeichnis

S. 23: M. Gavius Apicius, De re coquinaria/Über die Kochkunst; herausgegeben, übersetzt und kommentiert von Robert Maier, Stuttgart 1991, S. 92. – S. 71: Heinrich Heine, Werke. Hg.: H. Laube, Wien/Leipzig/Prag 1878, Bd. III, S. 23 f. – S. 87.1: Grete Weil, Meine Schwester Antigone, Frankfurt am Main 1982, S. 112. – S. 87.2: Bertolt Brecht, aus: Gesammelte Werke, Die Gedichte. © Suhrkamp Verlag Frankfurt am Main 1967: „Komm aus dem Dämmmer und geh".

RAETIA
NORICUM
PANNONIA
ALPES MONTES
ILLYRICUM
Danuvius
Rhenus
Comum
GALLIA CISALPINA
Vercellae
Mediolanum
Aquileia
VENETIA
Patavium
Verona
Cremona
Mantua
Padus
VIA POSTUMIA
Pola
LIGURIA
Parma
VIA AEMILIA
Mutina
Ravenna
Bononia
Genua
VIA AURELIA
Rubicon
APPENNINI MONTES
Ariminum
Luca
Florentia
UMBRIA
Ancona
Pisae
Arnus
Arretium
ETRURIA
VIA FLAMINIA
Tiberis
Lacus Trasimenus
Perusia
Nursia
ILVA
SABINI
Reate
Tarquinii
Veii
Caere
ROMA
Ostia
Praeneste
LATIUM
Monte Cassino
SAMNIUM
CORSICA
APULIA
Cannae
VIA TRAIANA
Capua
Tarracina
CAMPANIA
Beneventum
Cumae
VESUVIUS
Neapolis
Brundisium
VIA APPIA
Venusia
Pompeii
CAPREAE
Tarentum
Paestum
LUCANIA
CALABRIA
Olbia
SARDINIA
Mare Tyrrhenum
Thurii
Basentus
Cosentia
VIA POPILLIA
Croton
BRUTTIUM
INSULAE LIPARAEAE
Messana
AEGATES
Panormus
Rhegium
Segesta
AETNA
Tauromenium
SICILIA
Catina
Selinus
Agrigentum
VIA VALERIA
Syracusae
Mare Africum
Mare Ionium
Mare Adriaticum
DALMATIA
Spalatum
Utica
Carthago
NUMIDIA
Tunes
Zama
AFRICA
MELITA
0
100
200 km
Nomentum
Tiberis
Veii
Allia
Fidenae
ROMA
Gabii
Ostia
Alba Longa